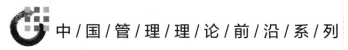

中/国/管/理/理/论/前/沿/系/列

广西高校工商管理博士学位点建设经费资助

U0571291

领导与员工行为的关系机制研究

Research on relationship mechanism of Leadership with employee behaviors

经济管理出版社
ECONOMY & MANAGEMENT PUBLISHING HOUSE

图书在版编目（CIP）数据

领导与员工行为的关系机制研究/潘清泉著. —北京：经济管理出版社，2017.12

ISBN 978 - 7 - 5096 - 5590 - 0

Ⅰ.①领… Ⅱ.①潘… Ⅲ.①企业领导—领导行为—关系—职工—行为分析 Ⅳ.①F272.91②F272.92

中国版本图书馆 CIP 数据核字(2017)第 313102 号

组稿编辑：胡　茜
责任编辑：任爱清
责任印制：黄章平
责任校对：陈　颖

出版发行：经济管理出版社
　　　　　（北京市海淀区北蜂窝 8 号中雅大厦 A 座 11 层　100038）
网　　　址：www. E - mp. com. cn
电　　　话：(010) 51915602
印　　　刷：北京玺诚印务有限公司
经　　　销：新华书店
开　　　本：720mm × 1000mm/16
印　　　张：20.5
字　　　数：325 千字
版　　　次：2018 年 7 月第 1 版　　2018 年 7 月第 1 次印刷
书　　　号：ISBN 978 - 7 - 5096 - 5590 - 0
定　　　价：69.00 元

序

在组织中，领导者并不等同于正式的管理者角色（Ancona and Backman，2008）。基于层级观（Hierarchical Perspective）视角去看待领导者并不能详尽地解释现实中存在的一些现象：一些管理者（Supervisor）并不会被员工看作领导者（Leader），对下属缺乏应有的影响力；一些人并不具备正式的管理职位却被看作领导者，具有较高的群体影响力。实际上，"领导"的概念要比"管理"更宽泛。"领导"是一个相互影响的过程。这个过程与正式的层级结构并无必然联系，并且普遍存在于组织内部的所有成员之间（Bedeian and Hunt，2006）。虽然关于领导的这一观点很早之前就存在，但是当代领导理论将该观点做了进一步强调。

随着"下属"问题逐渐成为领导者的关注点，"下属"成为了组织目标实现最主要的媒介，这意味着组织中的领导者要想大幅度提升工作绩效和工作创造力，必须站在员工背后支持他们。在此背景下，员工行为必然也成为发挥领导影响力的一个重要研究对象。因此，研究员工行为及其发展问题，同时深入剖析领导与员工行为之间的内在机制就十分有必要。

第一，"身份建构观"对于领导问题理解提供了一个崭新的视角。现有领导理论对于个体是如何影响彼此以共同建构他们各自的领导身份和追随者身份，以及"领导—追随者"关系的问题没有明确的解释。在组织中，谁会成为领导者，而谁又会成为追随者或者下属，涉及一个领导身份建构的问题。基于身份观视角探讨领导，并采用建构观解释领导发展，将有助于推动领导研究由静态观向动态观、关系观发展。同时，这一研究也有助于更好地指导组织中的领导者实践。

第二，具体领导风格的理解有助于组织更深入地把握领导力的实施过程与效果，领导风格包括服务型领导、共享型领导和魅力型领导等。服务型领导在开始时也直接被人们称为仆人型领导，服务型领导者把员工利益摆在较高的位置，主动关心员工在心理、工作、生活上的需求，乐于为其服务，以此赢得员工的好感和信任，进一步追求自身的领导价值；共享型领导者是指通过与下属员工建立平等参与、共担责任、互相影响的团队关系来达到激励员工更大投入的目的；魅力型领导者是指借助个人魅力去激励下属员工发自内心地与其他人进行知识共享和沟通交流。

第三，特殊情境下的领导问题值得特别关注，如群际间领导情境、创业企业领导变更等。一般而言，领导这一现象被认为发生在领导与下属共享有一个正式群体成员身份的情境中，如在共享有一个组织成员身份或者团队成员身份等情况下，此外，还要求其他群体成员身份在该情境下并不发挥作用。不过，实际上领导往往需要影响组织内不同正式群体的协作努力，例如跨部门的合作，甚至有时候需要影响跨越组织间的协作努力。这种跨越组织或者群体边界的领导就是所谓的群际间领导（Intergroup Leadership）。由于群际间领导有其不同于传统意义上主流的领导研究，如群际间领导中领导与下属未必共享有一个正式群体成员身份，故而已有的传统领导理论未必适用于群际间领导，组织有必要对群际间领导进行专门的探讨，以更好地指导实践，同时丰富领导理论研究。而创业板上市公司具有较高的成长性和自主创新性，是中国科技型、成长型企业的主要力量。但是，近几年创业板上市公司高级管理人员辞职、离职等现象愈演愈烈，极大地动摇了投资者的持股信心，增加了创业板的整体风险，严重威胁到创业板的发展。高管变更可能同时受到内外部监督者的综合影响，因此，基于监督者视角探讨创业板上市公司高管变更的影响因素有着重要价值。

第四，身份观同样为理解员工工作动机提供了一个新视角。工作动机可以激活、指导和维持工作相关行为。众多的实证研究表明，动机与工作相关行为有着紧密的联系。不过，早前的相关理论更多的是将员工作为独立的个体来理解其行为背后的过程机制。然而个体需要、目标、期望等因素并不仅仅受到个体自身的影响，个体所处的情境也是一个不可忽视的重要影响因素。实际上，在团队背景或者合作达到创新性工作绩效的要求之下，组织管理的关注点由个体转向了集体，原有的个人关注动机研究成果对于上述这种转变是否适用，还没有系统的研究支持。Ellemers 等（2004）就提出可以用社会身份观，融合个体视角与情境因素探讨工作动机问题，以解决上述仅聚焦于个体视角研究动机的不足。可以说，采用社会身份观可以帮助我们更好地理解当代工作情境中的行为动机问题，更好地指导员工行为、激励实践。

第五，关注员工行为发展新变化，如员工志愿者行为，将有助于更全面地理解员工行为的变化，为管理提供针对性指导。随着时间的推移，志愿者行为计划日益受到企业重视。研究表明，员工志愿者行为无论对个体还是组织都呈现正面影响。就个体影响而言，员工志愿者行为可以提高员工的成就感、幸福感、积极情绪状态和他人认可等；就组织影响而言，组织学者认为企业志愿者行为计划是企业履行社会责任的一种形式，是组织建立和维持良好的企业公民形象的一种战略行为。

第六，基于下属观视角的员工行为发展机制探讨，有助于发挥员工自身的主观能动性。具体而言，下属对于领导风格的知觉（如伦理型领导知觉）、下属的政治技能、基于团队背景的成员交换等因素都可能直接影响下属的行为。理解并恰当利用下属的知觉、技能或能力以及互动关系，可以与领导影响力协同作用，更好地促进员工积极工作态度与行为的发展。如伦理型领导知觉是下属对于伦理型领导行为的一种道德解释。下属的这种解释与归因不同，会直接导致其对伦理型领导行为的反应有显著区别，具体表现为对同一伦理型领导行为有着不同的态度与行为反应。而基于团队背景的互动关系（TMX）也会对团队成员产生不可忽视的作用。TMX 是一种团队成员之间基于互惠原则下双向的、相互交换的有形或无形的团队成员彼此互动关系，可能对个体层面和集体层面变量均产生重要影响。

第七，综合考虑领导与员工行为的联系机制，有助于组织更好地发挥领导与员工双主体的积极作用。如领导层高质量的决策不仅取决于领导的战略眼光，也取决于下属员工积极打破自身的沉默行为所提供的建议，员工打破自身的沉默行为是组织或企业成功的关键驱动因素之一。而辱虐管理作为一个突出的工作压力源威胁下属，会影响员工对工作的投入程度，致使员工消极应对这种管理方式。如何有效管理领导风格（如辱虐管理）对员工行为（如沉默行为）的影响是组织领导研究与管理实践的重要关注点。

本书在此关注组织背景中的领导与员工行为的发展及其内在联系机制，拟对组织中的领导与员工行为的关系机制的理论研究及其实践意义进行深入探讨，一方面促进组织背景中的领导与员工行为理论研究；另一方面为组织领导实践提供借鉴，促进员工行为的良性发展。

本书共包括十二章：

第一章为身份建构视角下的领导效应研究及其管理启迪。主要介绍基于身份观视角的领导内涵、领导身份建构的影响效应、领导身份的社会建构及其驱动机制，以及基于身份观视角的领导研究管理启迪。

第二章为服务型领导：概念、影响因素及效应机制。在介绍服务型领导的内涵、维度及测量基础上，分析服务型领导的影响因素及效应机制，并提出服务型领导的综合作用模型，以为管理实践提供综合性指导和参考。

第三章为共享型领导研究进展及未来研究展望。首先阐述了共享型领导的概念、维度及测量方式，然后剖析共享型领导的影响因素及影响效应机制，并在此基础上构建了一个共享型领导的综合管理模型。

第四章为魅力型领导研究进展及其管理启示。介绍了魅力型领导的内涵、维度与测量，分析了魅力型领导的影响因素与效应机制，最后阐释了魅力型领导研究对于管理实践的启示。

第五章为群际间领导研究进展及其管理启迪。介绍了群际间领导的内涵与特征，剖析群际间领导有效性提升面临的挑战与障碍，分析了群际间领导的影响效应与内在作用机制，并指出群际间领导研究对于管理的启迪。

第六章为基于监督者视角的创业板上市公司高管变更影响因素研究。实证检验了内外部监督者与创业板上市公司高管变更的关系机制。第一章至第六章关注的是组织中的领导问题，包括身份建构视角下的领导分析、不同风格的领导、最新关注的群际间领导，以及创业企业高管变更问题，以丰富对于领导研究的认识。

第七章为基于社会身份观的员工工作动机激发研究。首先分析当代工作情境下基于社会身份观理解工作动机的价值，然后分析社会身份观视角下的员工工作动机激发内在机理以及相关研究对于管理实践的启迪。

第八章为员工志愿者行为：概念内涵、驱动因素及影响效应。关注的是最新组织行为学中的一种特殊员工行为——员工志愿者行为，在介绍员工志愿者行为的概念内涵、测量、驱动因素与影响效应的基础上，提出了员工志愿者行为发展的综合模型。

第九章为伦理型领导知觉对员工行为的影响机制研究。介绍了伦理型领导知觉的内涵、影响因素及影响效应机制，并提出了伦理型领导知觉对员工行为影响的管理启示。

第十章为员工政治技能对其主观职业成功的影响机制研究。在文献梳理基础上提出了员工政治技能与其主观职业成功的关系机制假设，并通过实证方式予以验证。

第十一章为团队成员交换及其影响效应机制研究述评。聚焦组织当前越来越普遍的团队形式的行为发展机制，从关系观视角着手进行深入分析，首先介绍团队成员交换（TMX）的内涵、维度与测量，然后阐述 TMX 的理论基础，进而分析 TMX 的影响因素与效应机制。

第十二章为辱虐管理与员工沉默行为关系的实证研究。具体分析并实证检验了辱虐管理领导方式对于员工沉默这一特殊行为的影响作用机制。

首先，本书关注组织行为领域最新的领导问题，包括从当前组织行为学发展中越来越受到关注的身份建构视角引入，探讨身份建构与领导影响效应之间的可能关系机制；具体探讨三类最新发展的组织领导风格，即服务型领导、共享型领导以及魅力型领导；介绍了组织领域虽然受关注较少，但却越来越重要的一种领导——群际间领导；特殊的企业——创业企业高管变更问题。其次，聚焦员工动机与行为问题，包括身份观视角下的员工工作动机问题，为工作动机研究提供一个新的研究视角；当前越来越受关注的一种员工行为——志愿者行为；基于下属观视角的伦理型领导知觉对员工行为的影响机制；员工政治技能与主观职业成功的关系机制；基于关系观视角下的团队成员交换及其影响机制。最后，实证检验领导与员工行为的关系机制，具体聚焦于辱虐管理领导风格与员工的沉默行为。本书重点关注组织领域中的领导与员工行为问题。虽然这一问题可以说是一个有着悠久历史的研究主题，但本书的特色正是在于关注了这一悠久而又重要的主题的最新发展，有助于组织研究者更好地把握组织领导与员工行为研究的最新发展趋势，为相关领域的理论研究提供一些思考，同时为组织管理实践带来新的启迪。

目 录

导　论

　　领导研究一直以来都是组织管理的研究重点，其相关领域研究也取得了较为丰硕的成果。如从领导特征观到行动观再到权变观的发展，不同领导风格的拓展及深入研究等。可以说领导对于组织管理实践有着重要意义。有效的领导就是要成功地动员和激励下属（Yukl，2010）。

　　假设领导是因为个人在组织层级中的位置而规定好的，那么领导研究中就存在一个最基本的问题要考虑，即在组织中领导以及领导—追随者关系是如何发展的。对这一问题的探讨有助于更好地发挥领导及其身份的价值。过去有关领导研究是将"领导"看作一种个人身份（Day and Harrison，2007），采取的研究对待方式是静态观，即研究普遍认为领导身份是稳定的。但是这种研究方式并不能完全解释领导身份建构过程。实际上，基于身份观视角下领导发展强调的领导身份和追随者身份并不仅仅是存在于个体自我概念中的认知，而且还涉及一种社会建构过程，并且和这种社会构建有着紧密的内在联系。一方面，领导身份建构有利于良好的领导—追随者关系发展，而良好的关系又有利于双方投入到积极的互动之中，从而形成良性循环，促进群体甚至整个组织有效性的提升。另一方面，领导身份建构对焦点个体也有着积极的影响作用。焦点个体最初建构领导身份时影响力可能并不强，但随着不断内化的领导身份认知与定位，他们会更主动积极地投入到领导行为之中，并且更自觉地承担起责任，此时他们会想方设法地提升自己的领导影响力，从而令领导身份建构与强化进入了良性循环之中。将领导等同于那些拥有管理职位的人，而将追随者视为向其汇报的人，是没有全面地理解领导与追随者的相互关系与社会建构性的做法。由于个体作为领导和追随者的身份对于他们随后的思想、情感、动机和行动来说是极其重要的驱动因素（Day and Harrison，2007），故而，探讨领导身份建构过程是非常重要的。

　　基于身份观视角下领导观念强调的是领导身份及其建构的重要性。Quinn（1996）提出，领导是人们不考虑他们在组织中的正式角色或者职位而投入的一种状态。实际上，领导的发展是由相互强化的领导和追随者的身份共同构成的。这种领导身份和追随者身份在组织背景中得到赞同和强化，并且随着时间而发展（Derue et al.，2010）。早前领导研究认为，领导身份（Leader Identity）是个人头脑中描绘的、单一方面且静态的，即认为领导身份是由领导者自我建构，并且一旦建构就稳定不变的。但是领导实则是个体间的一种相互影响的过程。因此，个体间的社会互动以及不断变化的情境因素可能影响领导者身份和追随者身份，导致领导身份与追随者身份会随着时间而改变，并且可能随着情境的变化而变化。可见，领导身份与追随者身份不能完全分开来探讨，它们之间存在紧密的联系，并且具有动态变化性。

　　领导身份实现了个体内化并不代表其在领导—追随者关系中得到了认可，或者没有最终在较大的组织中得到支持。此时，领导身份可能只是焦点个体自我认可，并没有得到外界方的认可，所以该焦点个体的领导影响力可能是非常小的。总之，领导身份的个体内化、关系识别以及集体认可三者不是必须同时实现的，但是有效的领导身份应该努力实现三个层级的共同达成，从而令焦点个体能够更好地发挥领导身份的效用。可见，领导研究虽然有着丰富的经验和丰硕的成果，但是为了更好地推进人们对领导的深入理解，有必要不断拓展领导研究视角，而本书在此特别强调的身份观视角正是一个值得未来深入探讨的方向。

　　组织中的领导者们总是在思考、探讨和寻找，他们试图找到最佳的积极领导行为以便提高员工的工作绩效，于是各种各样的新型领导行为出现在我们的组织中。例如：服务型领导的出现是为员工服务而不是管束和控制员工，服务型领导的最终目的是让员工更自由、更乐观、更富有创造力、更愿意为组织目标尽力。共享型领导者则试图通过与下属建立一支平等参与、共担责任、互相影响的工作团队来达到激励员工的目的。共享型领导是以共同的团队目标为导向，积极对收到的信息进行反馈，通过交流和集体协作，提高团队绩效，最终实现团队目标。魅力型领导是在一定环境下领导者和追随者发生交互关系的过程，在这个过程中，展示非传统行为和品质，从而使下属对其产生崇拜心理，更愿意支持和服从领导。对具体不同风格的领导内涵研究、影响因素以及内在效应机制探讨将有助于更好地发挥领导不同风格的具体影响作用。

不过，长期以来领导理论研究一直关注的是一个组织或者群体内的领导，对于跨越组织或者跨群体边界的领导知之甚少。这种跨越组织或者群体边界的领导也称为群际间领导（Intergroup Leadership）（Pittinsky and Simon，2007）。群际间领导是指对朝向一个共同目标的一个以上正式群体或组织的合作努力的领导，其中合作的目的因群体或者组织的状况不同而有所不同（Hogg et al.，2012）。在管理实践中，当领导者要管理多个群体，并且要求多个群体共同合作达成目标时，不能一味地突出两个或者多个群体的相似性，而应当从关系水平入手，突出各个群体对群际关系的重视，体现关系身份的概念，才是一条有效的群际间管理途径。

高管变更虽为公司内部事件，但该事件的影响波及的范围却远远超过公司本身，所以高管变更不再仅仅是公司内部的单一事件。监督者是影响高管变更的重要因素之一，然而不只是公司内部监督者会对高管变更产生影响，外部监督者也可能影响高管变更。以成长型的创业板上市公司为研究对象，探讨监督者与高管变更的关系，有助于更好地理解高管变更的影响因素，促进公司治理研究与实践。

通过从各种领导方式的发展中，我们可以看出领导者们都在尽力改变自己传统形式上扮演的指挥者、带领者、引导者的角色，可是，员工与领导者之间的距离感依然存在且这种距离感严重影响着员工工作积极性、创造性的发挥，加之员工们只有在自己的利益和需求得到充分满足之后，才会选择为组织尽心尽力工作。因此，探讨员工行为及其发展对于提升组织领导效力有着重要意义。

早前探讨员工行为激励的研究者主要从工作动机激活、指导和维持三个视角分别进行，并且随着时间的推移，研究逐步由关注激活到指导再发展再到对维持的关注。只是有研究指出，基于个体视角的工作动机研究，如关注个体员工的需要、期望等，其研究成果可能无法直接用于解释群体中的成员工作动机。因为在群体背景下，个体可能不再局限于自我关注。实际上，个体自我概念可以通过集体的方式进行定义。此时，与个体视角的动机研究不同，群体或者组织的期望、目标不再与个体的期望、目标完全对立，而是成为了个体动机的内在来源。可以说，以集体方式定义的自我提供了更强大有力的基于群体动机的来源（Coates，1994）。因此，当代工作情境下，以集体方式定义自我，即采用社会身份观，突出自己的社会群体或者团队身份资格，将可以更好地满足新工作情境下群体或者团队作业的需要。

随着员工志愿者行为日益普遍，人们对员工志愿者行为的研究日益深入。员工志愿者行为既包括员工个人时间所参与的志愿者行为，也包括企业支持，以及在工作时间内员工所进行的志愿者行为。员工志愿者行为对个体的影响主要是指员工参与志愿者行为内心得到成就感、幸福感、积极情绪状态和他人认可等。员工参与志愿者行为不仅在个体方面具有积极意义，而且在工作方面同样有重要影响，主要包括工作绩效、技能提升、工作态度以及员工离职率。员工志愿者行为可能影响公司以外的个体（潜在员工、客户或其他利益相关者）的认知和行为。因此，企业高层管理者应当考虑如何充分发挥志愿者行为给员工以及组织带来积极作用。

基于下属观视角的员工行为发展研究是一种有助于更好地理解和促进员工积极行为表现的有效策略。如伦理型领导行为要想激发员工相应的积极表现，需要得到下属的认可，即伦理型领导行为被下属所知觉和认识。具体来说，伦理型领导行为与下属的伦理型领导知觉并不完全对等。以往的研究关注更多的是伦理型领导行为及其影响因素和作用机制，而基于下属视角的下属伦理型领导知觉的直接研究则相对较少。实际上，下属会对伦理型领导行为进行道德解释，产生相应的伦理型领导知觉。由于不同的下属具有不同的道德基础，因此，对同一伦理型领导行为不同的下属间也可能会产生不同的知觉。为此，基于下属中心观探讨伦理型领导知觉有其特殊的意义，即可以更深入地理解和指导伦理型领导的影响效应。

概括而言，在当前快速多变的复杂竞争环境下，组织要想实现基业长青的发展，需要更加重视组织中的两种重要角色——领导与员工，领导作为组织发展的引领者和指导者，对组织发展具有重要的导航作用；员工作为组织发展的实践者和基础推进者，同样对于组织发展有着不可忽视的影响。为此，关注领导和员工行为发展及其内在的关系机制，对于组织有着重要意义。

第一章　身份建构视角下的领导效应研究及其管理启迪

第一节　引言

在组织中，领导（Leadership）并不等同于正式的管理者角色（Supervisory Role）（Ancona and Backman，2008）。当然在一个制度化层级结构中，拥有一个正式的位置能够明确地传递出关于领导的一些意义，不过这种层级观（Hierarchical Perspective）不能够恰当地解释为什么一些管理者（Supervisor）并不会被人们看作是领导者（Leader）（Bedeian and Hunt，2006），而一些人并不具备正式的领导职位或资格却被看作是领导者，甚至具有较高的群体影响力（Spreitzer and Quinn，2001）。实际上，领导不同于管理，领导可以构念为一个更宽泛的、相互影响的过程。这个过程与任何正式的角色或者层级结构都无关，并且普遍存在于各个社会体系内部的成员之间（Bedeian and Hunt，2006）。虽然关于领导的这一观点很早之前就存在，但是当代领导理论将该观点做了进一步的强调。

早期关于领导研究聚焦于领导者个体，如领导理论的特征观、行动观等，关注更多的是领导个体的特征以及行动，强调的是领导有效性的个人因素。此外，早期的领导研究采用静态观来看待领导。这种领导研究范式忽视了一个重要的问题，即"领导究竟是如何形成的，领导会如何随着时间而改变"（Collinson，2005）。现有领导理论对于个体是如何影响彼此以共同建构他们各自的领导身份和追随者身份，以及领导—追随者关系的问题尚未做出明确的解释。

实际上，Kouzes 和 Posner（2003）就指出，领导是一种相互关系，对领导进行探讨必须关注这种关系的动态机制。在组织中，谁会成为领导者，而谁又会成为追随者或者下属，涉及一个领导身份建构的问题。基于身份观视角探讨领导，并采用建构观解释领导发展，将有助于推动领导研究由静态观向动态观、关系观发展。同时，这一研究也有助于组织更好地指导领导实践。

第二节　基于身份观视角的领导内涵

Quinn（1996）提出，领导是指人们不考虑他们在组织中的正式角色或者职位而投入的一种状态。Morgeson 等（2010）在研究团队领导时强调，团队领导是群体的一种共享特征，群体成员不考虑正式角色或者职位，参与到领导过程中。实际上，领导的发展是由相互强化的领导和追随者的身份构成的。这种领导身份和追随者身份在组织背景中得到赞同和强化，并且随着时间的推移而发展（Derue et al.，2010）。

早前领导研究认为，领导身份（Leader Identity）是个人头脑中描绘的，就单一方面来说是静态的，认为领导身份是由领导者自我建构，并且一旦建构就稳定不变的。但是领导是个体间的一种相互影响的过程，这就是表示领导身份并不是一成不变的。由于个体间的社会互动以及不断变化的情境因素可能影响领导者身份和追随者身份，领导身份与追随者身份也会随着时间而改变，并且可能随着情境的变化而变化。可见，领导身份与追随者身份不能截然分开，而是呈现紧密的联系，并且具有动态变化性。

基于身份观视角下领导观念强调的是领导身份及其建构的重要性。身份涉及了与自我相联系的意义（Gecas，1982）。身份是个体自我概念中的一个重要构成部分。同一个体可以有多种不同的身份，并且不同身份的重要性程度会有所不同，从而导致该身份对于个体行为的影响力有所差异。某种特定的身份可以从自我解释（Self - construal）的三个层面来构念，即个体层面、关系层面和集体层面（Brewer and Gardner，1996）。三个层面的自我解释是相互补充的，共同探讨三个层面有助于更好地解释身份的建构问题。

　　由于领导包括了投入于人际和相互影响过程中的多个个体，而这多个个体最终又是嵌入在一个集体之中的（Parry，1998），因此，对于领导身份的研究有必要整合以上三个层面以充分把握建构一个领导身份的完整过程。正是由于要通过上述三个层次的自我解释进行跨层面的领导身份构念，所以领导发展以及领导身份建构可以说是一种关系建构（Derue et al.，2010），这种关系建构包括两个互动方之间的关系以及更多个体构成的较大层面的集体中的关系。

　　Derue 等（2010）提出了领导身份包括三个因素，即个体内化（Individual Internalization）、关系识别（Relational Recognition）以及集体认可（Collective Endorsement）。

　　第一，个体内化。个体内化是个体将领导身份作为其自我概念（Self-concept）一部分的一种状态（DeRue et al.，2009）。在这个过程中涉及个体创建了与领导角色相关的自我的新的内容，即"自我"（the self）中增加了领导身份的内容。个体内化领导身份是领导身份得以真正建构起来的基础。因为一旦外界认可的领导身份不被该焦点个体所接纳，那么该领导身份对于焦点个体的影响力是较弱的，也就无法完全发挥该领导身份真正应有的价值。可以说，个体内化的领导身份是其主动发挥领导影响力的基础。

　　第二，关系识别。在自我概念中与领导相关的个人特征不仅是个体内的认知及评价，还会嵌入到一个特定背景之中，即身份得以宣称和确认的社会互动过程。这种嵌入表明了领导身份建构的关系方面，即关系识别。个体的身份常常与多种角色相联系（Stryker and Burke，2000）。在个体身份中的某些角色是相互关联的，如领导者与追随者。正是由于这种角色关联性，个体需要在一些情境中相互承认角色关系（Sluss and Ashforth，2007）。从这个意义上来说，领导并不是仅依靠个体内在自我认知或者评价就能确定的，而是表现为在个体中得到认可的关系。领导身份的这种关系身份过程（Relational Identity Process）强调了个体除了内化领导身份之外，还需要通过相互角色身份采纳以得到关系上的承认，从而使得建构起的领导身份更突出。具体来说，基于关系观，领导身份的强化相对应的是需要他人承担起追随者身份。需要强调的是领导不同于管理。领导身份在关系中得到强化或者说是关系承认可能源自个体在组织层级中所拥有的层级地位，也可能源自个体的其他特征和魅力，即领导身份的确认不一定需要其拥有正式的层级头衔或者地位，只要个体受到某些关系互动方的承认即可强化其领导身份。

第三，集体认可。集体认可是指作为一个特定群体中的一员被更广泛的社会环境所接纳。如个体作为领导群体的一员被集体认可越多，则相关的身份（如领导身份）越被强化。此时，特定的身份建构就越强，也越稳定。换言之，当个体建构起的领导身份被较广泛的集体认可时，其建构的领导身份就得到了进一步的强化。在组织背景中，领导身份的集体认可可能来源于其他个体（如上层管理者对于该个体作为领导群体成员的赞同），也可能来源于较宽泛的社会背景（如个体所处的社会群体对其作为领导的认可）。集体认可是领导身份发展更高层次的达成。通过集体认可焦点个体的领导身份，焦点个体的领导影响力将能够扩展至更广的范围。

概括而言，领导身份的上述三个因素，即个体内化、关系识别和集体认可，并不是必然可以全部发生的。虽然从层级上来看，最基础的是个体内化，上一层次的才到关系识别，最高层次的是集体认可，但是领导身份发展的这三个层次内容并不必定从最基础的层级开始。如领导身份可能没有完全实现个体内化，即个体只是被他人认可了其领导身份（即实现了关系识别），但其本人可能并没有完全接受这一身份，也没有在其自我概念中突出领导身份这一内容。在这一情况下，领导身份可能只是外界强加的，并没有形成焦点个体自觉的自我概念成分。另外，领导身份实现了个体内化，但却并没有在关系中得以承认，或者没有最终在较大的组织中得到支持。此时，领导身份可能只是焦点个体自我感觉，并没有得到外界方的认可，所以该焦点个体的领导身份影响力可能是非常小的。总之，领导身份的个体内化、关系识别以及集体认可虽然未必都能实现，但是有效的领导身份应该努力实现三个层级的达成，从而更好地发挥领导身份的效用。

第三节　领导身份建构的影响效应

如果领导是由个人在组织层级中的位置而规定好的，那么领导身份建构就存在一个最基本的问题要考虑，即在组织中领导以及领导和追随者关系是如何发展的。对这一问题的探讨有助于更好地发挥领导及其身份的价值。

　　一方面，通过有效的领导身份建构可以发展起良好的领导—追随者关系。理解领导身份与追随者身份的相互建构有助于更好地解释和预测与领导—追随者关系相关的结果（Derue et al.，2010）。例如，较强的领导身份意味着领导—追随者关系，以及个体作为领导或者追随者的身份是相对明确的，此时，个体作为领导的权力就会被大家所接受，从而能够更好地发挥领导对于追随者的影响力，而追随者也会更自觉地服从领导。如果领导身份与追随者身份并不明确，则可能会增加关系间的冲突和紧张（Collinson，2005）。由于存在不明确的领导身份与追随者身份，影响与被影响的来源就难以确定，从而导致组织中谁接受谁的领导并不明晰，有可能进一步致使互动中的关系冲突增加。从这一点而言，领导身份建构，以及作为领导和追随者的各自身份明确与否对于领导—追随者关系质量有着重要影响（Graen and Uhl - Bien，1995）。明确的领导身份与追随者身份将使得组织内部互动质量更高，"谁施加影响，谁服从影响"的问题将更为明确，领导—追随者关系的维持与发展将可以进入一种良性循环之中。

　　另一方面，领导身份建构对于焦点个体有着重要意义。有研究表明，将自己看作是领导不仅能够提高个体领导的积极性（Chan and Drasgow，2001；Kark and van Dijk，2007），还能够激励个体真正投入到领导过程之中（Kempster，2006）。此外，认识并内化自己作为领导者，即强调自己的领导身份，可以促进个体勇于承担领导责任，并且可以刺激个体努力寻求机会发展自己的领导技能（Day，Harrison and Halpin，2009）。可见，当个体自觉建构起领导身份并内化为其自我概念的重要构成成分时，个体在群体中会主动施加领导影响力，同时也会寻求机会提高自己领导影响力的质量。

　　总之，领导身份建构的影响效应可以是对群体关系的影响，也可能是对个体自身的影响。一方面，领导身份建构有利于良好的领导—追随者关系发展，而良好的关系又有利于双方投入到积极的互动之中，从而令群体甚至整个组织有效性有所提升。另一方面，领导身份建构对焦点个体也有着积极的影响。焦点个体最初建构领导身份时可能影响力并不强，但随着不断内化的领导身份认知与定位，他们更主动积极地投入到领导行为之中，并且更自觉地承担起责任，同时会想方设法地提升自己的领导影响力，从而进入了领导身份建构与强化的良性循环之中。

第四节 领导身份的社会建构及其驱动机制

一、领导身份的社会建构

个体可能并没有感知到自己拥有领导特征，也没有处在领导位置，然而只要该个体所工作的社会环境集体认可他是一个领导者，那么领导身份建构过程就自动启动了。领导身份不同于其他一些身份，如性别、种族、父亲角色等。"领导"这个概念是相对模糊的，没有特别明确的定义（Bass et al.，2008）。虽然有学者将其定义为一种影响过程，但是这种影响具体包括哪些，达到什么程度尚未明确界定。这就使得"成为一个领导的必要条件是什么""在一个特定的社会背景下，谁会成为领导而谁又是追随者"问题的答案等，都是有些模糊的，并且还会随着情境和时间而出现动态变化。正是由于这些原因，Hoang 和 Gimeno（2010）认为领导身份是具有高度的复杂性的，并提出了"身份复杂性"这一构念（Identity Complexity）。鉴于此，领导身份建构需要特别关注社会性，即使高度复杂的领导身份的模糊性通过社会建构过程得以厘清，进一步促使建构的领导身份更具凸显性和可接受性。

领导身份和相对应的追随者身份建构均可以通过身份工作（Identity Work）来实现（Pratt，Rockmann and Kaufmann，2006）。身份工作指的是个体投入的形成、修复、维持和强化其身份的活动（Sveningsson and Alvesson，2003）。从这个意义而言，身份工作旨在创建、呈现和维持特定的身份。个体可以通过身份工作发展起自己理想的积极形象，或者平衡自己拥有的多种身份，抑或定制一种适应特定环境需要的某种身份。如当个体升职到了一个领导的位置，对于以前同级的同事而言，要接受其新增的领导身份需要一个过程。而为了使这个过程更快完成，该个体需要积极投入到领导身份工作之中，建构起领导身份，并让以前的同级同事乐于接受其新的身份。这个工作对于提高该个体的领导效能有着重要的意义。实践表明，同事竞争升职存在一个风险，即平等的同事关系变成上下级关系之后，以往同级能否从内心接受这种关系变化是确保服从晋升同事领导的基础。由此可见，领导身份的社会建构是指个体投入的形成、发展、修整以及强化领导身份的一系列活动。领导身份建构或者说领导身份工作具有重要意义。理解如何建构起有效并被重要相关方接纳的领导身份成为提高领导效能的重要考虑问题。

个体创建并强化作为领导或者追随者身份是通过一个宣称（Claiming）以及认可（Granting）的身份工作过程（Identity Work Process）而得以实现的（Derue et al.，2010）。领导身份的社会建构可以说包括了领导身份宣称和领导身份认可两个密切关联的活动。第一，领导身份宣称。领导身份宣称指的是个体采取的对自己是领导或者追随者身份声明的行动。这种宣称可能是口头言语上的表达。如向他人表达"我是一个领导"。第二，领导身份认可。领导身份认可指的是个体采取的给予他人领导身份的行动。这种认可可能是行动上表现出的作为追随者角色参与到领导活动之中，也可能是注意到或者口头赞同该个体的领导身份。

宣称与认可是领导身份建构过程中的两个紧密相关的活动。宣称被予以认可，而认可是对于宣称的回应，唯有相辅相成宣称与认可的价值才能够得以实现，身份建构才是真正有效的。正是通过相互的宣称与认可，促进了个体对于领导身份和追随者身份的内化，领导身份在群体成员关系中才得以关系识别。即完成了领导身份建构的个体内化与关系识别两个层面目的。最终，在组织中其他人认识并理解了这种涌现关系结构以及影响模式，领导身份在更大的组织背景中得以集体认可。至此，领导身份的三个层面目的得以实现，领导—追随者关系也就相应得以建立。

简言之，领导身份和追随者身份的社会建构是通过宣称和认可两个环节得以实现的。进一步明晰这两个环节的特点与联系对于领导身份社会建构的价值有助于更好地发挥领导身份宣称与领导身份认可。

第一，领导身份建构活动的维度。身份建构中的宣称与认可两种策略或者活动都可以包括两个基本的维度：其一是言语与非言语；其二是直接与间接。基于以上两个维度，宣称包括了直接言语宣称、间接言语宣称、直接非言语宣称、间接非言语宣称四种方式；认可包括直接言语认可、间接言语认可、直接非言语认可、间接非言语认可四种方式。就具体实现来看，旨在宣称领导身份的直接实例言语行动，如个体所做出的谁是领导者的声明；直接的言语认可行动如对他人提及某人是领导者。

第二，领导身份建构活动的发动顺序。一般而言，宣称先于认可，即某一个体首先宣称自己是领导者，提出自己的领导身份，之后相方关对于这种宣称作出反应，如认可该个体的领导身份宣称，并愿意作为追随者与其互动，从而确认自己在双方互动过程中的追随者身份。不过，认可也可能先发生，如某个体主动提出认可他人作为自己的领导，即确认他人的领导身份，那么此后被确认为领导的个体就会受到激发投入到未来的领导身份宣称行为之中。总之，领导身份与追随者身份正是通过宣称与认可两个活动的循环得以实现的。这两个活动的发动顺序并不固定，只要其可以引发另一个活动，都可以成为首发动者，则领导身份的社会建构就得以进行。

第三，领导身份建构的相互作用论。虽然以往的领导身份建构往往只强调个体单方面的，即个体自己建构起领导身份，但是领导与追随者是相伴相生的两个概念，所以领导身份建构如果只突出个体自我性，而忽视了追随者视角则可能是不全面的。基于此，可以采取相互作用观，即采用领导身份和追随者身份的相互建构视角，来促进更全面理解领导身份的建构问题。基于符号互动论（Symbolic Interactionism）（Goffman，1959），身份工作是由投射特定形象的个体以及那些反映回来并强化这种形象是一种合理身份的他人共同进行的活动（Hatch and Schultz，2002）。当然，如果他人并不认可这种形象，即该身份得不到确认，那么该个体所进行的身份工作并没有很好地完成。从这一点来看，身份工作需要形象创建方与形象接纳方共同来完成。如果只有创建方进行形象创建，拟建构某种身份，而接纳方却拒绝，则身份工作的预期目的没有实现，即身份没有建构起来。

第四，领导身份建构中的宣称—认可发展模式。Derue 等（2010）认为，当宣称与认可相互强化彼此时，领导身份就得以建构起来。不过随着时间的推移，宣称与认可的模式可能会进入"偏差—强化"循环。具体来说，在一个方面的偏差，如更多的认可行为，将会导致在另一个方面类似方向的偏差；如更多的宣称行为，而这又会进一步强化第一个方面的偏差，即可能导致更多的认可行为，依此发展模式不断循环。随着这种偏差—强化的不断循环，宣称—认可发展模式不断推进，进而可能导致积极或者消极的循环

（Derue et al.，2009）。就积极循环而言，对一个特定身份（如领导身份）的认可，传递出了在该社会情境中的他人是如何看待焦点个体的这一身份（如领导身份）的信息，而焦点个体接收到了支持其作为领导的宣称的认可，就会倾向于更频繁更强烈地宣称该领导身份。就消极循环而言，身份宣称或者身份认可行为并没有得到正面的强化，如个体宣称自己的领导身份，但却没有得到相关方的接受；或者个体认可了某个人的领导身份，但是该人却并没有进一步宣称，即被认可方没有接受领导身份。从上面分析可以看出，积极循环结果是宣称与认可均得到进一步的强化，从而使得领导身份的形成更为稳定和持久；相反，消极循环结果则是宣称与认可没有得到相应的强化，致使领导身份难以形成，或者初步形成的领导身份难以进一步发展和巩固。

第五，领导身份建构中宣称与认可活动的质量。领导身份建构中的宣称与认可还涉及质量问题，主要体现为宣称与认可中的社会信息的清晰度与可见度。基于社会信息处理理论，宣称与认可体现出的社会信息的清晰程度与可见程度直接影响了互动方对于社会信息的接受，并影响随后的行为与态度。高质量的领导身份宣称或者领导身份认可表现出清晰的信息，可以被环境中的相关方看到，从而使得这种身份宣称或者身份认可更容易达到预期的目的，即促进身份的建构。从这一点来看，要想建构起较强的领导身份，需要努力在身份建构过程中提高宣称与认可信息的清晰度及可见度。

第六，领导身份建构的动态发展性。身份研究表明，身份具有动态性和社会建构性。一方面，身份是变化的，并非建立之后就固定不变；另一方面，身份可以由个体进行主动建构。基于此，领导身份和追随者身份也不是一旦内化就持续稳定不变的。领导身份和追随者身份同样是可能随着时间和情境而改变，即两种身份可能通过社会建构过程而改变（Derue et al.，2010）。正是由于领导身份建构具有动态性特征，所以个体进行领导身份建构时既要注意初次建构的领导身份内涵，还需要在后续发展过程中注意恰当地维护领导身份。

总之，由于领导身份具有高度的身份复杂性，而且还会呈现动态变化特征，为此，在领导身份建构中社会过程特别重要。虽然在身份研究中关于身份的社会性提法早已有之，并且一直受到强调。如有学者指出，身份的建构具有社会性，即并不是自己建构起身份就可以了，所建构的身份还需要得到他人的认可和接纳，并且个体在建构身份时还需要考虑社会接受性，身份建构或多或少受到社会互动的影响（Ibarra and Barbulescu, 2010）。但是领导身份的社会互动过程观或者社会性特性更为突出，因为对于如领导身份这样更为模糊的身份建构而言，社会相互影响过程是特别重要的（Derue et al., 2010）。为此，在领导身份的社会建构过程中要充分利用与推进宣称和认可两环节活动，并且加强焦点个体与相关方的互动，提高身份的可接受性，同时关注宣称与认可两种领导身份建构活动的质量以及动态性维护。其中，活动质量的提高是要注意领导身份宣称与认可中所传递信息的清晰程度，避免领导身份高度复杂性可能导致的信息接收与理解错误，进而阻碍相应的领导身份建构。而动态性维护则要求身份建构的焦点个体与相关方以一种动态的眼光对待领导身份建构，即要关注领导身份的发展变化，并投入到必要的领导身份强化与修整活动之中。

二、领导身份社会建构的驱动机制

由于身份是个体行动的重要内在驱动力，领导身份和追随者身份对于其行动，甚至情感体验和思想都有着重要的影响作用（Gardner and Avolio, 1998），所以理解领导身份建构的驱动机制有着重要意义。另外，领导身份与追随者身份具有一定的动态性，通过动态建构领导身份和追随者身份有利于指导组织身份管理实践。可见，关注领导身份建构的关键前因变量具有重要的现实意义和理论价值。

促使个体投入到领导身份社会建构行动中的驱动因素有哪些？对这一问题的探讨有助于理解与指导领导身份建构实践。社会心理学的研究表明，动机和激励对于探索和内化特定的身份具有重要的影响作用。据此，领导身份建构可能也会受到个体（如动机）及组织（如激励机制）两个跨层面因素的影响。具体来说，领导身份社会建构的驱动因素包括个体的内部信念以及组织背景因素。

（一）个体内部因素

（1）领导内隐理论的影响。根据领导的内隐理论（Implicit Theory）的观点，当个体进入组织刚开始工作时，就已经发展起了自己的各种假设与信念，并由此形成了领导像什么以及在群体中领导是如何实施的内隐理论（Derue et al.，2009）。个体关于领导的这些内隐理论将会影响个体是否会宣称自己是一个领导者，或者对于他人的领导身份予以认可，即领导身份宣称的主动性以及领导身份认可的判断均会受到个体先前的领导内隐理论所影响。具体来说，如果焦点个体表现得比较符合自己关于领导的样子，那么该个体将更可能认可焦点个体的领导身份宣称。如果焦点个体的自我观念（Self – view）与其领导内隐理论相匹配或者一致，则该焦点个体更可能宣称领导身份。

（2）动机的影响。自利（Self – interest）可能会影响人的行为选择（Miller，1999）。基于自利的考虑，个体可能选择投入到那些让自己有所得的行动之中。一般而言，在一个组织中像领导一样行动，或者被看作是领导，是受到社会重视和奖赏的"理想自我"（Markus and Nurius，1986）。获得的这些奖赏如人际社会地位的提高、积极的个人名声等。这些奖赏会使得个体产生一种宣称该身份的动机。另外，权力需要的个体也可能产生较高的动机宣称领导身份，因为领导身份可以通过对他人施加影响或者被他人看作是领导而获得个人内在的满足感。此外，来自于他人对所宣称领导身份的认可也会促使焦点个体产生投入到进一步尝试领导身份的动机。

（二）组织背景因素

根据社会学的研究发现（Stryker and Burke，2000），社会结构和背景对个体身份起着重要的影响作用。如在组织的制度结构中的正式管理者身份展现了领导身份的强有力制度认可，相关方对于焦点个体拥有一种领导预期，更能促使该焦点个体投入到领导身份宣称之中。当然，领导与管理并非完全对应，管理者未必被群体认可为领导者，被认可为领导者的个体可能并不拥有管理者职位。由此可见，正式组织制度结构中的管理者角色预期，只是驱动领导身份建构组织背景因素的一个方面。此外，组织背景中的氛围或者文化，尤其是对于领导角色与身份重视程度的传统，也会影响个体的领导身份建构行为。可以说，影响领导身份建构的组织背景因素既包括正式的制度结构，也包括非正式的组织领导认知文化。

概括而言，在组织背景中，影响领导身份及相对应的追随者身份建构的因素包括个体与组织两方面。对领导身份建构影响因素的跨层面探讨有助于更详细地解释究竟是什么促使个体投入到领导身份或者追随者身份的宣称与认可之中。当个体自我观念与其领导内隐理论不一致时，如果组织非常重视甚至奖励领导者，该个体也可能会被激励去尝试领导身份（Kempster，2006）。总之，个体与组织因素都可能影响领导身份建构。一方面，如果个体的自我观念相信领导身份对于自己而言是真实一致的，符合自我认知的，那么他将会积极地尝试领导角色与领导身份；另一方面，如果组织环境奖赏领导角色，包括好的名声、高的社会地位等，那么个体也可能被激发去尝试领导身份。可以说，个体宣称领导身份可能是获取工具性结果（如好的名声与地位）的一种途径，也可能是对是否认为自己是领导者的一种自我决定的结果。当然，如果焦点个体自我观念中有较强的领导自我认知，同时所处的组织环境也特别重视和奖赏领导角色，那么该焦点个体将更有可能宣称领导身份。

第五节 基于身份观视角的领导研究管理启迪

将领导等同于那些拥有管理职位的人，而追随者则是向其汇报的人，是没有全面地理解领导与追随者的相互关系与社会建构性。由于个体作为领导和追随者的身份对于他们随后的思想、情感、动机和行动来说是极其重要的驱动因素（Day and Harrison，2007），为此，探讨领导身份建构过程是非常重要的。根据前述分析，本研究构建了如图 1 - 1 所示的领导身份建构的综合模型，期望可以更好地指导组织内的领导身份建构及其管理。

首先，领导身份的社会建构包括领导身份宣称与领导身份认可两个活动。由焦点个体宣称领导身份，并获得相关方对所宣称的领导身份的认可，这时领导身份的社会建构才得以完成。基于社会互动论观点，有效的领导身份建构需要领导者与追随者双方的共同参与。当个体自己建构起领导形象和身份之后，相关他人需要对这种建构行为做出确认或者否认的反应。领导身份正是这种相互作用工作的结果。正是通过这样的过程，组织成员身份的模糊性问题才能得以解决，从而能够发展起更为明确的互动规范和标准，提高互动效率或者领导效能。Derue 等（2010）指出，领导身份包括个体层面、关

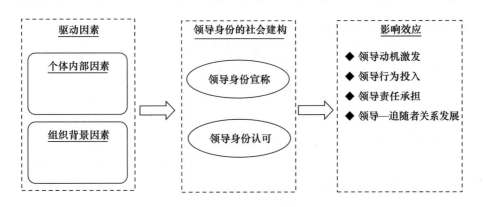

图 1 - 1　领导身份建构的综合模型

系层面和集体层面三个方面，因此有效的领导身份建构要整合身份的个体、关系以及集体视角。当焦点个体自我进行领导身份建构时，只要进行了自我内化，变为自我概念中一个重要构成成分，焦点个体的领导身份个体层面就完成了，但是如果没有后续的关系层面以及更大范围的集体层面的建构，领导身份建构工作并没有真正完成。为此，领导身份建构还需要由个体自我层面拓展到更大范围的关系和集体层面，即让更大范围的人接受焦点个体所建构起来的领导身份，即被关系方和集体其他成员认可其领导身份。由此可见，领导身份的社会建构强调社会性，通过领导身份宣称活动建构起个体自我概念中关于领导的自我观念，其后还需要通过领导身份认可活动争取获得更多人对其领导身份的认可。

其次，领导身份建构的驱动因素包括个体内部因素和组织背景因素两个层面。个体进入组织前就已经形成领导内隐理论，对于什么样的人才是领导，领导应该像什么样，有着自己的看法。当个体的领导内隐理论与其自我观念一致时，个体更可能认为自己适合做领导，即更易被驱动进行领导身份建构。另外，个体的内在动机也是驱使其投入领导身份建构的重要因素之一。当个体有着强烈的成为领导的动机时，领导身份建构就更可能发生。就组织管理而言，可以采取一定的措施促进个体领导动机的激发。如在该组织中更重视领导身份，有更高的个人声望，那么个体就更可能有强烈的动机投入到领导身份建构中。这实际上就涉及组织背景因素中的领导认知文化。可见，领导身份建构的个体与组织两层面因素并不是截然分开的，而是可以产生协同作用，共同积极推进展开领导身份的社会建构过程。

最后，领导身份建构有助于个体领导动机的激发、领导行为的投入以及领导责任的主动承担，同时，领导身份建构也有利于发展良好的组织内领导—追随者关系。实际上，身份建构在组织中是非常普遍的现象。员工也会有意或无意地投入到身份工作之中，期待建立自己作为组织合法成员的身份。在新员工进入组织后，一般要经历组织社会化的过程。在这其中，个体如果能够建立起自己组织成员的身份，并被自己和他人欣然接受，一方面有助于员工的组织融入，发展起积极的工作态度和工作相关行为；另一方面也有助于组织内的其他人对于该员工的接受，发展起良好的工作关系，并为其提供有益的指导和帮助。而对于领导而言，因为领导效能的提升需要他人的投入，即他人的接纳与服从是发挥领导影响力的保障。为此，组织内领导身份建构更有其突出的现实意义。Chan 和 Drasgow（2001）的研究发现，确认并内化自己的领导身份，即将自己看作是领导，可以有效提高个体的领导动机并真正投入到领导过程之中。Day、Harrison 和 Halpin（2009）指出，认识并内化自己作为领导者，强调自己的领导身份还可以促进个体勇于承担领导责任，并且努力寻求机会发展自己的领导技能。

总的来说，领导身份建构是宣称—认可的两环节过程，甚至还包括循环的动态发展。具体来说，组织中的个体首先从自己方面发动身份建构活动或者身份工作，即宣称自己的领导身份，之后相关他人要对这种身份建构行动做出反应，包括确认（认可该个体所宣称的领导身份）和否认（不接受该个体所宣称的领导身份）。不过这种反应可能是当前的阶段性结果，之后可能会随着时间、情境，甚至是个体主动的努力而得以改变。如个体宣称的领导身份在随后被相关方否认之后，该个体可以主动再次投入到身份宣称之中，即进入领导身份建构的第二轮宣称—认可环节。只是为了提高第二次身份建构活动的成功可能性，该个体需要有所改变或者引入新的元素影响相关方的认知与判断。当然，第一阶段的认可并不能保证当前所建构起的领导身份能够一直维持，如当该个体在之后的行动违背了之前领导身份宣称时的承诺时，则可能使得建构起的领导身份被相关方否认。从这一点来看，领导身份建构是一个持续的动态过程，并不是一次性的活动。

另外，领导身份建构中的宣称与认可活动可能还存在着清晰程度和对他人可见程度的差别（Derue et al. , 2010）。这种差别可能会对领导身份建构过程产生重要影响。实际上，宣称和认可的质量对于身份建构结果在一定程度上起着决定性的作用。基于社会信息处理观（Social Information Processing），社会信息，如宣称和认可，会影响人们的判断、思想以及行动。当信息清楚、易于理解时，信息的突出性和可见性较高，信息也比较可靠。在领导身份建构过程中，当领导身份的宣称清楚、可靠以及被更大的社会背景可见时，这种身份宣称就更可能促进认可。相应地，身份认可质量较高，即传递的信息清楚和可见时，这种身份认可也更容易引起进一步的身份宣称。清晰的宣称和认可使得个体看待自己以及如何被特定社会背景中的他人所看待都变得比较透明。

第六节　结论与未来研究展望

一、结论

过去的领导研究是将"领导"看作是一种个人身份（Day and Harrison, 2007），而且采取的是静态观，即领导身份是稳定的，但是这并没有能够完全解释领导身份建构过程。实际上，基于身份观视角下的领导发展强调领导身份和追随者身份并不仅是存在于个体自我概念中的认知，而是涉及一种社会建构过程，并且有着紧密的内在联系。具体来说，当认可一个人的领导身份的同时常常也包括了其他人的追随者身份的确认。可以说，领导身份与追随者身份的概念是相互联系、共同发展的。领导身份和追随者身份可能适用于任何人（Day et al. , 2009；Kempster, 2006）。换句话说，组织中的任何个体都可能发展起领导身份或者追随者身份。身份具有社会性。通过社会建构过程，某些个体会建构起领导身份，而其他人则会相应地建构起追随者身份。正是通过领导身份和追随者身份的同时建构，领导者和追随者的角色才得以明确，而这是保障领导—追随者关系良性互动的基础。理解领导身份和追随者身份的社会建构过程有着重要的意义。因此，领导身份建构是身份建构理论的进一步拓展。基于身份观视角探讨领导理论，一方面能够促进领导理论的发展；另一方面对于身份及其建构同样有着重要的推进作用。

领导身份和追随者身份建构是通过身份工作来实现的。首先，身份建构或者身份工作是通过宣称和认可两种活动得以完成和强化的。其中，宣称和认可活动均可以率先发动，如首先发动领导身份宣称，然后这种宣称得到了相关方的身份认可；或者首先发动对焦点他人的领导身份认可，而该焦点个体接受了这种认可，并且自己乐意这种领导身份，从而投入到相关的领导身份宣称之中。其次，宣称和认可不是单向的一次性活动，而可能是一个不断循环的过程。这种循环包括积极循环和消极循环结果。其中，积极循环结果是指宣称—认可得到不断的强化，即宣称得到了认可，而认可引发进一步的宣称，依此发展；消极循环结果则是宣称—认可不是相互强化，而是忽视或者否认，即宣称或者认可均得不到相应的正面回应，如宣称被相关方忽视或者干脆直接否认这种宣称的适当合理。

总之，领导身份的社会建构强调社会性，不仅要关注焦点个体自我在个体层面进行领导身份宣称，还要注意这种宣称需要得到相关方的领导身份认可才算是完成了领导身份建构，即领导身份宣称需要得到领导身份认可的回应，进而产生相对应的追随者身份，而这个需要在关系层面以及更大范围的集体层面实现。在领导身份宣称中需要提高所传递信息的质量，包括清晰度和可见度，从而提高他人身份认可的可能性。此外，焦点个体还可以对他人首先发动的领导身份认可给予积极回应，通过领导身份宣称建构起个体自我内化的领导身份。再者，不管是身份宣称引发的身份建构还是身份认可引发的领导身份建构，建立起的领导身份仍需后期的维护与适应性调整，以建立起更适应当前情境的领导身份，从而发挥领导身份的应有价值。

二、未来研究展望

第一，领导身份建构的关键驱动因素研究。领导身份建构是一种特定角色的身份建构。基于相互作用观视角，只有有效的领导身份建构需要与追随者身份建构结合起来探讨才能更全面地理解领导身份建构问题。基于此，领导身份建构可能与其他的一般角色身份建构有所不同，那么影响领导身份建构的关键驱动因素有哪些？与一般角色身份建构相对比，领导身份建构有何不同？基于相互作用观，领导身份建构如何与追随者身份建构共同联合？所有这些问题都值得未来学者们进一步深入探讨。

第二，领导身份建构的动态发展机制。领导身份建构过程是一个动态的发展过程，会随着时间而变化，随着情境的不同而有所变动。究竟驱动这一动态发展的关键因素是什么，具体发展机制如何，值得进一步研究。另外，作为领导身份建构的两个重要活动——领导身份宣称与领导身份认可，其相互循环机制如何进一步探讨。

第三，领导身份建构的影响效应及内在作用机理研究。虽然有研究指出，领导身份建构对焦点个体及关系层面均有着重要的影响作用，如对个体的领导动机激发、领导行为投入，对领导—追随者关系的促进等。但是这一影响关系的效应大小如何，具体作用的内在机理是什么仍然不清楚，未来可以通过实证研究检验领导身份建构的作用机制，以推进领导身份建构效应理论研究，同时有针对性地指导领导实践。

第二章 服务型领导：概念、影响因素及效应机制

第一节 引言

在经济全球化的大背景下，企业之间的竞争已不再是针对国内的对手，而是来自世界各地的强劲对手。为此，企业需要努力提升组织绩效，而这与其领导者的态度和行为紧密相关。组织中的领导者们也总是在思考、探讨和寻找，试图以最佳的积极领导行为去提高员工的工作绩效，于是各种各样的新型领导行为出现在我们的组织中，如变革型领导者通过自身的感召力和对下属的智力开发来激励下属的工作责任感和积极性；共享型领导者则试图通过与下属建立一支平等参与、共担责任、互相影响的工作团队来达到激励目的。通过这些领导的发展方式，我们可以看出领导者们都在尽力地改变自己在传统方式上扮演的指挥者、带领者、引导者的角色，可是，员工与领导者之间的距离感依然存在且严重影响着员工的工作积极性、创造性的发挥，加之员工们只有在自己的利益和需求得到充分满足之后，才会选择为组织尽心尽力工作。另外，新知识经济时代下孕育出的新员工们更加强调自由，他们不愿意在领导者们的束缚之中工作，他们愿意用自己的独特想法去实践、去创新，去给组织增添生机和活力，而组织也需要员工们的这些创新点去带动自己的工作业绩。

因此，一种重视员工意愿、需求和利益，为真实服务员工所需的领导方式对提高组织绩效、提高组织整体竞争力来说至关重要。Irving（2014）认为，此领导行为是用来调节员工和领导者需求，从而促进组织目标实现的重

要环节。这种把领导者作为仆人的比喻不仅降低了领导者的压制感、威严感，使传统自上而下的领导方式开始向自下而上的方向转变，而且随着下属成为领导者的关注点，下属成为了组织目标实现最主要的媒介，组织中的领导者要想大幅度提升工作绩效、工作创造力，必须站在员工背后支持他们的创造和发明，且有着强烈的服务他人的意愿，领导愿意满足员工需求、尊重员工价值观（Spears，1998）。因此，在人力资源领域进行关于服务型领导的研究对组织来说具有重要的理论意义和实践意义。

尽管服务型领导在 20 世纪 70 年代末就已经出现了，但由于受当时经济发展模式的限制，学者们比较倾向于研究传统的几个领导模式，以期通过要求员工发挥自己最强能力的自上而下的领导方式来实现组织目标，最终使领导者也从中受益。之后，随着经济社会的不断发展，组织结构也相应地不断发生着变化，员工和顾客在上、领导者在下的组织结构越来越成为时代的潮流。此时，旧的领导方式已经不能满足提高员工绩效的需要，为了迎合这种自下而上的组织结构变化，企业中的管理模式逐渐向关注员工方面靠拢，学者们也开始不断探求"领导者"和"仆人"之间的平衡关系。

第二节　服务型领导的内涵、维度及测量

一、服务型领导的内涵

服务型领导，在开始时也直接被人们称为仆人型领导。关于服务型领导的内涵，研究者众多，由于他们的研究方向各有侧重，所以不同的研究者给出的定义也不尽相同。

Greenleaf（1977）在 *The Servant as Leader* 中首次提出服务型领导，虽然 Greenleaf 最早提出服务型领导这一名词，但他没有区分服务型领导方式和其他领导方式的异同，也没有给出服务型领导方式的明确定义。所谓服务型领导者，就是领导要像仆人一样，把员工利益摆在较高的位置，主动关心员工在心理上、工作上、生活上的需求，乐于为其服务，以此赢得员工的好感和信任，然后再进一步追求自身的领导价值。他指出服务型领导的动机是为员

工服务而不是管束和控制员工，服务型领导的最终目的是让员工更自由、更乐观、更富创造力、更愿意为组织目标尽职尽力。

　　Spears（1998）通过不断研究，定义服务型领导是一种有着强烈的服务他人的意愿，并且愿意满足员工需求、尊重员工价值观的领导行为。在这里，他首次给出了服务型领导的定义，把服务型领导作为一种领导行为引入到组织行为方面的研究中。Weinstein（1998）把服务型领导的定义概括为，领导者主动把对自己的注意力转移到员工身上的一种领导活动。他强调了服务型领导者应懂得视角转换的重要性，尽量降低对自身的关注度，提高对下属员工的关注度。Laub（1999）定义服务型领导为，把员工利益放在首位，把组织利益和自身利益放到次位的一种领导实践行为。他认为，组织中的领导者可以通过授权的方式来争取员工利益、组织利益和自身利益的平衡，Laub 的这一定义主要集中在员工、组织和领导者自身三者之间的利益分配关系上。

　　Page（2003）定义服务型领导是一种重视对下属的培养和发展，从而促进组织目标实现的领导活动，他指出服务型领导的根本目的是服务员工。这个定义加深了对员工的培养和发展的重视程度，领导者只有不断培养、发展员工，才能挖掘员工的潜能，发挥员工的潜力，促进组织目标的实现。Stone 等（2004）认为服务型领导者对下属关心是主要任务，而组织目标的实现只是次要结果，这一说法不仅没有削弱领导者致力于实现组织目标的重要性，相反，它更加强调了领导组织目标的实现是从优先关注和服务下属开始的。Irving（2005）定义服务型领导是以人本主义为特征的，这类领导行为是以下属的关注点和目标导向来定位发展方向的。然而在对目标关注和下属关注重要性讨论不一致的情况下，有些学者认为服务型领导者在实践中应该把两者都纳入主要关注点。Reed 等（2011）认为服务型领导通过下放决策权、实施道德行为服务下属、服务企业的各个部门为挖掘员工的各项发展潜力做投资。Parris 和 Welty Peachey（2013）在前人研究的基础上不断探寻，将服务型领导定义为一种注重发展和授权员工，刺激员工像领导者为其服务一样，反过来员工服务于领导者的实践行为。这个定义很好地展现了服务型领导的员工和领导者之间的双向促进、平等相处的发展模式，引领符合时代发展潮流的步伐，很好地展现了我们当代不断追求互利共赢的理念。

由上述可以看出，随着时代的发展和研究的深入，研究者们对于服务型领导与各种关系之间的认识上有很多新的突破。首先，他们只是简单地认为领导者需要为员工利益着想，服务于员工所需；其次，渐渐注重人本主义精神并且愿意同员工分享权力；最后，形成领导者和下属互利共赢的新局面。这些思想和行为的变化也使我们的服务型领导随着时代的发展有了新的内涵。

因此，本书基于以上关于服务型领导内涵的综述，将服务型领导定义为一种领导者愿意以员工利益为主，为员工提供各方面的帮助，使员工在心理上得到满足、在工作上得到突破，从而促进组织目标实现的一种领导行为。服务型领导是在平等关系上发展起来的，服务型领导者懂得谦虚、能够做到尊重、服务员工。而且，在对员工和组织两者的重视程度上，服务型领导者把员工需求放在更为主要的位置。

二、服务型领导的维度

Greenleaf（1977）指出服务型领导需要具备：积极（Initiative）、倾听（Listening）、想象力（Imagination）、折中力（Compromise）、接纳和共鸣（Acceptance and Empathy）、直觉力（Intuition）、未来眼光（Foresight）、理解力（Awareness）、说服力（Persuasion）、概念化能力（Conceptualization）、恢复和服务（Healing and Service）以及建立团体（Building community）12个方面的能力。Spears（1995，1998）通过不断探索，在前人文献研究的基础上归纳了服务型领导者需要具备：倾听（Listening）、共鸣（Empathy）、恢复力（Healing）、理解力（Awareness）、说服力（Persuasion）、概念化能力（Conceptualization）、未来眼光（Foresight）、服务意识（Stewardship）、为员工成长负责（Commitment to the growth of people）以及建立团体（Building Community）10个维度。但同时他也指明服务型领导不只是简单的包括以上维度，还需要日后进行更加深入和细致的研究。

Page 和 Paul（2000）通过实验从构成服务型领导的众多因素里最终筛选出了12个主要因素，并将其归纳为四点：员工同领导之间的关系、领导者目标导向、领导者性格特征以及领导者的激励方式。2003年，他们又进一步将以上四点总结为领导者的服务能力和领导能力。首先，领导者的服务能力是指领导者对于有发展潜力、有创造性员工的帮助和培养。其次，领导能力是指领导者在带领团队建设时具备的能力，例如，团队维护能力、团队共同愿景维护能力等。Russell 和 Stone（2002）在之前做的研究的基础上把服务型领导分为功能性和伴随性两大特征维度。功能性特征主要有：想象力（Vision）、诚实（Honesty）、正直（Integrity）、信任（Trust）、服务（Service）、榜样（Modeling）、先驱（Pioneering）、欣赏他人（Appreciation of others）、授权（Empowerment）。而伴随性特征同样作为服务型领导者构成维度的重要组成部分，则是对功能性特征的解释和补充。伴随性特征主要包括：沟通（Communication）、可靠性（Credibility）、胜任力（Competence）、服务（Stewardship）、可视性（Visibility）、影响力（Influence）、说服力（Persuasion）、倾听（Listening）、鼓舞（Encouragement）、教导（Teaching）、委派（Delegation）。Patterson（2003）认为，服务型领导的维度由于缺乏对员工理解、关爱以及为员工全力付出这些方面描述，所以他总结并提出了服务型领导的七个维度：仁爱待人、谦逊有礼、为他人着想、未来眼光、足够信任、合理授权和乐意服务。Dennis（2005）在 Patterson 总结的七个维度的基础上，又进一步进行了调查，他选取300个样本做问卷调查，最终根据调查结果把服务型领导的维度概括为如下五点：谦逊有礼、足够信任、未来眼光、仁爱待人以及合理授权。

通过以上关于服务型领导维度的综述，可以看出国外学者的研究比较多且每一次新的研究结果都会增加它的新维度，但国内学者对于服务型领导维度的研究较少。所以本书结合学者们的观点，取其中大家都共同认可的维度，最终把服务型领导的维度定为倾听、服务意识、信任、授权和未来眼光这五个主要方面。因为服务型领导内涵丰富、维度多样，所以服务型领导在现实运用中适应力较强、应用前景宽广，有待进一步深化其在国内的研究。

三、服务型领导的测量

从服务型领导这个名词产生起，就没有对其进行明确的定义，这期间虽然很多学者们也给出了各种定义，但对它的定义也是各种各样的，加之不同学者们对服务型领导的维度理解也不一致。因此，国内外的学者们根据自己的探究结果设计了各种不同的测量量表。

目前较为常用的是 Laub（1999）设计出的能够有效地区分服务型领导和非服务型领导的组织领导力量表（Organizational Leadership Assessment，OLA），该量表在他邀请了 15 位服务型领导领域的资深专家之后运用德尔菲法得出，且格伦巴赫系数达到 0.98。量表中主要包括六个指标，即重视员工（Valuing People）、发展员工（Developing People）、建立社区（Building Community）、信任（Displaying Authenticity）、领导力（Provides Leadership）、分享权力（Shares Leadership）。

Page 和 Wong（2000）在他们之前探讨服务型领导构成维度的基础上，建立了服务型领导工具（Servant Leadership Instrument，SLI），共进行了 12 个方面的测量：正直（Integrity）、谦逊（Humility）、服务（Servanthood）、关心员工（Caringforothers）、授权（Empowering Others）、发展员工（Developing Others）、远景（Visioning）、目标设置（Goalsetting）、领导（Leading）、榜样（Modeling）、团队建设（Teambuilding）、决策共享（Shareddecision - making），他们用这个服务型领导工具把 12 个方面再分别细致化，最后编制出调查问卷，根据具体问卷调查结果去确定具体的测量维度。

Sendjaya（2003）通过对企业中的领导者进行深度访谈，结合过去的文献资料，确定了服务型领导的维度包括：服从、真诚、员工关系、责任感、信念、变革思想六个方面。把它们分别细化之后，他制定了服务型领导调查问卷，问卷开始包含 101 个测量项目，后来在 20 名同领域专家的评估和建议下，问卷保留了其中的 73 个项目。Sendjaya（2008）又进一步调查研究，采用验证性因子分析等方法，将自己的服务型领导问卷在六个基本维度保持不变的基础上，测量项目从 73 个缩小到 35 个，进一步优化了自己的测量方法。

Liden 等（2008）通过因子分析法对前人的文献进行一定的研究探索，得到服务型领导量表（Multidimensional Measureof Servant Leadership，MMSL）。

汪纯孝和凌茜等（2009）通过对国内的 42 家企业的 200 多名员工进行调查，以中国特有的文化和社会主义制度为背景，采用验证性因子分析，开发出包含尊重下属、关爱下属、乐于奉献、指导下属工作等 11 个维度，这11 个维度中共有 44 个测量项目。这也是根据我国传统文化设计并得到验证的、被我国学者们普遍接受的一个量表。

总体来说，服务型领导的测量工具主要还是来自国外的比较多，受西方思想文化影响比较深，使用起来会与国内传统文化背景下的服务型领导产生不相适应的地方，而国内关于这方面的研究又比较少，汪纯孝和凌茜设计的量表是从企业角度展开调查的，具体使用起来是否适用于国内的机关、事业单位等组织，还需要具体的验证和思考。从上述学者们的探讨，本书主要选取各路学者对于服务型领导维度测量的共同思想，把服务型领导的维度测量主要划分为授权、服务和愿景三个方面。

第三节　服务型领导的影响因素

服务型领导作为一种重视员工意愿、需求和利益，能服务员工真实所需的领导方式对提高组织绩效、提高组织整体竞争力来说至关重要，而组织中的领导者拥有什么样的人格特质、价值观和目标导向，员工拥有什么样的特征和想法，以及组织文化渲染的氛围都在影响着服务型领导方式的顺利运用和发展。目前，服务型领导的影响因素在国内的研究较少，从国外文献中总结出其主要包括领导者的目标导向、领导者的个人特征、员工的个人特征、组织文化影响的看法。

一、领导者的目标导向

领导者的目标导向就是指领导者付出一切努力背后的动机，这个目标导向对于领导者是否选择采取服务型领导方式至关重要，例如：一味追求组织绩效最大化的领导者是不会选择这种以员工利益为先的服务型领导方式的。

所谓动机，就是一种刺激他人为实现目标而不断努力的心理过程和内部动力。作为一名领导者，他背后的动力来源于自身惯守的原则、价值观和人生观，而服务型领导具有树立榜样、欣赏员工、愿意向下属授权、诚实守信和乐于助人等价值观（Russell，2002）。另外，根据有关服务型领导的研究得知，领导者的内在价值目标，如宣扬诚实、追求公平、崇尚正义，这些都是领导者能选取服务型领导方式的决定性因素。

同时，领导者追求的正直（Washington et al.，2006；Bobbio et al.，2012）、同情心、胜任力（Washington et al.，2006）和服务型领导显著正相关。如果领导者有较高的权力目标，那么他很可能会因为惧怕权力过于分散危及自己的统治地位而放弃使用服务型领导方式（Van Dierendonck，2011）。以至于还有领导变得自私自利、态度消极，缺乏教育以及过于谦卑等（Serrano，2006）负面的领导动机也不利于服务型领导方式的形成。

二、领导者的个人特征

领导者的个人特征也会影响其领导方式的选择，由于领导者的个人特征是在其从小到大的家庭、教育、工作环境的影响下所形成的，所以不同特征的领导者会选择符合他特征的领导方式。如果领导者态度谦虚、做人真诚且有服务意识（Beazley，2002），或者领导者具有亲民意识（Washington et al.，2006）、自我控制能力（Bartholomew，2006）、愿意合作（Garber et al.，2009）等，都会促进服务型领导发展。

另外，领导者的道德认知发展阶段也会影响其领导方式的选择，所谓道德认知发展阶段，是指人们不断开发自己的理性思维和价值，在工作中促进公正和善意，道德认知发展的最高阶段是把相互尊重作为一种行为准则。例如：一个性格偏内向、和蔼可亲的领导者是会比一个活泼开朗、争强好胜的领导者更容易走上服务型领导岗位的。或者，有为员工着想的意识且意志坚定的领导者（Leader Purposefulness）也是更偏好选择服务型领导岗位的。

因此，自我决定权也影响着领导者的行为，一个自我决定权强的领导会更倾向于利用个人能力和资源去建立强有力的、积极的上下级关系。

三、员工的个人特征

员工的个人特征也是影响领导者采用服务型领导的重要因素。一般来说，所有的员工都希望得到领导重视，他想让自己的工作得到领导的肯定与支持，这也就促进了员工对服务型领导方式的好感度。另外，员工的感知能力正向影响着服务型领导（Van Dierendonck，2011）。服务型领导要求领导者为下属指明方向，指引和允许他人亲自实践，并在鼓励下属独自获取经验和接受教导之间保持平衡。服务型领导者不是靠自上而下地下达命令去给员工布置任务，而是通过尽量平和、说服的语气去影响员工们的感知。

Liden 等（2008）也表示服务型领导通过信任员工和分享权力，会让员工对自己完成超额的任务充满信心。此时，如果领导者再愿意合理下放自己的权力给相应岗位的员工，员工就会更积极地参与到具有挑战性的工作之中，并且愿意和领导者之间保持这种高质量的关系。

四、组织文化影响

组织文化作为一个企业在长期发展中不断积累出的、被组织内部全体员工所接纳和认可的共同价值观念来说，对团体内部的氛围养成必然会产生举足轻重的影响。Kabasakal 和 Bodur（2004）认为，人本观念高、仁爱意识高的地方，其组织中的领导者也会相应地表现出比较高的服务型领导倾向。与此相反的是，权力等级意识高的地方，其领导者和员工的关系便会不可避免地产生一定距离，在这种等级权威的基础上，领导者和下属之间就有了权利和任务的区分。

组织文化营造的氛围也会对领导者的领导行为产生影响，若组织文化缺乏包容、宽容之心（Van Dierendonck，2011），其领导者就会展现出比较弱的服务型领导倾向。还有惧怕变革的组织文化会阻碍服务型领导的形成和实践（Austin，2009）。若组织文化宣扬理解、关爱员工，就会大大调解领导和员工之间的等级隔阂，走向服务型领导方式。

综上所述，一个企业要想走上服务型领导之路，在招聘和培训环节就要做好准备，首先，当招聘新员工时，要筛选那些有想法、有创意且愿意分担领导者权力去约束其他的新员工。其次，在组织培训过程中，要加强领导者对员工的合理授权、和睦相处、平等待人等思想教育。最后，要营建服务型领导相关组织文化氛围，减少等级观念、过度集权等不适合服务型领导思想的宣传。

第四节　服务型领导的影响效应及内在作用机制

随着对服务型领导研究的不断深入，近年来，越来越多的学者开始从理论探讨转向实证研究，研究其对员工、对组织的作用效果。通过梳理近几年国内的相关文献，对服务型领导的影响效应主要归结为员工层面的员工绩效、员工进言、员工组织公民行为、员工工作相关态度以及团队层面的团队绩效、团队创新以及团队组织承诺。

一、服务型领导对员工绩效的影响及内在机制

Herbst（2003）研究了教师的服务型领导行为与学生成绩的关系，得出采取服务型领导行为的教师对学生成绩的提高有显著影响，尤其是在学生的阅读能力和数学逻辑能力方面。Herndon（2007）也通过实验证实服务型教师在倾听学生、关爱学生的行为方面能够显著提升学生的成绩。虽然这些学者研究的只是教师领域的服务型领导，但依然对我们企业层面上服务型领导对员工绩效的影响有借鉴意义。

我国学者苗青（2009）也认为服务型领导能显著提升科研人员的创新能力，进而正向影响员工绩效。林文静和段锦云（2015）在以社会交换为基础的视角下，对江苏省内的服务行业进行了实证探究，发现服务型领导与员工绩效有显著的正相关关系。因此，组织为了提高领导力，应该注重选择那些愿意采用服务型领导方式的部门主管去担任领导，并为他们进行相应的与服务型领导有关的培训。

邓志华和陈维政（2015）通过对某大学 MBA、EMBA 班上发放的 328 份问卷和某企业内部培训班上发放的 138 份问卷进行假设检验，借此探讨服务型领导对员工绩效的影响关系。经过严密的信度分析和相关性分析，他们得出服务型领导通过组织文化的中介作用对员工绩效产生正向影响，同时服务型领导也正向影响员工的工作满意度、员工的组织公民行为以及团队内的各种创新文化。因此，组织中要重视创新合作性组织文化的构建，组织文化作为在组织发展过程中形成的、被组织内部大多数成员普遍接受和认可的价值观念、行为观点、团体意识，在领导者和员工之间起着桥梁式的中介作用，能够对员工的行为、观点以及工作绩效产生直接的影响。

林文静和段锦云（2015）在以社会交换为基础的视角下，对江苏省内的服务行业进行了实证探究，最终得出服务型领导对员工绩效通过员工的行为感知能力这一中介机制有显著的正向影响关系。

二、服务型领导对员工进言行为的影响及内在机制

Walumbwa 等（2010）认为服务型领导行为是一种资源投入，这种资源投入是为了与员工建立良好的交换关系。员工的进言行为是指员工在组织发展过程中提出自己的建设性意见，因为员工们与领导者处在不同的层面，有着不同的思维方式，他们的进言行为弥补了领导者没有注意到的一些问题，对于组织的长久发展和组织竞争力的提升有很大作用。进言行为属于一种员工角色之外的行为，员工只有在感到自己的各项需求得到满足之后，才有可能会选择进言行为回报给他们的领导者。而进言行为本身就是员工参与管理、参与决策的一种形式（Hunter et al. , 2013）。服务型领导方式营造的组织环境为员工进言提供了良好的条件和渠道。

朱玥和王晓辰（2015）通过对浙江省六家企业的 215 名员工和 42 名领导者进行一一配对的问卷调查，采用合适的服务型量表和进言行为量表，用五点和七点计分法设计了关于服务型领导和员工进言关系的问卷，用分层线性模型对服务型领导的主效应进行假设检验，最终得出了服务型领导会对员工的进言行为产生积极的影响。

谭新雨和刘帮成（2017）通过对山东省、云南省六个国有企业的 300 名员工及他们的领导进行间隔 8 周的两个阶段的问卷调查得到调查数据，运用验证性因子分析的方法评估了各变量间的区分效度，验证了假设和观测数据之间有很好的拟合度。最终将社会交换、社会学习理论与服务型领导和员工的进言行为联系起来，证实服务型领导对员工的进言行为有显著正向影响。员工的心理所有权就属于员工的一种心理和行为感知能力，并且员工的权力距离导向负向调节服务型领导对其进言行为的间接效应。

段锦云、曾恺和阎寒（2017）从自我提升和角色领会两个角度分析服务型领导对员工进言的促进作用，并提出了服务型领导影响员工进言的双重作用机制。他们通过对苏州 33 家企业的领导者和员工们的 260 份配对样本进行分层回归分析，结果发现服务型领导对员工进言行为起正向影响作用。

基于上述研究结论，我们在管理实践中要借机利用服务型领导对员工进言活动的积极影响，积极做好员工的技能培训工作，提升员工的目标导向，鼓励员工为组织发展献计献策，并引导员工虚心接纳、做好工作总结经验、

为组织发展获得更多创新性的想法和决策方向。

三、服务型领导对员工组织公民行为的影响

在企业中，员工们的种种工作行为主要分为角色内行为和角色外行为两大类。组织公民行为属于角色外行为，当员工们在受到上级激励或重视时，自愿做出的一些不属于自己职责范围之内的对组织有益的事情。组织公民行为虽然没有被正式纳入工作绩效的范畴，但它对组织的发展和组织目标的完成具有重要的促进作用，因此，研究者们开始关注服务型领导与组织公民行为之间的关系。

Liden 等（2008）则表示服务型领导通过分享权利和信任员工，会让员工对自己完成超额的任务充满信心，同时员工也更愿意付出额外的努力。

此外，近年来国内学者也开始逐渐加深对这两者之间关系的研究，徐冬洁（2010）通过实证研究发现服务型领导与组织公民行为存在显著相关关系。

赵强（2016）通过对山东泰安地区 14 所中小学的 356 名教师进行问卷调查，选择了合理的服务型领导和组织公民行为的量表，最后利用验证性因子分析，证明了校长的服务型领导方式和教师组织公民行为之间显著的正向影响关系。虽然本书方案针对的仅是中小学教师领域的员工组织行为，但依然为我们以后的研究方向和研究内容指明了新的道路。

田启涛（2017）以河南三家商业银行的理财经理、大堂经理以及柜员等人员为研究对象，分三次进行问卷调查，每次间隔一周，很好地避免了同源偏差。将收集到的数据采用 Mplus6.12 统计软件建立了结构方程，深入探究了服务型领导对员工组织公民行为的影响及中介机制。他还从社会交换理论的角度出发，解释了服务型领导为员工利益着想，支持和帮助员工成长，而员工为了回报领导的这份恩惠，会积极投入到工作中去，从而产生组织公民行为。

从上述研究结果中，我们可以发现服务型领导对员工组织公民行为的促进作用，而组织公民行为作为未被纳入员工工作绩效，却能对组织绩效和组织目标产生正向影响员工的角色外工作方式，反过来说，就是员工主动从事免费、无义务劳动的工作。因此，领导者必须给予员工足够的帮助和信任，

员工只有自身感到满足和获得理想的利益之后，才会选择用积极的组织公民行为来报答他们的领导者。

四、服务型领导对员工工作相关态度的影响

员工工作相关态度，如员工敬业度、忠诚度以及组织承诺等，对于员工工作相关行为有着重要影响。员工敬业度是指员工在工作中将自我角色与工作角色相结合，真正为工作投入自己的认知、能力和情感（Kahawa，1987）。知识型员工能够敬业的关键在于他是否对现有的组织和领导状况感到满意，他是否对组织充满忠诚之心。

Dingman（2006）认为，在服务型领导下的组织环境中，员工对组织的敬业和忠诚度显著提高，且员工的离职率明显下降，员工会更加遵守对组织做出的承诺，工作意义感得到显著增强（Ostrem，2006）。行为科学奠基人——美国管理学家乔治·埃尔顿·梅奥（George Elton Mayo，1880~1949）曾经说过，人是"社会人"，而不是"经济人"，人们很在乎自己在团体中被尊重、被重视的程度。领导者尊重员工，带给员工的是心底里对组织的长期信任和满足，因此，员工会积极选择增大工作量来努力完成，甚至超额完成组织给予的工作任务。

Chang（2009）认为，当领导者和员工能够互相信任、共谋愿景时，服务型领导能够明显降低员工的离职率。国外研究员工敬业及忠诚度这一方面较少，近年来基于它与中国传统文化的思想有一致之处且比较符合中国式服务型领导的特点，开始逐渐得到国内学者的重视。

国内关于对服务型领导和员工忠诚度的研究都很多，但将两者结合进行的研究比较少，Sutton（2009）在研究中指出，领导者只有给下属足够的关怀、重视和信任，才会让员工对组织充满忠诚之心。同时，组织要完善对员工的物质奖励制度和精神奖励制度，使员工感受到只要付出就可以得到回报。

董临萍和於悠（2017）以来自不同企业的在职员工为样本，根据便利抽样的原则，对调查对象采取电子问卷和纸质问卷来进行原始数据的收集，最终得到160份有效问卷并对其进行数据分析，运用多元回归分析方法分析了服务型领导对员工敬业度的关系，最终研究数据证实了服务型领导风格与员工敬业度之间的正向相关关系。他们还指出，员工的幸福感在这两者之间起

着中介作用，员工感受到的组织公平公正性越强，员工的幸福感就越会得到提升，进而促进员工的敬业行为。

概括而言，员工的工作相关态度，如敬业和忠诚度，是比员工绩效、员工进言、员工组织公民行为更高一级的服务型领导的影响效应，相比后者几种动作层面的员工行为，前者属于精神层面的接纳与信任领导者，员工发自内心的为组织着想，把组织利益当作自己利益而努力尽职尽责。

五、服务型领导对团队绩效的影响

段柯年（2016）通过对江苏、浙江、山东的七家服务企业进行问卷调查，并且为了降低偏差，针对不同的调查对象选择不同的量表，最终获得了280 份有效问卷，利用 AMOS16.0 建立结构方程模型，并采用验证性因子分析的方法考察变量之间的聚合和区别的效度，最终验证了服务型领导对提升团队绩效有积极的影响作用。

另外，李露和陈春花（2016）还将中国传统文化观念——团队差序格局引入到服务型领导与组织绩效的研究中，提出服务型领导通过建立服务性的组织文化来降低团队差序氛围，更加尊重和重视员工，从而激励员工为实现组织绩效目标而努力。

六、服务型领导对团队创新的影响

创新，作为组织发展的动力源泉，影响着组织之间的竞争。目前，组织之间的竞争越来越成为团队创新能力的竞争，新产品、新技术的研发越来越能为组织获得竞争优势，团队创新能力与员工创造力的发挥息息相关，而领导方式又与员工创造力息息相关。

Shin 等（2003）认为，服务型领导能够做到关爱员工，从而愿意支持员工的新决定和新挑战，激发员工的创造力。另外，服务型领导善于授权的领导风格也促进了员工想法的自由表达以及员工的自我管理，使员工变得更加自由和充满积极性，而正是这种充满自由的环境才会大大激发员工和团队的创造力（Amabile，1996）。

黄海艳（2013）通过对南京和苏州的 17 家企业中的 250 个研发团队进行有关服务型领导和团队创新行为调查问卷的数据调查，研究主要采取主成分分析方法和 Harman 的单因子分析方法，确定了服务型领导和团队创新行为之间的积极影响关系。

庄子匀和陈敬良（2015）将来自上海、江苏和广州的 10 家高科技企业的 87 套员工和团队的匹配问卷进行研究，运用多层线性模型对提出的假设进行检验，最终验证了服务型领导通过领导认同感来中介其对团队创新的积极影响作用。

黄海艳（2013）通过对南京和苏州的 17 家企业中的研发团队进行有关服务型领导和团队创新行为的调查问卷的数据调查，采取单因子分析方法和主成分分析方法，得出了工作满意度作为员工的一种行为感知能力在服务型领导与组织创新行为关系中的中介作用。

服务型领导对团队创新的积极作用具有重大的实践意义，因此，我们在企业实践中必须培养领导者服务员工、发展员工、合理授权给员工的意识。

七、服务型领导对团队承诺的影响

具体来说，团队承诺就是团队给成员的归属感，高团队承诺引来员工的高拥护行为。服务型领导方式从服务的角度出发，时时刻刻为员工利益着想，因此给了员工较高的团队承诺，员工也会反过来给组织较高的个人组织承诺，这是一个双面影响、双向互动的过程。

目前，关于服务型领导和团队组织承诺的独立研究很多，但对于两者之间关系的研究还不太多，有待学者们的进一步深化研究。

综上所述，服务型领导的正向影响效果包括员工和团队层面，而每一个层面又有许多小的方面，例如，员工层面的员工绩效、员工进言、员工工作相关态度等方面，以及团队层面的团队绩效、团队创新、团队组织承诺等方面。但具体关于服务型领导和团队组织承诺之间的研究还比较少，这一部分需要更多的理论和试验做支撑。另外，国外的一些研究表明，受服务型领导思想影响较深的中小型强势企业，投资收益和工作绩效并不是主要目标，而是强调必须创造一个较好的工作环境，与所有的利益相关者建立良好的人际关系，这有助于创建社区、创造高质量的生活（Van Dierendonck，2010，2011）。不过关于这方面的研究比较少，还需以后的学者加强此方面的探讨。

第五节　服务型领导的综合作用模型与管理启迪

　　基于对服务型领导相关研究的梳理，本节提出了如图2-1所示的服务型领导影响综合作用模型。

　　服务型领导方式作为一种重视员工意愿、需求和利益，为员工真实服务所需的领导方式，对提高组织绩效、提高组织整体竞争力至关重要。本书做出的服务型领导综合作用模型主要基于服务型领导对工作绩效的影响，服务型领导者通过自身扮演的指挥者角色来促进员工更积极地投入到工作中去。

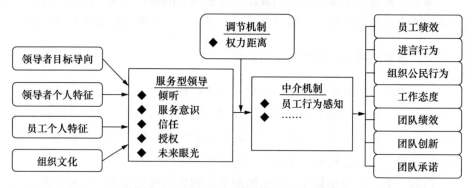

图2-1　服务型领导影响综合作用模型

　　首先，促进服务型领导方式形成的前因变量主要归结为领导者的目标导向、领导者个人特征、员工的个人特征以及组织文化影响四个方面。可见，组织服务型领导的发展需要综合考虑领导者和员工的个人层面因素以及组织背景因素。

　　其次，服务型领导对员工个体以及团队层面结果都可能产生重要影响，其中，可能还会通过下属知觉的中介传递作用。如当服务型领导方式形成后，员工的行为感知能力在服务型领导和工作绩效之间起中介作用，员工只有体会到领导者的改变，感知到领导者在尽量满足自己的利益要求，在服务、发展自己，才会采取一系列更加积极、有创造力的工作行为来促进自己的工作绩效，进而提高整个团队的创造力和绩效。

再次，服务型领导对结果变量的影响还可能存在一定的边界条件。如权力距离又在服务型领导和员工的行为感知能力之间起调节作用，权力距离感高的组织氛围不利于服务型领导方式的发挥，而权力距离感低的组织氛围中员工和领导之间就更容易沟通与交流，更易于服务型领导方式的发挥。

最后，服务型领导方式对工作绩效的影响又分为员工层面和团队层面，其中，员工层面的员工绩效、员工进言、员工组织公民行为以及员工工作相关态度都受服务型领导的影响且决定着员工绩效的高低，团队层面的团队绩效、团队创新和团队组织承诺也同样受服务型领导的影响。

基于上述总结及理论模型，在实际工作情境中，在采取服务型领导方式之前，必须选择目标导向定位为员工在先而不是权力或职位在先的领导者，且领导者要有服务意识、态度谦虚、虚心听取他人意见的工作风格，同时，招聘和培养的员工也要具有信任领导、愿意同团体交流、分享经验的品格。

另外，一套宣扬平等民主、公平公正、合作交流的组织文化也是建立服务型领导必不可少的一点。员工只有真正理解并接纳了服务型领导者的积极行为且把努力工作的意识付诸实践，才会达到提高工作绩效的目的，同时，领导者通过不断给员工提供服务，大大强化员工的工作积极性、创造性、组织公民行为，最终强化员工的敬业度及对企业的忠诚度，进一步增强团体绩效和创造力。

此外，在实际工作中，还需要把握好与员工权力距离之间的一个合适的度，使之既能保证和员工之间正常的任务分配，又能使员工敢于同领导者促膝谈心，说出自己对于组织发展的真实想法和建议。

第六节　结论与未来研究展望

一、　结论

本书通过多方查阅有关服务型领导的文献，从服务型领导的起源到不断深入发展，总结了服务型领导的概念、维度、测量、影响因素、影响效果以及影响机制。服务型领导是指领导者愿意以员工利益为主，为员工提供各方面的帮助，使员工在心理上得到满足、在工作上得到突破，从而促进组织目标实现的一种领导行为。服务型领导的维度包括多个方面，如有学者指出服务型领导包括倾听、服务意识、信任、合理授权和未来眼光等。领导者的目标导向、个人特征、组织文化影响以及员工的个人特征等可能成为服务型领导发展的重要驱动因素。服务型领导的影响包括对员工绩效、员工进言、员工组织公民行为、员工工作相关态度、团队绩效、团队创新和团队组织承诺。总的来说，服务型领导对于组织有着重要意义，组织可以通过服务型领导影响因素来指导组织中的服务型领导发展实践。

二、未来研究展望

服务型领导作为一种符合时代思想潮流、能够促进企业绩效的领导方式，就大大受到了各个行业的追捧。此方面的研究学者也开始逐渐增多，但由于服务型领导方式起步较晚，尚处于研究的初级阶段，未来还需要进一步深入探讨。

第一，服务型领导这个名词产生于20世纪70年代，自产生起，学者就没有统一给出明确的定义，每个学者都是侧重于自己的研究方向并给其下定义，直到现在，对它的定义也是各种各样，因此，我们需要经过未来学者的不断探讨，给定一个普遍适用的、被大家公认的关于服务型领导的定义。

第二，影响一个领导者是否选择采取服务型领导方式的原因是多种多样的，目前我们较多关注的是领导者自身、员工、组织文化的原因。除此之外，我们还需要不断开发对服务型领导产生影响的原因，加之目前对服务型领导影响因素的研究比较少，限制了我们对其产生缘由的全面认识，未来需要加强此方面的实证研究。

第三，对关于服务型领导的维度及测量的实证研究的探讨比较少，阻碍了我们对其各种维度及测量的详细认识。拥有一套成熟的、适合自己特点的量表不仅是服务型领导研究的基础性工作之一，同时还对于衡量服务型领导类型和维度等具有重要意义，因此，未来国内学者们要加强关于服务型领导维度及测量等方面的实证研究，制定出符合我国服务型领导方式的更加精确的量表。

第三章　共享型领导研究进展及未来研究展望

第一节　引言

面对动态复杂的外部环境，团队管理模式日渐盛行。这不仅迎合了当今的创新需求与企业长远发展的战略思想，还更多地创新领导模式。例如，领导者通过领导魅力、领导感召力、智力激发和个性化关怀等激发员工达到更高绩效的变革型领导的潜力（Brown，2005）；领导者通过影响员工的伦理行为和组织决策以有效达成组织目标的伦理型领导（Gong et al.，2009）。这些领导模式相对于传统的垂直型领导来说有效地拉近了上下级的关系，激发了员工工作主动性和工作积极性，极大地提高了组织绩效。但随着团队管理模式的深入应用，导致团队任务也日益复杂化与责任化，团队成员个体领导无法发挥全部的领导功能。仅依靠单个领导者的指挥，很难做出"快、准、狠"的正确决策（龚丹丹，2016）。为此，具有集体协作、共担责任的团队属性的共享型领导（Shared Leadership）成为重点关注对象。多数学者研究发现，团队内部的水平领导模式即共享型领导模式能够很好地解决大多数企业常遇问题，如信息的及时加工、处理和传递。共享型领导不仅只停留在理论层面，现如今在我国很多大型公司如小米公司等都得到了实践应用并取得不错的成效，可以看出共享型领导对我国企业而言具有很大的研究价值与实践意义，相信这一非正式的集体水平领导模式广泛运用于组织中的时代已经到来（蒿坡等，2017）。

共享型领导起源于20世纪20年代，在这近一个世纪的发展历程中，国外学者取得了一些有极具影响力的研究成果，例如，Grady 等（1997）将共享型领导的核心概念概括成问责制、伙伴关系、平等和主动性四个方面。Ensley 等（2006）提出，共享型领导是以共同的团队目标为导向，对收到的信息进行积极反馈，通过交流和集体协作，提高团队绩效，最终实现团队目标。国内学者也有所研究，如刘博逸（2009）立足于很多学者的研究成果并结合中国特有的文化背景提出了共享型领导的四因素结构维度，分别是绩效期望、权责共享、相互协作和团队学习。就目前国内现状而言，关于共享型领导的研究仍存在一些不足，国内学者对共享型领导的关注还相对较少，因此本书将对共享型领导的研究文献进行回顾与总结，梳理共享型领导的概念内涵，明晰测量方法；分析共享型领导的影响因素和效应机制；提出共享型领导未来的研究方向，为其他学者进行深层次研究提供一些参考。

第二节　共享型领导的概念、维度及测量

一、共享型领导的概念内涵

在讨论共享型领导之前，首先要明白"共享"这个概念的含义。而对"共享"一词解释最为全面的是国外学者 Cannon 等（2001），他们把"共享"的内涵分成四类：重叠（每一个成员具备一些相同知识）、相似（团队成员具有基本一致的价值观和态度的知识）、互补（使团队成员对绩效产生相同预期的知识）和分布（合理分布团队中成员拥有的知识）。由此可见，"共享"这个概念的内涵并不是单一的，根据不同的研究目的对它有不同的诠释，所以研究者应该基于不同的目的来探究"共享"的含义。

自 20 世纪 90 年代开始，共享型领导被视为在非常成熟和先进团队中进行的一种变革领导（Avolio et al.，1996），充分体现在团队成员之间的相互尊重和分享知识成果，并最终影响决策（Boardman and Margot，2001）。

Pearce 和 Conger（2003）在其著作《共享型领导：重塑领导力的发展形势和原因》中对共享型领导进行了详细而全面的定义，即一种在群体成员之间动态的、相互领导的过程。这一概念在现有研究中得到了较为广泛的应

用。国内学者蒿坡等（2017）研究认为，共享型领导属于一种水平、自下而上、非正式的集体领导力模式。

概括而言，"领导力就是一个过程，这个过程是可以被教授、分享、传播并且在集体意义上实现的"（苗贵安，2016）。只有当团队成员根据团队所处的组织内外环境的需要积极地承担领导者角色时，共享领导力才会形成。综观国内外学者对共享型领导内涵的研究，本书认为共享型领导具备以下特征：团队中每位成员分享领导权力，每个团队成员都有机会参与决策；团队成员具备完成工作任务所需的技能和知识等能力，完全能够胜任领导这一角色；团队中所有成员价值观和目标是一致的，都朝着一个方向努力奋进，明白如何协作能够提高工作绩效。

在共享型领导实证研究中问卷调查法的应用最为普遍，问卷评价法主要测量团队成员的共享型领导行为及程度。Hoch（2013）基于共识模型设计出变革型、个体授权型、团队授权型、参与型、厌恶型领导五个维度量表，随后又基于团队过程视角用认知、情感和行为三个维度来测算（Hoch，Kozlowski，2014）。在团队成员中扮演领导者角色的成员与正式垂直型领导的领导行为不一样的视角下，Hiller等（2006）提出了基于以角色视角为基础的共享型领导，主要测量团队成员以什么频率表现出不同的领导角色，具体包括计划和组织、解决问题、支持和关怀、发展与指导四个维度。问卷评价法虽然直观方便，但是其信效度有时难以保证。

二、共享型领导与垂直型领导的区别

传统的垂直型领导呈现出金字塔状的领导层级，领导权力集中在一个或者少数领导者手中，领导力的影响自上而下逐层传递。组织中领导者通常由委派或者选举产生，承担着决策的职责，下属则严格执行上级领导的指示和命令，缺乏独立的思维和决断力。这种模式适用于市场稳定、战略决策准确的情况。共享型领导的领导形态呈现出蜘蛛网状，领导权力由团队成员共享，它强调的自我领导、自我管理、共同参与理念可以充分发挥领导的有效性（龚丹丹、张颖，2016）。这种模式适用于市场变动较大、无法准确做出决策时。

概括而言，共享型领导与传统垂直型领导之间存在显著区别：

（1）传统垂直型领导的权力中心在组织层级的顶层，单个领导者自上而下地对其下属进行控制；而共享型领导则注重淡化权威，强调整个团队成员之间的、水平的相互影响（宋源，2013）。

（2）传统垂直型领导只需要通过选举、推荐或者任命一个领导人，让该领导扮演着指挥者的角色，履行下达命令和考核员工的职责；而共享型领导则由整个团队成员相互轮换地扮演领导者角色，都有实施领导行为的机会，同时还要扮演支持者的角色，履行协调工作和激发创造力的职责。

（3）在传统垂直型领导中，领导者下达命令，下属则只能执行；而共享型领导则是团队成员都积极主动地参与决策，通过融汇所有成员思想而形成了共同团队愿景（龚丹丹、张颖，2016；边慧敏等，2010），团队成员都认可这样的愿景并为此不懈努力。

除了与传统垂直型领导区别之外，共享型领导还不同于现如今盛行的其他领导模式，但并不是说共享型领导与其他领导模式毫无共同点。例如授权型领导与共享型领导都属于内控型领导，但共享型领导是非正式的，不同于正式的授权型领导。基于社会网络视角，由于领导角色和下属角色可以随时在不同团队成员之间轮换，且成员之间的交互程度较高，所以共享型领导具有较低的网络中心度和较高的网络密度（蒿坡等，2017），也不同于拥有较高的网络中心度和较低的网络密度的分布式领导。

第三节　共享型领导的影响因素

不同的领导风格对组织或者团队的影响各不相同，但无论是什么领导风格，只有在一定的前提条件下才能发挥其他领导风格无法比拟的优势，共享型领导风格也是如此。不过，有研究表明，共享型领导有其不可替代的重要作用。为此，理解并恰当利用共享型领导的影响因素，为进一步促进组织共享型领导的发展有着重要意义。

一、个体层面

Colbert 等（2014）和 Friedrich 等（2016）研究发现，领导者个性差异

（才能、经验和个性特征）对共享型领导有着显著的影响。领导者个性与能力对团队内关系网络的建立起到很大作用。往往那些久居高位的领导，凭借其自身领导经验丰富而盲目自信，以至于不愿与下属沟通，从而导致资源与信息难以共享。此外，领导者大五人格特征中只有宜人性一个因素对共享型领导产生影响。还有学者已证实垂直型领导对共享型领导产生一定的作用，但共享型领导与其他领导风格究竟是如何交叉融合的，有待进一步的研究。

个体层面除了领导者个性影响共享型领导之外，还有学者从团队成员方面对共享型领导的影响作用进行了分析研究，如那些性格内向不善于表达的成员趋向于认同多数人的想法，无法将自己的思想融入集体决策中，因此共享型领导很难实现。在团队中自我领导意识高的成员相对的自我控制能力也较强，能够更好地完成工作任务，时刻保持高度的工作热情和积极的工作态度，会对团队其他成员产生影响。此外，Julia（2014）认为，共享型领导团队的基础是成员拥有异质性能力。Pearce 等（2014）提出团队成员价值观不一致会降低其融入团队的程度，最终会抑制共享型领导出现。

二、团队层面

（一）团队信任

平等、信任的团队氛围，更能激发成员的主动性，乐于合作交流，易于团队目标的实现，促使共享型领导的形成（D'innocenzo et al.，2017）。人际信任是个体对于在互动过程中可能风险的一种承担意愿。团队成员的合作交流，包括信息分享，可能会存在一定的风险。而在风险情境下，信任的作用尤其突出。团队信任水平的提高，会增强成员承担风险的信心，从而更愿积极主动地互动交流，更能推进共享型领导的发展。

（二）团队承诺

缺乏高水平的团队承诺，团队成员的工作态度便得不到保证，凝聚力不强的团队可能就战略发展方向产生分歧甚至冲突，共享型领导便无法实现。因此，团队成员对达到团队目标和认同团队价值观的保证，是应用共享型领导模式至关重要的因素（Seibert et al.，2003）。倘若团队成员无法真正接受团队的价值观和战略目标，那么他就不会给予团队承诺，对团队不断变化的目标也会持抵制的心理，最终会影响团队的整体绩效。

（三）团队结构

Wood（2007）证实了授权的团队结构等因素能够促进共享型领导的出现，如较小权力距离会积极影响领导与成员的交换关系（Yuan and Zhou，2015）。其他学者还发现团队关系网络、团队规模等对共享型领导产生显著影响，例如，Friedrich 等（2016）认为，较小团队规模更便于交流，从而促进共享型领导的产生。

（四）团队支持

团队支持可以包括外部支持与内部支持。外部支持。当一个团队得到组织领导者或者其他团队领导者的支持时，这个团队产生共享型领导的可能性就越高。团队外部领导者可以以旁观者的姿态看清团队现状，给予非常中肯的指导和建议，帮助团队成员认识到他们之间可能存在的知识与技能的差异，使其更好地完成团队任务。团队有了外部的支持和指导，即使团队还没有发展到高水平的社会支持和发言权，也能促进共享型领导的产生。内部支持。团队对于成员的支持程度直接影响成员提供帮助和接受他人帮助的意愿，从而影响团队行为互动模式和最终的团队有效性（Hoch et al.，2013）。

总而言之，团队信任、团队承诺、团队支持等团队特征均会对共享型领导有显著的影响。另外，很多学者的研究也证明了团队成员若是有共同的目标和使命感，则团队中的成员对团队有很高的忠诚度，这不仅提高了团队绩效，团队成员还更容易接受共享型领导，会更乐于承担团队的领导责任。因此，团队应该增强成员的使命感，促进共同愿景的树立，激发成员的责任意识，从而使成员乐于承担领导责任，履行领导职责，促进共享型领导的发展。

三、组织层面

（一）任务特征

Latane 等（1979）的研究成果表明，在那些联系紧密的工作任务中，由于团队的绩效是大于个人绩效的总和，所以团队会比个体更适合去完成这样的任务。采用共同领导、共担责任和集体协作的共享型领导是再好不过；而在团队成员之间的任务相关度较低时，团队的充分授权对团队绩效有反向作用（刘博逸，2012），此时共享型领导便不太适用。由此可见，只有在团队成员之间的任务相关度达到较高的程度时，成员共同领导所产生的团队绩效要高于单个成员领导所产生的团队绩效。

除了任务相关度、复杂度能够影响共享型领导之外，还有学者研究证实任务熟悉度、模糊性以及任务满意度同样能够影响共享型领导（Hollenbeck et al.，2012）。当团队成员充分认识到团队效能后，便会有极大的信心认为自己能够参与共享型领导中，即使面临组织变革带来的不确定性风险，自信的他们也会勇于接受对组织有正面影响的风险，同时努力促进共享型领导的发展。

（二）组织创新

在一个项目中采用参与型领导比采用指导型领导能产生更多和更优的方案，这也意味着当团队进行创新性工作时，参与型领导可能更适合。共享型领导可以被认为是参与型领导的一种特殊形式。因此，共享型领导在开展团队创新性工作背景下将更容易发展。

在互联网时代，面对快速更迭的市场需求，仅依靠单个领导者的指挥是无法完全准确地对大量的市场信息进行有效处理和反馈的，相反地，只会将个体置于信息超负荷的压力下，使领导者很难做出快速有效的决策。能够迅速感知市场变化处于市场前线的成员往往在团队的决策中没有话语权，这便导致团队无法在市场竞争中抢占先机，更无法快速采取应对措施。在这样的时代背景下，外部环境因素对共享领导的涌现同样有着不可忽视的作用。然而影响共享型领导的外部因素究竟有哪些，还需要进一步深入地研究。

第四节　共享型领导的影响效应及内在机制

领导风格可能具有积极作用和消极作用的两面性（Eisenbei and Boerner，2013），共享型领导也不例外。已有学者的研究表明，不同领导风格下的共享行为会产生不同的影响效果。

一、共享型领导的影响效应

（一）共享型领导的积极作用

（1）个体层次。共享型领导给予团队成员一定的自主性，能够提高团队成员的工作满意度，激发成员的工作动机，增强其对组织的情感承诺。如Bergman 等（2012）的研究发现，共享型领导能够提升团队成员的工作满意度，让成员在工作时保持愉悦的心情。马璐和王丹阳（2016）研究表明，共享型领导对员工主动创新行为具有显著正向影响，同时，共享型领导也能够提升员工的自我效能感以及情感承诺。

（2）团队层次。共享型领导能够影响团队的绩效，提高团队有效性，而且还有利于提升团队成员的学习效率，激发更多的创新行为。如 Bligh 等（2006）研究发现，有自我领导能力的团队成员对团队的信任度更高，有更强的互动交流意愿，从而有利于团队绩效的提高。Liu 等（2014）研究发现，共享型领导会正向影响团队学习效率、满意感与凝聚力。国外学者就共享型领导对团队绩效直接效应方面的研究成果丰硕，Carson 等（2007）和 Wang 等（2017）对共享型领导进行了考察，并发现其对团队绩效提升影响显著。

目前国内的很多学者聚焦于共享型领导与团队效能的探究。刘博逸（2012）采用问卷调查法，以广州、深圳等地区 38 家企业的 4186 名员工为研究对象，研究结果表明，共享型领导能够显著提高团队绩效。王坤等（2012）也立足于天津市文化创意型企业中的研发团队进行了实证研究，从知识分享的角度来探讨团队层面的共享型领导和团队绩效之间的内在关系。

（3）组织层次。共享型领导不仅影响个体的认知、情感以及团队绩效，而且还能跨水平影响组织绩效。目前学术界对共享型领导组织层次的结果变量进行的实证研究相对较少，已有的研究表明，共享型领导风格相比于其他领导风格更能很好地预测组织绩效（Ensley et al. ，2006）。Berson 等（2015）则以小学教师为研究对象，发现共享型领导会正向影响利益相关者对学校整体绩效的评价。

（二）共享型领导的消极作用

共享型领导在给个人、团队以及组织带来积极作用的同时，也可能会带来一些消极的作用。如 Pearce 和 Sims（2002）的研究表明，强制型与指导型的共享型领导会负向作用于团队绩效。有学者在研究中就提出，共享型领导既有"前景"，也存在一些"陷阱"（Toole et al.，2003；Wang et al.，2014）。因此，共享型领导的消极作用也是我们后续研究中值得关注的方面。在如何发挥共享型领导力积极作用的同时，应尽力避免消极影响，将是未来研究者和管理实践者均需要高度重视的问题。

二、共享型领导影响的内在作用机制

（一）共享型领导的中介机制

（1）认知机制。相关的研究发现，共享型领导有利于团队学习氛围、知识分享和员工自我效能感的形成，并对个体和团队产生影响（Liu et al.，2014）。国内学者王坤等（2012）研究发现，共享型领导越来越作为一种新的领导风格得到实践，研发团队通过以知识分享为中介实施共享型领导来提升团队创新绩效。蒿坡等（2015）则基于社会认知理论，发现共享型领导会通过团队信息交换的中介作用对团队绩效产生影响。马璐和王丹阳（2016）的研究也发现，自我效能感在共享型领导与员工主动创新行为中起中介作用。

（2）情感机制。共享型领导有利于增强员工的心理授权、信任和情感承诺等，进而对个体或组织产生影响。Steinheider 等（2006）发现，部门实施共享型领导后，领导者增加了授权行为，同时团队成员的情感承诺有了明显的增强。Hmieleski 等（2012）基于情感事件理论，发现共享型领导会通过积极情感氛围的中介作用对企业绩效产生影响。马璐和王丹阳（2016）的研究发现，共享型领导会通过情感承诺影响员工主动创新行为。

（3）动机机制。共享型领导能够给员工提供较多的社会资源，从而促进员工内在动机和外在动机的形成。Mathieu 等（2015）的研究则发现共享型领导有利于团队凝聚力的形成，进而提高团队绩效。可见，共享型领导可以通过激发员工的内在动机（如实现技能提升）和外在动机（如获取更多的社会资源）来提升团队绩效。

（二）共享型领导的调节机制

Zhou（2016）的研究表明，团队成员任务导向的个性特质（尽责任和开放性）会负向调节共享型领导对团队绩效的积极影响，而关系导向的个性特

质（外向性、宜人性和情感稳定性）则会强化共享型领导对团队绩效的积极影响。

Wang 等（2013）在其二元分析中发现，在共享型领导和团队绩效之间的关系中工作复杂性会有一定的调节作用，也就是说，团队中的任务越复杂，具有集体协作、共担责任属性的共享型领导就越能提高团队绩效。

有学者发现组织文化会调节共享型领导对团队主动性的作用，当组织具有创造性的文化氛围时，会强化共享型领导与团队主动性之间的积极关系；而当组织具有官僚主义的文化氛围时，则会弱化两者之间的关系（Erkutlu，2012）。

第五节　共享型领导的综合管理模型构建

虽然有学者指出，共享型领导有一定的负面影响，但总体而言，基于团队形式的组织管理背景下，共享型领导具有重要的积极影响作用。为此，本节提出了共享型领导的综合管理模型，如图 3 - 1 所示，期望能为组织领导实践提供一些启迪与借鉴。

（1）共享型领导包含多个维度。不同的学者基于不同的背景和研究目的对维度划分有所不同，如有学者研究指出共享型领导包括领导分布和领导程度两个维度；有研究者指出共享型领导可以分为三维度，也有学者提出分为四维度。可见，不同的学者的共享型领导维度划分观点有所不同，未来在共享型领导内涵与维度研究上还可以进一步推进和实证检验。

（2）影响共享型领导发展的因素包括个体层面、团队层面以及组织层面。就个体层面而言，是否个体特征中的其他因素也会影响共享型领导的产生呢？答案是不一定的，例如 Konu 和 Viitanen（2008）研究结果显示，在芬兰社会服务和医疗卫生部门中层管理人员中专业医疗工作经验欠缺的女性管理者往往会倾向于运用共享型领导，但共享型领导的运用与管理人员的年龄和工作经历是没有必然联系的。Muethel 等（2012）的研究结果显示，性别对共享型领导未造成影响。因此，就团队成员个性差异对共享型领导的影响有待更多实证研究的支持。

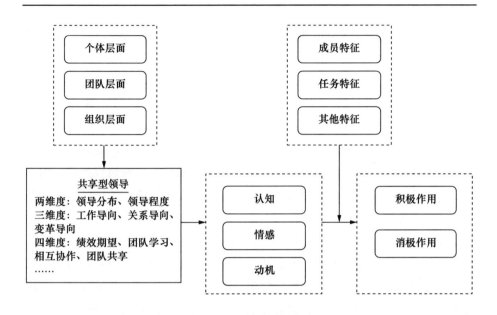

图3-1　共享型领导的综合管理模型

（3）共享型领导对于个体、团队和组织均可能产生积极作用，但同时也可能存在一些消极影响。共享型领导使团队成员增加了完成任务的信心而勇于接受更高难度的任务，团队成员在有了更多的权力后增加了话语权，会积极主动地探索新的途径和方法，从而提高团队创新绩效。此外，共享型领导还对组织承诺和构建学习型组织等也有显著影响。学习型组织强调组织成员积极参与决策、积极参与制订行动计划、主动作出进言行为等，这些共享型领导行为有利于增强组织成员间的了解、信任和共识，改善组织的人际关系。因此，共享型领导是建设学习型组织的重要内容（Scott and Caress，2005）。而共享型领导对组织承诺的影响方面，国内学者巩红等（2017）就以通信企业为例进行了研究，通过调查问卷实证研究的结果显示：通信行业中共享型领导对组织承诺和心理授权有显著的正向影响。若是团队领导者为成员营造一种心理授权的感受，如公平竞争、知识共享、相互协作的工作氛围。本书对共享型领导影响结果主要以个人、团队和组织层面为研究主线，发现现有学者研究更多关注的是共享型领导的积极效果，未来可以就消极作用影响进行深入研究。

（4）共享型领导对于结果变量的中介作用机制可以细分为认知机制、情感机制以及动机机制。为此，组织为了更好地发挥共享型领导的作用，还可以通过关注下属的认知与体验，基于下属中心视角，激发下属对于共享型领导的积极认知与情感体验，从而激发下属强烈的工作投入动机，促进其积极行为表现。

（5）共享型领导对于结果变量的影响可能存在一些调节机制，如成员特征和任务特征。可见，共享型领导的影响效应可能存在一些边界条件。组织要想提升共享型领导的积极影响效果，还需要考虑成员的个体特征，同时注意恰当的任务特征设计。

概括而言，共享型领导在理论方面的多元探究以及实践中的应用结果，体现了共享型领导在组织中的重要性。因此，管理者应当实施共享型领导来补充传统的领导方式。只有情境变化更替领导角色，才能充分发掘每一个团队成员的价值和能力，对外有着对环境极强的适应性，对内善于营造民主和谐的团队氛围。同时，员工要积极学习新的知识和技能，提升个人的专业素养和能力，才能满足组织和社会的需求，更好地抓住机会为组织和个人的发展提供保障。

不过，值得强调的是，当今国内共享型领导的理论研究在不断完善，共享型领导团队也不断涌现，但在企业的管理实践中并未充分意识到共享型领导的价值。尽管工作中普遍存在共享型领导现象，但大多数团队成员并未意识到，并且对共享型领导的了解偏颇，甚至浅薄，这种情况的发生管理者也有一定责任（林筠等，2014）。针对这一现象，对共享型领导的深入研究就显得尤为重要，同时也要努力推进共享型领导在组织管理实践中的运用。

第六节　研究局限与未来研究展望

一、研究局限

在国内外学者研究的基础上，对共享型领导的内涵、影响因素、影响机制等方面进行归纳总结，但就目前的研究形势而言，还存在很大的探索空间。本书获得了一些研究成果，实现了预期的研究目标，但还有很大的不足，具体如下：

（1）共享型领导概念内涵还需要进一步澄清和实证检验。共享型领导内涵的诠释具有跨文化及跨行业的特点，需要根据不同文化背景和不同行业特征来研究共享型领导的概念含义。

（2）对共享型领导的影响因素的研究还不够全面，在个体层面，领导者特征与下属特征对于促进共享型领导发展的具体关键要素有哪些，还可以进一步挖掘。在团队层面，应探究团队关系网络对共享型领导的影响路径以及团队文化中权力距离等因素对共享型领导的影响效果，还应探索团队适应力、创造力、活力等。在组织层面，共享型领导绩效测量方式还未探讨，组织文化、组织学习能力等也未研究探索。在共同领导、共担责任的领导模式下，团队成员工作绩效如何公平公正地考量？如何设计与制定奖赏激励机制？对共享型领导缺少明确角色、责任范围定位，决策过程冗长和团队效率低下等消极影响未做出阐述。

二、未来研究展望

具体有以下四个方面：

（1）共享型领导的整体理论基础有待于加强。共享型领导具有跨文化的普遍性，因此，有必要结合中国文化情境将此概念科学地量化与可操作化；在共享型领导的研究中并没有较为清晰的理论视角，现有研究很少涉及这些理论在实际研究中的应用，所以未来可以通过这些基础理论来构建新的研究模型，厘清共享型领导概念内涵，对共享型领导理论与其他领导理论异同进行可信的理论和实证探讨，为全面正确地整合谋求各种领导理论提供理论基础。

（2）共享型领导的测量工具还有待于完善，无论是问卷法还是社会网络方法都存在一定的局限性。因此可以通过访谈、开放式问卷调查和预试等多种方式交叉检验，确定共享型领导关键指标，修订量表。通过整合问卷调查、社会关系网络分析法、田野调查、案例分析、实验验证法等不同测量方法来全面评估领导力共享情况。

（3）共享型领导与结果变量之间作用机制的研究相对较少，中介机制方面研究也较少且没有统一的理论视角，边界不明确，适用范围及条件也未明晰。因而在未来的研究中，学者们可以探讨其他中介机制（团队反思、团队冲突）和其他边界条件（团队成员价值观、团队外部因素、团队职能属性）。

（4）未来可以多关注共享型领导消极影响的研究。现有研究基本上只聚焦于共享型领导积极的一面，而其负面影响却鲜有人探究。未来就共享型领导的消极影响可以具体从以下几个方面入手：①基于社会网络视角，共享型领导内部中额外的关系网络会增加成员之间交流和协作的成本；②基于团队领导力研究，如果"领导者"成员提供的观点与其他成员的不相符，那么提供的影响力越多，被误解和被阻挠的可能性就会越高。因此，未来研究可以通过围绕这些原因来深入探讨如何抑制共享型领导的消极效应。

第四章 魅力型领导研究进展及其管理启示

第一节 引 言

随着 21 世纪全球化深入发展，各国企业面临着激烈的市场竞争、重新创业以及外部环境等各种不确定性因素的挑战，为了应对这些挑战，企业和组织一直在探讨进行改革，如体现在内外兼修、内强素质、外塑形象方面。在这个过程中，领导是一个关注的重点。为此，人们不断重视领导力在组织发展建设中的作用，对组织领导力领域的探讨就成为组织行为学研究的一个焦点，关于领导理论发展研究，从总体上可以划分为几个阶段：第一阶段是1940 年以前的特质理论（提出拥有某些特质或与生俱来的人适合担任领导）；第二阶段是之后的行为论（主要探讨的是什么样的领导行为更有用）；第三阶段是从 1960 年到 1980 年的权变论（探讨领导的情景变化对领导方式的影响）；1980 年至现在的新魅力领导理论（Neo – Charismatic Leadership），主要探讨的是适应现代企业的领导魅力风格和行为（House and Aditya，1997）。

随着时间的推移，对于领导力的研究逐步发展到诸如变革型领导、交易式领导等方面，这都是国内研究学者一直关注的重点，因为，他们希望通过这些理论可以指导培养出更多出色的中国本土化企业家来提升经济效益。值得关注的是，这个同时期的魅力型领导研究却鲜有探讨，在中国也没有得到足够的重视，究其原因，中国作为一个非常传统的文化国度非常重视集体主义，不倡导个人主义色彩，不太关注个人魅力的领导风格在企业发展中的影响。但是，毋庸置疑，魅力型领导在企业发展中的影响力却是显而易见的，任正非、张瑞敏以及马云等取得的巨大成功就是一个很好的例证，他们的成功在很大程度上就是个人魅力发挥作用的典型案例，特别是正处于经济转型过程中的中国，如果没有企业领导的个人魅力是无法推动企业发展和组织创新的。这些取得巨大成功的企业，它们的引领者和领导者往往都具有非凡的品质、特立独行的领导特质，只有这种具有超凡的魅力型领导，才能成功地打造一个个商业传奇。柳传志更是别出心裁地用"孔雀"来比喻这些魅力型领导，"像孔雀那样展示自己非凡的美丽来感染合作者和员工并让他们死心塌地跟着自己走"。

与其他的领导风格相比，魅力型领导所受到的非议更多一些，其领导的效率也有更多的争议。惠普公司前 CEO 菲奥莉娜就是一个相当典型的例子。她曾经凭借自己的魅力，与康柏公司成功合并，使两家公司改变了毫无生气的呆板文化，其魅力一度成为员工们津津乐道的谈资，是企业员工心目中的英雄。但也因此被很多人进行了严厉的批评，认为菲奥莉娜是自我中心主义者，不顾及大家的感受，特立独行，人们对她不认可，最终被解雇。对此，如何正确理解和解读魅力型领导的意义，特别是在中国传统文化背景下，合理运用领导魅力是一个企业具有重要研究价值的现实问题。

为了更好地理解魅力型领导在中国企业发展中的作用，首先，本书对国外相关文献进行回顾和整理，并对国内学者基于中国情境下是如何丰富和发展魅力型领导内涵进行整理。其次，从三个角度介绍国内研究关于魅力型领导的前因变量，即组织情境、下属特征和领导者特征。再次，针对国内期刊魅力型领导的相关影响机制研究分别予以梳理，从个人层面、群体层面和组织层面对魅力型领导的影响机制进行探讨。最后，基于文献的梳理、分析和研究形成了魅力型领导上述三个层面研究的综合模型，提出了存在的问题和未来的展望，以期为今后的魅力型领导研究提供一些有益的参考和借鉴。

第二节　魅力型领导的内涵、维度和测量

一、魅力型领导的内涵

德国社会学家韦伯认为，"魅力"在管理中是一种天然的吸引力，是员

工对领导的超凡领导能力以及优良道德品质的崇拜和追随，因此可以看作是魅力型领导理论研究的发端。

但真正提出"魅力型领导"的却是 House。韦伯虽然是第一个把魅力放到管理研究中进行探讨，把魅力与权威、领导一起进行研究，但并未明确提出魅力型领导这个概念。自从 House 提出这一概念后，它的含义和特征就引起了很多学者的关注，不同的学者对魅力型领导的含义和行为特征有着不同的理解。其中，对魅力型领导研究贡献最大的是 House、Conger、Kanungo 和 Bass。House（1976）对此进行了比较系统的研究，他认为魅力型领导主要是针对其对下属产生影响而言的，能让下属心甘情愿地服从命令，积极主动地完成领导布置的任务，有较强的组织使命感和自豪感。Bass（1985）进一步研究提出，魅力型领导拥有坚定的信念和信心，他们自信有着与众不同的、能够超越一般人和自然的意志与命运，下属把他们视为具有超凡能力的英雄。Conger 和 Kanungo（1988）在一项研究中认为，魅力型领导是员工对领导的一种个性归结，换句话说，魅力型领导能对员工产生影响的不是他们内在的个人魅力或某种能让人信服的特质，而是魅力型领导在具体实践和行动中让员工感觉到领导有能力影响他们的行为，员工把这些因素归结为是领导的某种魅力所致。

在随后的研究中，基于这三个理论模型，国外学者对魅力型领导进行了更为深入的研究和拓展，取得了一系列成果，推进了魅力型领导的发展。如美国学者 Yukl（2001）研究提出，魅力型领导是领导和员工之间的一种互动过程，下属在这个过程中会基于自己知识经验来感受领导者的特殊属性，并对此进行领导行为的归结。Howell 和 Shamir（2005）从另外一个视角来研究和解读魅力型领导，他们根据概念理论来认识和理解魅力型领导，认为是下属在自我概念的不同特征中形成了下属与领导者形成的魅力关系——分为人格魅力型和社会结构化魅力型两种类型。Galvin、Balkundi 和 Waldman（2010）通过第三方即代理人（Surrogates）来理解魅力型领导，他们认为魅力型领导不仅可以存在于领导者和其有交互关系的追随者之间，也可以存在于和领导者毫无交互关系的代理人之间，这些代理人的行为如为领导者宣传、为领导者辩护以及和领导者建立模范关系等来促使魅力型领导过程的形成。

与国外比较丰富的魅力型领导理论的发展相比，国内的研究尽管仍处于探索阶段，但是为了适应 21 世纪越来越复杂的外部环境和不确定性的竞争，目前国内已有相当一部分学者开始关注魅力型领导。如董临萍等（2010）从中国企业组织情境出发，认为魅力型领导是这样的一种领导风格：他们能够提供一种令下属更容易感知的战略和目标；及时敏锐地发现组织内外环境中的潜在威胁，对下属给予信任并且展示对下属需求和情感的敏感性，从而提高员工的工作满意度。张鹏程等（2011）从知识型员工创造力的角度来理解魅力型领导者和下属的关系，即魅力型领导者借助个人魅力去激励下属发自内心去与其他人进行知识共享和沟通交流。汤超颖等（2012）从科研团队具体实践的角度认为，魅力型领导者关注自身的内在心灵世界，注重内在修炼；善于结合自身的个性特征打造个人风格并懂得利用专业知识和业务能力让下属信服；他们敢于冒险，乐于支持和关怀下属创新和努力工作，以此鼓励下属完成组织提出的目标。

综上所述，从国内外研究的成果来看，对魅力型领导的认识和理解，比较流行的看法是在一定环境下领导者和追随者发生交互关系的过程，在这个过程中，领导者对外部环境会高度敏感，能准确识别机会和威胁；通过企业未来的发展愿景来激励员工行动的动力；勇于承担风险从而给予员工一种安全感；展示非传统行为，这些品质能够对下属的行为与态度产生巨大影响，从而使下属对其领导十分崇拜，并愿意表现出支持和服从其领导者的行为。

二、魅力型领导的维度和测量

人们在魅力型领导的研究中采用的量表和维度大都是从 C－K 经典量表的基础上发展起来的。Conger 和 Kanungo（1987，1988，1992）进一步探讨了魅力型领导的行为维度，构建了环境评价、愿景形成和执行三阶段理论模型。在随后的研究中，Conger 和 Kanungo（1994）开发了一个有 25 道题目的调查问卷，问卷题项有六种魅力型领导的行为维度。他们当时使用了 485 个对象样本，采用主成分分析的最大方差旋转法对 C－K 量表的 25 个题项检验来确定行为维度是否可以用实验证实。在所有样本分析的基础上，两位学者用验证性因子分析得到了魅力型领导中以上所说的六种可以解释的维度。

Conger、Kanungo、Menon 和 Mathur（1997）对 C - K 量表做进一步的研究，他们认为 25 个题项之间可能存在重复。于是从题项的措辞上以及量表最初的主成分分析中的因子负荷上，他们决定删去"改变现状"这一维度，使得量表最终具有五个维度和 20 个题项。

董临萍、吴冰和黄维德（2010）等基于中国化研究，在中国传统文化背景下使用 Conger 等在 1997 年开发的量表，探讨了魅力型领导对群体绩效和群体成员的工作态度效益，检测了中国企业魅力型领导风格的特点，提出了五个维度："愿景激励""关注环境""关心下属""敢于冒险"和"超常行为"，总共 20 个题目。但是在预调研过程中，发现被调查者非常重视领导者的个人品德，因为在中国人心目中，一个没有良好道德品质的领导者是不可能有魅力的，所以董临萍等在魅力型领导风格量表中增加了一个"品德高尚"维度。值得注意的是，这一维度的开发是在中国文化背景下诞生的，而不是沿用国外学者的量表维度。

Hofstede（1993）研究发现，中国是一个高权力距离的国家，人们崇尚集体主义精神，高度关注未来的结果，强调人无远虑必有近忧。这可能是因为一直受到传统儒家文化的影响所致，儒家思想在管理上的核心就是追求国家安定、个人兴业，强调民本主义，崇尚群体本位精神，因而在管理中肯定遵从的是服从于民本主义中庸主义思想，重视人与人之间的和谐相处、以和为贵，家和万事兴，人和万般顺，倡导一个以"和"为贵的社会氛围。正因如此，学者们认为在中国的管理过程中应该逐渐走本土化道路，探讨具有中国特色的管理方法和思路，如凌文辁（2000）在中国验证隐性领导理论（Implicit leadership）时发现，中国的魅力型领导理论还存在一个独特的维度即品德。在此基础上，李超平等（2005）基于中国这一特殊的文化背景采用归纳法得出"德行垂范"这一领导维度结构。事实上，董临萍等在研究中采用的"品德高尚"维度正是来源于此。

张志杰（2011）开展的魅力型领导在如何影响团队绩效的研究中，参考我国香港学者 Cheung 等（2001）基于 Bass 的多因素领导问卷（MLQ）开发的 SLB 量表，以及赵国祥（2008）的处级领导干部量表的道德维度，提出魅力型领导风格的四个维度：领导魅力、愿景感召、道德垂范和激励关怀。其中，量表里包含赵国祥（2008）领导品德量表里项目信度较高的"说话算话，讲信用""不见利忘义"等 5 个题目以及"能使团队成员对工作充满热情""是我学习的楷模"等共 22 个题目。李万明等（2016）在研究魅力型领导与员工进言行为关系中，采用的便是张志杰（2011）提出的魅力型领导问卷中的四个维度共 22 个题项，而该量表的 Cronbach's 的 α 系数值为 0.915。

张鹏程等（2011）在一项研究魅力型领导的研究中，探讨了其对员工创造力的影响机制，根据 Conger（2000）等所编制的量表，并参考董丽萍（2010）等之前已经修订 20 个题项的中文量表，从五个方面探讨了魅力型领导的内涵，这其中包括了愿景激励、个人冒险、对环境的敏感度、对成员需求的敏感度和非常规行为。所开发的量表具有较高的信度，其 Cronbach's 的 α 系数值分别达到了 0.93、0.89、0.87、0.91 和 0.83。

事实上，许多国内学者在研究魅力型领导中采用的维度和量表大多数采用来自国外领导学研究中魅力型领导的 C－K 经典量表，如汤超颖等（2012）采用 Conger 等（1995）开发的量表，共 17 道题，其中包括："组长对未来发展具有前瞻性""组长能把握机遇，实现本组目标""组长能够提出令人振奋和鼓舞人心的战略目标"，该调查问卷主要用于调查魅力型领导的风格，采用 5 分计分方法。赵晓栋和何家蓉（2016）运用 Conger 等（1995）编制的问卷调查魅力型领导和团队绩效存在关系。王华强等（2016）采用 Conger 等（2000）的研究方法，也编制了一个量表来探讨魅力型领导和员工创造力之间的关系，总共有 20 个题目。

通过以上研究可以看出，越来越多的国内学者开始试图从中国情境下对国外的魅力型领导的量表进行修正。因为，在西方社会具有浓厚的宗教文化背景下，他们关于魅力型领导的研究，无论是从其理论的产生和发展来看都具有基督教、伊斯兰教等教派的宗教背景，这和儒家文化、无神论传统、伦理秩序和差序格局的中国情境有很大的不同，因此，需要我们的国内研究者从中国文化背景下来认识魅力型领导，研究中国魅力型领导所表现出来的与国外有所差别的典型特点，通过验证性和探索性进行因子分析和聚类，编制出适合中国文化的魅力型领导风格测量量表，从而推进中国魅力型领导的研究和发展。

第三节 魅力型领导的影响因素

一、领导者的个人因素

Sosik（2005）关于魅力型领导研究在五个企业中进行调查，通过调查获得的多源数据探讨管理者的个人价值体系与魅力型领导之间的关系。这些数据来源于 218 位管理人员所提供的关于他们个人价值和追随者组织公民行为的自我报告以及 945 名下属对魅力型领导力的评估结果。研究结果表明：不管是我国所倡导的传统的、集体主义等因素，还是西方社会强调的自我超越和自我增强价值等因素都和魅力型领导存在正向的关系。

此外，一些研究还指出，领导者的社会和情绪智力与魅力型领导密切相关并对其有正向影响（Sosik，2001；Sosik and Dworakivsky，1998），换言之，就是具备更全面的综合素质和情绪智力的领导者更有可能表现出魅力型的领导行为。基于此，黄前进（2007）提出了领导者情绪智力与魅力型领导正相关的假设，并采用文献调研、对象访谈以及实证研究的方法，对中国十大城市 40 种行业中的各层管理者和员工进行调查，探讨情绪智力及其维度对魅力型领导行为的影响。Goleman（1995）、Mayer 和 Salovery（1995）、Salovey 等（1993）的研究都指出，魅力型领导具有控制自己和他人情感的倾向性；具有引导自己及他人的想法和行为；借助个人信仰提供有用的信息并让别人内在化，因此，黄前进（2007）的研究从四个维度定义情绪智力：自我调控、移情、处理关系和自我觉知，并且假设这四个维度分别与魅力型领导正相关。问卷采用"自评"（高层管理者自我评价）和"他评"（员工对其评价）两种方式，通过实证分析得出：①领导者的情绪智力与魅力型领导正相关；②领导者情绪智力的四大维度即自我觉知、自我监控、人际处理和移情对魅力型领导呈正相关。

总的来说，在魅力型领导的前因变量研究中，国内学者对领导者特征的探索还不够深入和广泛，这方面的研究还是比较少。有鉴于此，对于魅力型领导的研究我们可以参考国外同行们的研究方法来进行探讨。Grant 和 Bateman 在 2000 年的研究就值得我们关注，他们研究发现，具有主动性的管理者往往更倾向于被他的上司感觉其具备魅力。Hoogh 等（2005）的研究也发现权力动机与魅力型领导风格密切相关。虽然就目前而言国外研究人员对魅力型领导的个性特征进行了深入的探讨，但仅从研究结果来看，这一方面的研究还是相对分散和零碎，没有形成系统性，我国学者在这方面的研究还需要从更加系统和细化研究方面进一步加强。

二、情境因素

国外关于组织情境因素的研究相当丰富，甚至已经形成了完善的理论体系。Shamir 和 Howell（1999）的研究发现，魅力型领导受到其组织情境变量的影响。他们通过对前人的研究以及对历史经验的概括整理认为，魅力型领导者在动荡和危机的情境下比在稳定的情境下更容易出现，然而对于魅力型领导者而言，危机这一组织情境是既不具备充分条件也不具备必要条件。如韦伯（1947）在阐述魅力型领导时认为，这种领导关系在危机、动乱和压力下最容易出现。House、Spangler 和 Woycke（1991）通过调查得知，美国总统人格魅力形成的前因后果，发现总统在任职内所遇到的信任危机数量与总统个人所具有的魅力行为存在着非常显著的正关系。Pillai 和 Meindl（1991）在一个大学生的实验室通过对一半低分和一半高分的学生进行测试并随机分配来控制危机情境，结果发现遇到危机的学生（如得到低分测验的学生）比那些没有经历过危机的学生更能根据他们的魅力吸引力来挑选领导者。此外，研究结果还揭示，机械式组织与有机式组织对魅力型领导有不同的影响，魅力型领导行为更有可能出现在有机式组织之中。

Halverson 等（2004）通过对一所小型私立大学的 90 名（男 34，女 56）本科学生和大型公立大学的 57 名（男 20，女 37）MBA 学生进行样本收集，主要目的是检验自我牺牲行为和危机情境对魅力型领导的影响作用。最后得出结论：在危机情境下，魅力型领导更容易产生自我牺牲行为，说明他们之间存在显著的正向关系。这是因为在危机情境下，领导者表现出自我牺牲的原因是可以被追随者理解的，但是，在管理过程中如果没有危机发生，会产生员工对魅力型领导做出自我牺牲（例如，领导者为个人利益做出牺牲）的原因感到模棱两可。

目前国内学者尝试对情境因素的影响进行研究，如吴维库等（2003）对95家公司的总经理或董事长进行访谈，通过实证研究验证了企业的竞争环境会对魅力型领导产生影响，即竞争环境越激烈，魅力型领导对员工产生的效果就越弱，但是，大多数的国内学者还只是通过理论分析来探讨组织情境这一前因变量对魅力型领导的作用。如董临萍（2005）通过李·艾卡用个人魅力挽救曾为美国第二大公司的克莱斯勒汽车公司已经陷入绝境、现金枯竭的这一案例，认为企业在面临危机时，魅力型领导往往能够以其独特的个人影响力凝聚组织内外人心，获得必要的资源支持从而帮助企业高效地解决危机，俗话说得好，"时势造英雄"。因为在董临萍看来，危机虽然对企业而言是一种威胁存在，不过同时也对魅力型领导的形成和效力的发挥充当着催化剂的作用，促使更多的魅力型领导在商场沉浮中脱颖而出。

除此之外，独凤稳（2008）通过组织外部情境因素（危机和文化）以及内部情境因素（组织环境、组织生命周期、技术和组织结构等）展开理论叙述和归纳。他通过归纳发现：①危机情境对魅力型领导的影响取决于危机是否得到有效解决，即在危机解决阶段，二者呈正相关关系。②文化情境的不同会导致魅力型领导所形成的核心特征也有很大的差异，这可能是不同文化情境下人们内心对道德和成就感的不同追求所造成的。③组织内部情境因素是比较广泛的，包括诸如企业的生命周期、组织氛围、技术水平、企业文化和奖惩制度等都与魅力型领导行为的产生有着密切的关系。当一个组织处于起始阶段时，很多事情大都处于模糊不清及令人担忧的状态，这就需要能明晰愿景的领导者；当任务具有挑战性且内容复杂需要发挥主动性和创造性时，也是需要一位不墨守成规、有创意、有冒险精神的领导者来做引导者。

第四节　魅力型领导的影响效应机制

一、魅力型领导对个体层面变量的影响机制

Rowden（2000）的研究分别考察了 Conger 和 Kanunago（1994）之前研究提出的六种魅力型领导维度与组织承诺之间的关系。其中，美国东南部六

个组织共 245 名员工参与了这项研究调查。通过 Pearson 相关系数分析发现，六个 C - K 因子中的五个因子和组织承诺因子显著相关。研究结果显示，在被试的年龄和受教育程度变量相同的情况下，魅力型领导量表中的五个魅力型领导维度与组织承诺维度存在显著相关关系。

张鹏程等（2011）对在我国所选取的 196 名直接领导与员工的配对进行调查，目的是研究魅力型领导和员工创造力之间是否存在着中介作用和调节因素。首先，从魅力型领导的维度上来看，其研究结果表明，魅力型领导与员工创造力是存在积极关系的。魅力型领导的很多行为是鼓励员工采用非常规行为去打破固有思维，并率先垂范，因为只有当领导充满创造力时，员工才会出现更多的创新行为（Matthew，2009）。其次，魅力型领导对员工的心理安全也会产生影响。如 Tyler 和 Lind（1992）研究发现，员工会特别关注领导的行为，同时也愿意效仿领导行为并且愿意相信这些行为是正确的。Edmondson（1999）的研究结果表明，如果领导表现出独裁和专制，会影响员工行为，使员工做事犹豫，不敢冒风险行事。董临萍等（2008）基于中国背景的实证研究发现，魅力型领导与员工积极的心理倾向有关，他们可以促使员工心理积极乐观。最后，魅力型领导鼓励员工分享知识，共享信息，形成良好的氛围。他们的研究中最有创新意义的地方在于，基于中国文化背景下将社会互动机制引入，考察员工个体主义、集体主义和魅力型领导的作用机理。

叶余建等（2007）对国外研究文献的梳理分析整合发现，魅力型领导可以影响员工的自我结构，在提高员工的自尊和促进其自我效能感等基础上提升员工的利他行为。如 Howell（1989）指出，魅力型领导要通过社会机制和心理机制对下属施加影响；Shamir 等（1993）通过大量的研究提出了自我概念理论，该理论系统探讨了领导影响下属的自我概念及促进员工内在动机的激发，从而达到激励目的。

陈世民等（2017）在中国文化背景下，通过对 391 名员工发放关系绩效问卷调查，进行了链式中介效应检验来探讨魅力型领导和下属关系绩效的影响机制。首先，Borman 和 Mot - Owidlo（1993）提出了关系绩效的概念，在此基础上，陈世民等认为魅力型领导是关系绩效的重要因素。其次，根据 Taylor、MacKinnon 和 Tein（2008）提出的链式中介模型，在研究中构建出三条中介路径，即通过尽责性的中介路径、工作投入的中介路径以及通过尽责性和工作投入的链式中介路径。最后，采取偏差校正的非参数百分位Boorstrap方法来检验中介效应，得出尽责性在魅力型领导与关系绩效间起最重要的中介作用，这一结论意味着领导在甄选员工时需要注重考察员工的尽责性，对魅力型领导以后开展工作有很强的实践意义。

二、魅力型领导对群体层面变量的影响机制

Paulsen和Maldonado（2009）对魅力型领导进行了研究。该研究由一个从事科研的大型研发机构所资助，他们用了三个月时间在五个不同的地点对由组织成员构成的目标小组进行访谈，共对178名样本员工以及34个研究团队进行了问卷调查，以考察魅力型领导的各要素对团队创新的影响。研究指出：①同一性以及组织承诺作为中介变量影响魅力型领导与团队创新的关系；②团队的同一性和合作行为这两个变量的耦合可以提升团队的创新行为。

刘惠琴和张德（2007）的研究验证了魅力型领导与团队创新绩效的假设。首先，刘惠琴等对已有的研究进行梳理发现魅力型领导可以有效促进团队的创新，因为魅力型领导能够有效地激励大家积极工作。其次，刘惠琴等通过理论分析认为，高校学科团队领头人不是靠学校赋予的正式权力来管理团队创新活动，而是基于其个人专业能力和个人魅力行为来影响这个团队的。

魅力型领导风格的行为特征对于提升群体效能感有正面影响，首先，因为魅力型领导者善于用愿景目标激励下属，突出目标的卓越性，善于与下属保持良好的关系并强调群体的重要性，从而建立起和群体成员之间的信任感，最终使他们坚信自己所在的群体有能力达到群体的目标。基于上述结论，董临萍提出了魅力型领导风格正向影响群体效能感的假设。其次，通过对国外相关文献的梳理和分析，董临萍认为，尽管已有的实证研究确定魅力型领导与群体绩效的积极关系，如DeGroot等（2000）通过分析验证了魅力型领导风格更有利于提升群体绩效，而对提升个体绩效效果不显著。最后，他们采用问卷发放的形式调查我国企业不同层次管理者的直接下属对他们上司的感知来测量魅力型领导风格、群体效能感和群体绩效等变量。实证结果

表明，魅力型领导与群体绩效、群体效能之间存在显著正相关关系。值得注意的是，董临萍等采用 C - K 量表的五个维度测量魅力型领导，其中，非常规行为这一维度在中国情境下对群体绩效和群体效能感并不十分显著，或许这是因为受儒家文化的影响，员工很难将经常表现出出乎意料的非传统领导行为和高群体绩效联系起来。此后，这三位学者（2010）又引入员工工作态度这一中介变量讨论了中国企业情境下魅力型领导和群体绩效的关系，实证研究发现，群体成员工作态度的高低，直接关系到魅力型领导风格对群体绩效的影响效果。

汤超颖、刘洋和王天辉（2012）对 30 个科研团队共 209 名科研人员发放问卷并分析数据探讨魅力型领导、团队认同和团队绩效之间的关系。首先，通过总结相关文献的研究，如刘惠琴等（2007）、董临萍和汤超颖等（2008，2010）在探讨魅力型领导和群体绩效时发现，魅力型领导正向影响科研团队的绩效，因此假设认为科研团队领导的魅力型领导正向影响团队绩效。其次，他们基于 Shamir 等（1993）提出的自我概念理论，提出魅力型领导与团队认同有显著正向关系的假设。最后，实证结果表明：团队认同中介科研团队的魅力型领导与团队绩效，显著影响团队绩效。汤超颖等的研究成果对我国管理实践具有很好的实践意义，同时，给希望成为魅力型领导的实践者提出了一个合理化建议：①注重修炼内心世界；②打造个人领导风格；③敢于冒险；④关怀下属营造下属氛围。

越来越多的国内学者开始用不同的中介变量来研究魅力型领导和群体层面的影响机制，这些基于中国情境下的研究丰富了我国的魅力型领导理论。例如张志杰（2011）将团队凝聚力作为中介变量探讨魅力型领导与团队绩效的关系。张伟明和夏洪胜（2011）引入下属的信任这一中介变量探讨魅力型领导和团队创新绩效之间的关系，并得出下属信任在他们之间起到完全中介作用的结论。罗谨琏等（2014）通过实证研究证实，魅力型领导对团队创造力有显著正向影响，并且集体效能感和团队自省在他们之间起到完全中介作用，而环境动态性则起到调节作用。

三、魅力型领导对组织层面变量的影响机制

有学者提出，魅力型领导正向影响组织绩效。Flynn 等（2004）发现投资者更倾向购买魅力型领导公司的股票。与此同时，一些学者认为，魅力型领导与组织绩效毫无关系。如 Agle 等（2016）指出，不管外界环境不确定因素的程度如何，魅力型领导风格对组织没有积极影响。

目前，国内对魅力型领导有关组织层面的影响因素的研究尚处于起步阶段，在我国经济新常态的环境下，魅力型领导到底如何影响组织绩效的机理尚不清楚，还有待于学者们进行探索和研究。杜运周和李毛毛（2012）在研究中引入了组织合法性这一变量，探讨了魅力型领导和组织合法性的关系及其魅力型领导对新企业绩效的影响。首先，国内已经有研究确认了魅力型领导的影响是积极的。董临萍和黄维德（2008，2010）的研究均发现魅力型领导正向影响团体绩效及员工的工作态度。其次，两位学者通过对先前研究的整理发现，组织合法性的提升将正面改善新企业合法性水平。例如杜运周等（2008）通过整合合法性视角和创业导向理论验证出合法性和中小企业绩效正相关。邓新明等（2008）实证研究发现实用合法性、道德合法性以及认知合法性分别对组织短期和长期绩效产生显著影响。最后，该研究对 400 家新企业高层管理的研究验证了他们的假设，得出三个结论：①在中国经济发展转型中，魅力型领导正面影响新企业的绩效；②魅力型领导对于新企业组织合法性具有正向影响，从理论和实证方面弥补了国内外对这两者关系的空白；③组织合法性起到魅力型领导和新企业绩效关系的完全中介作用。

第五节 魅力型领导研究的管理启示

首先，关注和运用魅力型领导对组织所具有的正向价值。大多数文献研究发现，魅力型领导能够提高企业和个人的工作绩效。例如，国内学者董临萍等（2010）明确了魅力型领导风格与群体绩效之间正向影响作用。张鹏程等（2011）验证了魅力型领导正向影响员工创造力，对员工的工作绩效起着明显的提升作用。汤超颖等（2012）研究发现，在科研团队中如果存在魅力型的领导风格，可以很好地提升团队的绩效。杜运周和李毛毛（2012）通过整合魅力型领导和组织合法性视角，引入组织合法性这一中介变量证实了在中国经济转型过程中，魅力型领导对我国新创企业的绩效有积极影响。研究还发现，魅力型领导通过使命肩负、愿景展望、展示决心以及领导对员工高绩效的期待，都意图通过模范带头作用和社会传导效应来促使下属也能产生角色模范，从而实现魅力行为在团队内的"传播"（刘子安、陈建勋，2009）。魅力型领导的影响是多方面的，领导把企业的愿景明确展示给员工，并提供适当的实现目标的模式，让员工自觉自愿地认同、接受并内化为自己的目标加以奋斗。这些都值得我国理论研究者和管理实践者在组织管理实践中加以推广和运用。

其次，通过员工心理安全感和心理资本等积极心理特征激发强化魅力型领导的积极影响。董临萍等（2008）研究发现，魅力型领导也能改善员工的个性品质和积极的心理特征。张鹏程等（2011）的研究也证实了魅力型领导与下属心理安全感的正向影响作用。王蓓（2013）进一步把心理资本作为中介变量，深入探讨魅力型领导和组织公民行为的关系。与此相对，董临萍等（2010）指出，在中国企业情境下超常行为领导者对下属绩效的提升没有显著作用，也就是说，这样的领导者往往会减弱下属的心理安全感知，从而影响员工行为。为此，魅力型领导价值的发挥就是要能够促进员工的心理安全感。如果领导者能够借助个人魅力促进员工的心理安全感并使他们对领导产生心理依赖感，那么可以进一步激发员工自发的学习交流等组织公民行为，同时更有利于形成新的工作思路。

再次，要注意魅力型领导发挥作用的边界条件。我国传统文化强调集体主义精神，个人主义是不受欢迎的。在这种环境下社会成员生活在一个相对封闭的交往圈子中，成员之间彼此互相尊重，对组织形成情感依恋。国内也有研究通过实证指出（郭晓薇，2006），集体主义调节管理公平与组织公民行为之间的关系，换句话说，员工的集体主义精神越强，意识到管理公平与同事评价的组织公民行为之间的关系越弱。当领导激发员工去开展组织公民行为时，高集体主义的人对员工的作用关系无法加强；与此相反，反而低集体主义者的魅力型领导更能促进员工的组织公民行为。由此发现，魅力型领导必须重视对价值观的关注。但是在现代社会中，以集体主义为代表的价值观在我国新生代员工身上也发生了深刻的变化。如何恰当应对这一变化值得重视。因为我们发现集体主义会对员工行为产生独特影响，所以管理者在实践过程中应该善于利用个人魅力引导员工的价值观朝着有利于工作绩效的方向发挥作用。

最后，要对组织内外环境保持高度敏感性。董临萍（2005）通过李·艾卡的案例，认为危机情境反而会让魅力型领导发挥积极作用，用中国的古话说就是"时势造英雄"。基于此，组织环境的危机状况可能是魅力型领导和绩效之间的调节变量。阿里巴巴 CEO 马云曾在"非典"时期推出淘宝网，把"非典"时期的劣势转为优势，这正是体现了他对环境的高度敏感性。董临萍（2005）强调了情境对魅力型领导行为的影响，魅力型领导者必须要具备高度洞察力，才能根据动荡的环境制定适合的策略应对环境变化。因此，当一个企业面临危机时，魅力型领导必须基于其对环境的高度敏感、清晰的辨识来分析危机，才有可能妥善地解决危机，取得目标绩效。

第六节　研究不足及未来研究展望

一、研究不足

总体说来，国外对于魅力型领导的研究，已经从发展和影响效能两方面建立了比较成熟的理论体系，而且这一理论体系有众多实证研究的支持，同时越来越多的学者也开始关注魅力型领导的影响机制以及情境因素对它的影响。与国外相比，国内对于魅力型领导的研究还处于起步阶段，主要表现在以下三个方面：

（1）还未建立起基于中国情境下的成熟量表。目前国内学者在魅力型领导的研究中所采用的量表都是沿用国外并进行部分修订的，很可能在实证过程中出现"水土不服"的现象。如 C-K 量表中非常规行为维度在中国很多情境下并不适合，因为中国是个讲究人情脸面的社会，所以那些无法让人理解的、突如其来的反传统行为很难让中国企业中的员工接受，哪怕这种行为最后能达到积极的效果。

（2）还未对魅力型领导的形成进行研究。国外对于魅力型领导前因变量的研究可以说是相当丰富，无论是领导者的个人特征，追随者的个人特征还是组织内外情境因素，都有大量的理论分析和实证研究的支持。而国内学者仅仅把这些前因变量作为研究过程中的调节作用或者中介变量加以研究，这对于如何培养出中国本土化的魅力型领导依旧是个有待攻克的难题。

（3）还未深入探索魅力型领导效应的内在作用机制问题。如情境因素与个体因素均可能成为魅力型领导效能发挥的重要影响因素，但是两者如何发挥作用仍然不明确。

二、未来研究展望

尽管国内学者对魅力型领导的相关研究是基于中国情境下提出的，并在一定程度上得到认同和运用，但是与国外相关研究相比，对于魅力型领导这一复杂主题来说还是远远不够的。今后的研究可以从如下三个方面进行：

（1）开发出基于中国情境下的魅力型领导维度和量表。尽管有学者已经基于中国企业情境提出了新的魅力型领导风格的维度，如董临萍等（2010）的"品德高尚"维度，但是主要的维度也是在 Conger 等（1997）开发的魅力型领导量表的基础上来测量魅力型领导风格的。由于中西方文化的差异以及经济环境的不同，需要我们国内学者基于中国这一情境下开发出适合我们本土魅力型领导风格的量表。如西方的魅力型领导理论中认为现代领导者应该具备雄辩的能力，但是孔子却曾说过，"巧言令色，鲜矣仁"。可见，对我国未来开发中国情境下的魅力型领导有着重要意义。

（2）注重对魅力型领导理论前因变量的开发。目前国内学者大多是将领导者和情境因素作为调节或者中介变量去研究魅力型领导。未来可以融合考虑情境因素和领导者个人因素对于魅力型领导发展的综合作用机制。

（3）深入探讨魅力型领导的影响机制问题。在魅力型领导的作用和影响方面，已有研究认为主要是关于魅力型领导行为对组织公民行为、员工绩效和组织承诺等的影响，对魅力型领导的影响机制也有一定的研究，但是对这方面的研究还是不够深入，未来应该做更深入的探索。如进一步研究魅力型领导对下属的创新等行为的影响，魅力型领导是否具有创新的特质、魅力型领导如何影响下属的创新行为或组织创新氛围、哪些变量在其中起到调节效应或中介作用等，都值得进一步探讨。

第五章 群际间领导研究进展 及其管理启迪

第一节 引言

领导研究一直以来都是组织管理的研究重点，而且相关领域研究也获得了较为丰富的成果。如从领导特征观到行动观再到权变观的发展，不同领导风格的拓展及深入研究等。普遍公认的是领导对于组织管理实践有着重要意义。有效的领导就是要成功地动员和激励下属（Yukl，2010）。不过，长期以来领导理论研究一直关注的是一个组织或者群体内的领导，而对于跨越组织或者跨群体边界的领导知之甚少。这种跨越组织或者群体边界的领导也称为群间际领导（Intergroup Leadership）（Pittinsky and Simon，2007）。

领导这一现象一般而言被认为是发生在一个领导与下属共同享有一个正式群体成员身份的情境中，如共同享有一个组织成员身份或者团队成员身份等，并且其他群体成员身份在该情境下并不发挥作用。实际上，领导有时候需要影响组织内不同正式群体的协作努力，例如跨部门的合作，甚至有时候是要影响跨越组织间的协作努力。在当前强调合作创新或者组织间战略联盟的背景下，跨越组织和群体的领导，即群际间领导，变得更为普遍和重要。由于群际间领导有其不同于传统意义上主流的领导研究，如群际间领导中领导与下属未必共同享有一个正式群体成员身份，已有的传统领导理论也未必适用于群际间领导，为此有必要对群际间领导进行专门的探讨，以便更好地指导实践，同时丰富领导理论研究。

第二节　群际间领导的内涵与特征

群际间领导是指对朝向一个共同目标的一个以上正式群体或组织的合作的领导，其中合作的目的因群体或者组织的状况不同而可能有所不同（Hogg et al.，2012）。在群际间领导的构念中，明确了关注的是正式的群体或者组织，而不包括领导组织中的其他非正式群体，如性别、年龄等身份群体均不是群体间领导直接关注的群体。虽然这些性别或者年龄等身份群体有可能因为群体内多样性影响群体关系与互动，但不是本书所直接关注的群体。

实际上，在长期以来的群体多样性研究中，也认识到群体间关系理论（Intergroup Relations Theory）的重要作用，将多样性团队看作是不同背景成员的聚合，指出由于团队中的某一个体属于其他身份群体而被特定群体成员看偏。如团队断裂带的研究发现，团队内可能根据人口学特征或者其他信息背景特征而被区分为不同的子群体，这些子群体之间似乎存在着一条界线将群体区分开，即存在所谓的断裂带，影响了不同群体之间的关系与互动。但是，这些研究与本书中所强调的群际间领导仍然有着显著区别。最为明显的是多样性群体的研究可以通过创造一种共享的群体身份，将基于多样性特征的群体区分关注向共同的群体目标转移，从而提高群体的绩效水平。这其中，仍然有一个共同的身份前提存在，关注的还是群体内的互动管理与领导。而群际间领导则与之不同，所谓的群际关注的是正式的群体，而不是多样性群体中因某些特征（如年龄、性别、受教育程度等）不同而区分的非正式群体。

与群际关系研究似乎有着密切联系的还有跨文化管理，对具有不同文化背景的人组成的团队或者组织，可能产生的一个最大问题就是沟通障碍与源于文化不同而产生的误解，从而导致成员间在互动过程中产生较多的负面反应，影响了多文化群体关系的发展。但实际上，这种跨文化管理仍然可以通过上述共享团队或者组织身份感得以解决，显然与本书所强调的正式群体之间关系管理的群际间领导所面临的挑战有所不同。

可以说，上述所分析的多样性群体以及跨文化群体管理均有一个共性，即聚焦于群体内的领导，只是这个群体成员来自于多样性的背景，包括年龄、性别、受教育程度、文化背景的多样性，但最终仍然构成一个更高级的正式群体或者组织。而在群际间领导中，面临的管理挑战与问题是不同的各自独立的群体要协调合作一起工作，以提高群际间绩效水平。在前者，领导为了提高对一个统一的群体领导的有效性而创造一种共享的身份感，是一种非常有效的方式，因为这实际上是群体内领导（Intragroup Leadership）；但在后者，群际间关系要涉及的问题更为复杂，难以通过共享身份感的方式来解释领导有效性提升的问题，因为这种情境涉及的是与群体内领导显著不同的群际间领导（Intergroup Leadership）。在群际间领导中，不同群体成员身份的作用不仅不能低估或者忽视，甚至恰恰成为领导有效性最为重要的一个原因。但这种身份管理与群体内领导所强调的共享身份感建立的方式也有所不同。究竟在群际间领导中如何管理不同群体成员身份才能提高群际间绩效表现是一个现实而迫切的重要问题。

第三节　群际间领导有效性提升面临的挑战与障碍

群际间领导面临的一个重要且特殊的挑战，即是管理具有不同群体成员身份的两个或者两个以上正式群体。而正视并应对这一挑战是提高群际间领导有效性的关键。在此，为提高群际间领导的有效性，有必要对影响群际间领导有效性的重要因素进行深入分析，以促进领导效能提高，实现高水平群际间合作绩效。

一、群体身份保护倾向的挑战

群体身份即是对于"我们是谁"的定义。为了保护群体身份，群体常常会努力将自己群体与其他群体区别开来，并且往往会认为自己的群体优于其他的相关群体（Abrams and Hogg, 2010）。这种倾向的一个主要原因就是基于自我保护的一个意识，认为自己群体优于其他群体，可以从一定程度上保护群体自尊。正是基于此，即使处于较低地位的污名化群体成员也可能用积极的眼光来看待自己的身份（Crocker et al.，1998）。由于不同群体均会着力保护自己群体的身份，倾向于用积极眼光看待自己群体，出现所谓"内群体"与"外群体"之分，进而导致群体间偏见，减少与其他群体合作的意愿，最终伤害了群体合作绩效（Richer et al.，2006）。可见，有效的群际间领导需要克服的是这种内外群体区分以及对外群体成员产生偏见的倾向。只有群体正确看待和对待自己群体与其他群体间的差异，才能为群体间的协调与合作奠定良好的根基，从而为群体间绩效的共同意愿与目标而共同努力。

二、群体间竞争关系以及群体身份威胁主观知觉的障碍

对于个体对所在群体身份保护这一群际间关系的挑战来说，如果该群体对于人们如何界定自己有着特别重要的意义，或者认为群体间处于一种竞争性关系，或者群体感觉到对其独特而重要的身份存在一些威胁的时候，克服上述挑战的障碍会特别突出（Hornsey and Hogg，2000）。在此，群体间的竞争关系或者群体面临的身份威胁可能只是群体成员的主观知觉而非客观存在，也可能发挥关键的影响作用，导致群体间的行为受到不可忽视的影响。为此，关注群体成员对于群体间关系状态和群体身份状态知觉有着重要意义。实际上，知觉虽然来源于外界刺激，但却是个体的一种主观心理反应。在群际间领导有效性提升路径中，要克服群体成员对于自身群体身份的保护这一倾向还需要关注成员主观的体验与知觉。群体间竞争关系或者群体身份威胁知觉实际上很容易被激发起来。如当进行群体间比较时，这种竞争的紧张状态以及自身群体身份可能存在威胁的知觉就可能产生。可见，群体间竞争关系以及群体身份威胁的主观知觉将是群际间领导有效性提升的一个障碍所在。

三、建立高一级别集体身份的障碍

早前的领导研究中提出，要联合不同的群体一起追求一个集体的愿景或者使命，一个最有效的方式就是建立一个集体身份（Collective Identity）（Van Knippenberg et al.，2004）。这里所说的集体身份实际上指的是一种包括了两个或者更多群体的共享的高一级身份。在群体间关系的处理中，许多

研究者均认为这种共享的高一级身份具有重要价值。不过，最近的群体间关系的研究指出，这种共享的高一级身份方法并不是一贴万能药，其中也存在许多问题。例如，领导者自己在这种共享的高一级身份中的位置就可能成为下属质疑的一个问题。领导者可能会被下属知觉其与一个群体相比另一个群体有着更紧密的关系。实际上，许多群际间领导者本身就是其中一个群体的成员。而且即使不是某一群体的成员，群际间领导者要想在所有各方眼中保持"中立"的角色也是非常困难的。因为下属会对领导者的行为进行知觉和归因，而知觉与归因均存在着一定的偏差，从而形成自己的认识。

此外，上述这种共享的高一级身份存在几种抵制力量。首先，基于社会身份理论，有效领导的一个重要特点就是该领导者要被成员知觉为是群体的典型，即能够集中体现群体的身份（Hogg and Van Knippenberg，2003）。在群际间领导中，这种群体典型化原型的领导者知觉可能难以达到。因为领导者有时候可能被认为是"他们中的一员"而不是"我们中的一员"，从而将领导者归于"外群体"。有时候两个或者更多群体感觉有较少的共同点，难以达成所有群体公认的共享身份感。在这种情况下，领导者要体现的群体典型化原型本身可能就不清晰，而且可能也没有达成共识。如 Rutchick 和 Eccleston（2010）就发现，群体知觉和界定的共享高一级身份感是存在差异的，而且工作方式在竞争性群体间激发一种共享的高一级身份感往往会事与愿违。其次，共享的身份感需要有相似性。但不同群体间的相似性可能会对某特定群体的身份产生威胁，因为群体的独特性可能会被削弱或者忽视。为此，强调共享的高一级身份感的努力可能会遭受群体成员的强烈抵制（Hornsey and Hogg，2000）。

第四节　群际间领导的影响效应与内在作用机制

一、群际间领导的影响效应

随着全球化竞争背景下跨组织跨职能团队合作日益普遍，群际间领导也成为组织管理研究与实践的一个重要问题，受到了越来越多学者和管理实践者的关注。不过，需要承认的是，虽然群际间领导很普遍和重要，但是群际间领导也面临着特有的挑战，影响着其有效性的发挥，即会对合作群际间绩效产生重要影响。群际间领导不同于传统主流而是共享一个正式群体成员身份的领导。为此，要恰当地理解群际间领导，需要深入理解群体间的动态机制，包括群际间关系和群际间行为。群际间关系和行为可以说是群际间领导有效性的直接反映。

首先，就组织内部而言，不同的群体（如部门、车间、生产小组）构成了组织的基石。对于群体动力与有效性的探讨已经成为组织管理研究的一个成熟的主题。但是，在许多情况下，组织是由相互联系的这些群体而非独立的个人组成的。为了提升组织的有效性，在组织内不同群体之间进行有效的协调与合作也是同样重要的。高组织绩效需要组织各个群体之间的合作（Brett and Rognes，1986）。为此，关注群体以及群体间的联系就成为了组织领导者的一个重要任务（Ilgen et al.，2005）。

虽然组织内不同群体之间的合作对于提升组织绩效有着重要影响，但是有效的群体间合作并不是自然发生的。因为组织内不同群体之间可能要竞争有限的组织资源（Pfeffer and Salancik，1977）或者不同群体在合作过程中强调各自不同的方面而出现了冲突。在这种情况下，组织的群体间关系出现紧张，从而导致各个群体在部分条件下选择关注自身群体的利益，并且会对组织中的其他群体采取一种竞争性的资源，最终伤害了群体间的合作以及组织的整体运营（Kramer，1991）。在此，组织领导就面临着极大的挑战，如何才能更好地促进群体间的合作，为提升组织整体绩效奠定良好基础，出于此考虑，群际间领导构念得以提出并且不断受到研究者的关注。有效的群际间领导被认为是转换上述各子群体自我利益关注以及群体间破坏性竞争变为促使高效协调与合作以实现群际间绩效最优化的关键（Hogg et al.，2012）。

其次，就组织间而言，正如上述的组织内群体不会孤立运作一样，组织也常常不会孤立运营。在竞争日益激烈的背景下，组织不断寻求与其他组织的合作，通过联合起来应对竞争，以追求渴望的结果。为此，当前经济领域中，组织间的战略联盟越来越普遍。群际间领导也要面对组织间这种合作的挑战（Crosby and Bryson，2010）。因为各个组织可能在合作中也会出现竞争，代表自己的组织行动。如何有效地处理这种组织间竞争存在的紧张，是组织合作联盟成功的关键所在。最典型的代表组织间的紧张关系出现在并购组织中，甚至成为并购失败最重要的原因。

由此可见，不管是组织内部还是组织间，有许多情况要求有效的群际间领导以提高组织内群体合作以及组织间合作成功的可能性。有效的群际间领导可以提高群际间绩效水平，实现提升群际间关系以及群际间高效合作的目的。

二、群际间领导的内在作用机制

组织对于其成员具有一种身份功能，而这一身份对群体间关系以及领导非常关键。因为群体合作可能是群体身份冲突的一个重要情境场合。基于此，群体间合作和群体间领导与身份问题可以说是密切相关（Hogg et al.，2012）。群际间领导为了提高领导有效性，需要重视群体身份问题。而由于早前领导研究中一直强调构建一个共享的高一级身份的方式常常不适用于解决这个问题，因此还需要探讨群际间领导与身份问题的恰当处理方式，以指导群际间领导有效性的提升。

组织和群体成员身份是社会身份的一个重要来源。社会身份在组织内外的群体间关系发展中是非常关键的（Van Knippenberg，2003）。有效领导也依社会身份的动态机制而定（Hogg，2008）。群际间领导有效性，即提高群际间合作绩效质量，就要考虑领导激起一种群际间关系身份感（Sense of Intergroup Relational Identity）的能力（Hogg et al.，2012）。这里所强调的群体间关系身份不同于突出相似性与强调共享高一级身份。

群体间关系身份的构念源于身份、自我概念以及群体间关系的相关研究（Hogg et al.，2012）。身份有不同的分类，如社会身份（Social Identity）与个体身份（Personal Identity）。其中，社会身份是根据一个群体共享的定义特征来进行的自我定义与评价；个人身份是根据独特的个人特征以及亲密的私人关系进行的自我定义与评价。特别值得指出的是，社会身份作为一种对自我的认知评价展现，与社会认同（Social Identification）这一重要构念有所不同但又有着紧密的联系。社会认同是根据群体特征来归类自我，并由此产生对该群体的依恋以及归属感的一个认知过程（Abrams and Hogg，2010）。基于社会身份基础上产生的社会认同对于个体的态度和行为均会造成重要的影响。为了探究这种影响机制，又可以进一步地将社会身份进行细分探讨。有研究将社会身份细分为集体身份（Collective Identity）和关系身份（Relational Identity）。其中，集体身份是将自我作为"我们"的一种自我定义，这种自我定义是根据一个共享的群体成员身份来进行的，意味着群体内成员的相似性甚至是可替换性（Turner et al.，1987）。关系身份则是根据与重要他人的关系来进行的自我定义，并且根据这种关系来理解自我（Sluss，Van Dick and Thompson，2010）。虽然集体身份与关系身份有所不同，如前者对自我定义是基于群体成员身份，而后者则是根据特定二元关系，可以说集体身份的定义依据范围更广，关系身份的定义依据范围则相对狭窄。另外，集体身份与关系身份定义依据的内容也有所不同，前者依据的内容是自我与他人的相似性，后者依据的内容则是自我与他人的关系。不过，集体身份与关系身份也有其共性的地方，即都是纳入他人进行自我定义，从而发展起一种延伸的自我感。

关系身份最初的构念是一种二元关系的反映，即个体根据自我与重要他人的关系来进行自我定义。为此，关系身份也可以称为人际关系身份（Interpersonal Relational Identity）。不过，Hogg 等（2012）指出，自我定义也可以在集体层次的自我概念中反映关系身份，即可以称之为群体关系身份。在此，群体关系身份是指根据群体与一个或者更多个其他群体的关系来界定集体。显然群际关系身份与人际关系身份有显著不同。人际关系身份是个体根据其与特定个体的关系进行的定义，而群际关系身份则是根据自己群体与特定的外群体的关系进行的自我定义。虽然两者均是强烈依据关系进行自我定义，但人际关系身份的定义主体是个体，而群际关系身份的定义主体是群体。另外，人际关系身份的定义依据是二元人际关系，而群际关系身份的定义依据则是群体之间的关系。

群际关系身份源自于群体身份、关系身份的发展，又有其超越群体身份、关系身份的独特之处。在群体间合作中，群体关系身份包含了一种融入合作关系的身份感。这种合作身份感对于避免群体间合作可能发生的身份冲突有着重要意义。与共享的高一级身份感不同的是，这种群际间关系身份感意味着一种拓展的自我感，其中考虑到与其他群体的关系，而不是两个群体的相似性。由于共享的高一级身份突出群体的相似性，可能产生身份威胁知觉；而群际间关系身份感则是突出在合作关系中群体自身独特以及与众不同的角色，反而强化了群体身份。可见，在群际间合作中，群际间领导强调与群际关系身份相比创建共享的高一级身份有着更为明显的优势。

概括而言，有效的群际间领导要求领导者要意识到群体间合作的潜在优势，同时避免群体间可能发生的破坏性冲突。其中的一种重要方式就是发展群际间关系身份，而不是创建一种共享的高一级身份。虽然提高群际间领导有效性的重要方式都强调身份视角，即领导要有意识地影响下属对于群体身份的理解（Reicher and Hopkins，2003），但显然对于群际间领导面临的两个或多个正式群体的管理挑战，身份管理有其独特的要求。Hogg 等（2012）指出的激发群际间关系身份更符合群际间合作的需要，因此值得领导予以高度重视。群际间领导正是通过激发群际间关系身份，提高合作各方群体的协同努力意识，最终提高群际间绩效水平。

第五节　群际间领导研究的管理启迪

虽然领导如何有效影响下属有着较为悠久的研究历史，已经获得了非常丰富的领导理论成果，但是其中群际间领导的研究均还是较少受到关注。早前的领导研究探讨了领导人格特征、行为风格、上下级关系等因素对于领导有效性的影响效应，之后特殊风格的领导开始得到关注，如魅力型领导、变革型领导、真诚型领导、伦理型领导等。但是，上述种种关于领导的研究都没有涉及群际间领导。群体间领导一方面在当前的经济生活中出现越来越普遍，另一方面已有的领导研究均忽略了群际间领导的特殊情境特征以及提高群际间领导有效性的特征挑战，从而使得我们对群际间领导的认识缺乏深刻性。

在群际间领导中，两个群体有着不同的身份，并且有时候两个群体还可能存在着冲突的历史。如有时候，组织为了创新以及解决棘手问题，需要不同职能部门之间真诚的合作，如生产部门与研发部门之间的通力合作。但在之前的薪酬制度改革中，两个部门发生过严重的冲突。在此情境下，一方面，合作是必须的选择；另一方面，前期的互动历史为当前的合作留下了一个关系障碍。群际间领导如何动员和激发两个部门的有效合作就面临着极大的挑战。

很显然，不同的身份、冲突的历史甚至是对立的群际间关系，都可能成为群际间领导有效性的严重阻碍因素。群际间领导需要让两个群体成员都意识到，为了组织的成长与发展，他们必须改善群体间关系，共同努力，通力合作。

早前研究领导的学者指出，群体间关系管理可以采取创建一种包括两个或者更多个群体在内的共享身份感。但是在群际间领导情境下，由于两个或者更多个正式群体之间可能有较少共同点，或者群体认同较强导致内群体与外群体区分明显，从而导致共享身份感较难以建立。为此，强调共享身份感的努力可能难以达成。而且这种强调共享的高一级身份感的努力，由于要突出不同群体的相似性而可能激发群体身份威胁感，因为自身群体的独特性可能要被相似性所削弱。基于此，一方面，群际间领导要改善群体间关系以提高合作意愿与合作努力；另一方面，群际间共享的高一级身份感又难以成功建立。为此，Hogg 等（2012）提出了领导者可以激发群际间关系身份，即不强调不同群体的相似性，而是强调群体间的关系，激发群体成员以群际关系为自我界定依据的意识，并且强调每一个群体可以发挥自身的独特性，支持群际间合作，并且发挥各自不同的作用。在此背景下，群体的身份感得到了保护，同时关系意识的强化又避免了内外群体的划分以及可能产生的外群体偏见。

可见，在管理实践中，当领导者要管理多个群体，并且要求多个群体合作达成共同目标时，不能一味地突出两个或者多个群体的相似性，而是从关系水平入手，突出各个群体对群际关系的重视，激发起关系身份的概念，将是一条有效的群际间管理途径。

第六节　结论与未来研究展望

一、结论

组织内不同部门或者团队之间合作、组织间联盟合作等现象已经越来普遍。具体来说，在组织内部，组织高水平绩效的保证不仅需要构成组织的各个群体的卓越表现，同时还要求组织内不同群体之间的高质量协调与合作。在此情境下，群际间领导受到了越来越多学者和管理实践者的关注。但是对于群体间管理情境下领导的研究却相对缺乏。原有的组织领导理论研究均是关注于共享一个群体成员身份下（如一个组织或者一个团队）的领导，故而未能有效解释可能具有不同群体成员身份的跨组织或者跨群体边界的群际间领导。学者与实践者要想充分理解群际间领导就需要深入把握群体间的关系与行为的动态机制。

早前关于群体间关系以及社会身份的研究指出，可以通过创建一种共享的高一级身份感促进群体间关系的发展以及更好的群体间合作。但是这种共享的高一级身份感可能往往难以在群体间领导情境下建立。如共享的高一级身份感要求突出不同群体间的相似性，从而使得群体本身的独特性可能会被削弱或忽视，导致成员可能产生身份威胁知觉。可见，虽然共享的高一级身份感对于培养高效的群体间合作有着重要价值，但是有时候这是一条并不可行的途径。

群际间领导有效性的提升虽然较难从共享的高一级身份感创建中得以实现，但是身份观视角同样可以尝试。只是其中尝试激发的是群际间关系身份，即群体以其他群体的关系来进行自我界定。通过群际间关系身份的建立与发展，群际间领导可以有效提升群际间绩效水平，即提升群际间领导有效性。

二、未来研究展望

第一，群际间关系身份激发的影响因素研究。在群际间合作中，群际间关系身份有其不同于共享的高一级身份的优势，如不需要强调相似性而可能产生的对特定群体身份的威胁。但是群际间关系身份激发的影响因素有哪些，这些因素如何共同影响群际间关系身份发展，仍然是不明确的，需要未来进一步深入地研究。

第二，群际间领导影响效应的内在作用机制实证检验。群际间领导已经成为当前领导实践中一个普遍的现象，同时又是组织领导研究相对缺乏的领域。群际间领导如何提升其有效性？群际间关系身份虽然可能成为其中的一个重要内在机制，但是群际间领导、群际间关系身份以及群际间绩效水平之间的内在关系机制如何？这些问题还需要未来做进一步的实证探讨。

第三，群际间领导与群体内领导的对比研究。已有的领导研究更多关注的是个体领导，如魅力型领导、变革型领导等。虽然随着研究的推进以及组织内团队工作形式的普遍发展，群体或者团队领导也开始得到重视，但是这些研究均是属于个体或者团队内的研究。与群体间领导相比，个体或者团队内领导研究有其显著不同之处。群际间领导与群体内领导相比，有哪些共性之处，成果有哪些是可以相互借鉴使用；而又有哪些独特之处需要进行深入剖析。这些问题都可能成为未来研究的一个重要主题。

第六章 基于监督者视角的创业板
上市公司高管变更影响因素研究

创业板上市公司具有较高的成长性和自主创新性，是中国科技型、成长型企业的主要力量，其成功面世不仅扩展了资本市场的广度和深度，而且完善了多层次资本市场体系。但是，近几年创业板上市公司高级管理人员辞职、离职等频繁变更现象愈演愈烈，已经极大程度地动摇了投资者的持股信心，增加了创业板的整体风险，严重威胁到创业板的发展。因此，找出创业板上市公司高管变更的影响因素显得尤为重要，这也是中外学者一直探讨的热点问题。有相关研究表明，公司内部监督者对高管变更具有较强的预测力，也有学者进一步指出，外部监督者对高管变更同样具有较强的预测力，高管变更可能同时受到内外部监督者的综合影响。但是，以往学者对于高管变更影响因素的研究，要么只关注内部影响因素，要么只关注外部影响因素，研究相对零散单一，且多聚焦于影响因素与高管变更之间的简单的线性相关关系，高管变更的内外影响因素综合研究还不够。未来基于监督者视角探讨了创业板上市公司高管变更的影响因素有着重要价值。

第一节 问题提出

创业板的推出对完善中国资本市场体系具有重大意义。自 2009 年 10 月上市以来，创业板上市公司高管屡屡出现"扎堆"辞职、离职等变更现象，在资本市场和媒体界引起了强烈的轰动。在企业经营过程中出现高管变更本应是正常现象，但根据《证券日报》报道，截至 2015 年在创业板上市的公司有 496 家，其中的 293 家上市公司都有高管变更的现象。这种现象已经极大程度地动摇了投资者的持股信心，增加了创业板的整体风险，严重威胁到创业板的发展。因此，找出影响创业板高管变更的因素显得尤为重要。

现有文献对高管变更影响因素的研究多集中在高管特质（陈丽蓉等，2015）、资本结构（杜兴强等，2010；朱蕾静等，2016）、董事会治理（支晓强等，2013）、投资（Geiger and North，2014）、政治关联（游家兴等，2010；醋卫华，2011）等，且以发展较为成熟的主板市场为研究对象。对于研究视角的选取，以往学者多倾向于从影响结果层面入手，如业绩改善视角、盈余管理视角等；从高管变更的影响因素入手寻找视角进行探讨和研究的文献相对匮乏。而在高管变更的影响因素中监督者作为公司治理和有效运营的一部分，对高管变更起着至关重要的作用。鉴于此，本书以发展的眼光，结合我国创业板市场文化背景，从监督者的视角对创业板上市公司高管变更的影响因素进行探究。

高管变更虽为公司内部事件，但由于该事件的影响力波及的范围却远远超过公司本身，所以高管变更不再仅仅是公司内部的单一事件。监督者是影响高管变更的重要因素之一，不仅是公司内部监督者对高管变更产生影响，外部监督者也可能影响高管变更。董事会治理是研究高管变更影响因素的一个重要领域（郑开玲，2013；陈共荣等，2015），例如，Bhagat 和 Bolton（2008）认为，小规模的董事会与监事会更能很好地形成凝聚力，利于对高管监管和约束。陈共荣和王慧等（2015）发现董事会和监事会人数越多越能汇聚全面的专业管理知识，以提高对高管变更的治理效率。同时，也有学者指出，董事会和监事会的规模大小与其对高管变更的监管效率之间存在的并非线性关系，而是倒 U 型关系（Yermack et al.，1996）。学者们对董事会治理主体和高管变更之间关系的研究尚未达成统一意见。此外，王雨潇、王奕璇和叶勇（2015）指出，媒体作为高管变更的外部监督者，同样对高管变更具有较强的预测力。虽然，已有学者对高管变更的影响因素进行了探究，但大都零散单一，缺乏综合研究和系统性，而且不同的学者因选取的样本不同，对同一个影响因素与高管变更之间关系的观点上尚存在歧义。因此本书基于监督者视角，探究我国创业板上市公司高管变更的影响因素。

基于此，本书将监督者视角分为外部监督者视角和内部监督者视角进行研究，其中外部监督者视角主要聚焦于媒体监督、政治关联和高管变更的关系，内部监督者视角主要聚焦于董、监事会规模，董事会持股比，高管二职独立性以及三会会议频率与高管变更的关系。同时考虑到内外部监督者综合作用的结果，本书进一步探讨了内外部监督者的综合影响，以期对我国创业板上市公司建立有效的高管变更机制、加强对创业板上市公司高管变更过程的监管、提高公司治理效率提供理论价值和借鉴意义。

1. 主要内容

（1）从外部监督者视角探究高管变更的影响因素。本书依据大部分学者和商界人士认为的从高管变更最具影响力的娱乐媒体和政府力量着手，分别探究媒体监督和政治关联对高管变更的影响，并进一步探究媒体监督在政治关联和高管变更之间的调节作用，通过建立模型并运用层级回归分析对模型进行实证检验。

（2）从内部监督者视角探究高管变更的影响因素。董事会治理是影响高管变更的重要原因之一，本书将内部监督者视角的高管变更影响因素变量聚焦于董、监事会规模，董事会持股比，高管二职独立性以及三会会议频率，通过建立模型并运用层级回归分析分别对董监事会规模、董事会持股比、高管二职独立性以及三会会议频率对高管变更的影响进行实证检验。

（3）系统探讨外部与内部监督者的综合影响。为了系统、深入地探究高管变更的影响因素，本书选取学者们普遍接受的较为经典的具有代表性的媒体监督与董事会规模和监事会规模作为交互变量，进一步探讨媒体监督与董事会规模和监事会规模在影响高管变更过程中所表现的交互关系，通过建立模型并运用层级回归分析对模型进行实证检验。

2. 研究目的

（1）聚焦于外部监督者视角中的媒体报道与政府力量，验证媒体监督和高管变更、政治关联与高管变更之间的相关关系。为进一步探究外部监督者对高管变更的内在机制作用，本书更深入地探究了媒体监督在政治关联与高管变更之间的调节作用。

（2）聚焦于内部监督者视角中的董事会治理结构，检验董事会规模与高管变更、监事会规模与高管变更、董事会持股比例与高管变更、高管二职独立性与高管变更、三会会议频率与高管变更之间的相关关系。

（3）为了系统地探讨内部监督者和外部监督者对高管变更的综合影响，本书分别从内部监督者和外部监督者中选取被众学者普遍接受的较为典型的董事会规模、监事会规模以及媒体监督变量，探究媒体监督与董事会规模的交互效应、媒体监督与监事会规模的交互效应分别对高管变更产生的作用。

此外，本书具有一定的理论意义与实践价值。就理论意义而言，考虑到我国创业板市场具有一定的特殊性，本书通过查阅大量相关文献发现，中国文化背景下尤其是创业板上市公司高管变更影响因素的研究还比较少。针对高管变更影响因素的研究相对零散单一，且相对匮乏，因此有必要系统地进一步深化和丰富高管变更影响因素研究。已有文献对高管变更的研究主要基于业绩改善、盈余管理等视角，且这些视角普遍倾向于高管变更的影响结果层面，从高管变更影响因素层面来寻找视角进行研究的相对较少，尤其是基于公司内外部治理所涉及的主体中的监督者视角。

本书从公司外部监督者和内部监督者两个视角出发，分别探讨媒体监督、政治关联以及董事会治理对高管变更的影响，同时深入分析了外部监督者和内部监督者两个视角的高管变更影响因素之间的联系，并进一步探讨了两个视角的影响因素对高管变更的综合影响作用，不仅拓展了高管变更影响因素的研究领域，还促进了高管变更的本土化研究，为进一步研究高管变更提供了借鉴与参考价值。就实践价值而言，通过对本书进行深入分析，能够为创业板上市公司股东提供众多有价值的信息。首先，基于外部监督者视角的研究有助于让公司意识到外部监督者对公司治理同样产生影响，应重视高管政治关联带来的危害，以及媒体监督在公司治理中的重要作用。其次，基于内部监督者视角的研究有助于公司内部监督者对自己执行监督力度的审查，提高公司治理效率。综合来看，有助于检验各监督者对各自职责的履行情况，有助于公司对高管变更所发生的问题及时采取行动，以保证创业板上市公司的稳定发展。

第二节　文献综述与研究假设

一、核心概念界定

(一) 高层管理者

国外学者在财务与管理领域的相关文献中，通常将 CEO 定义为高层管理者。但是，国内学者对高层管理者的定义尚不明确，方军雄 (2012) 认为，董事长在公司经营中拥有至高无上的权利，应将董事长界定为高层管理者。而张俊生和曾亚敏 (2005)、刘星等 (2012) 则认为，总经理掌握着整个公司的实际决策和运转，对公司的经营绩效负直接责任，因此，公司的核心高管应是总经理。

本书认为，在我国特殊体制的经济文化背景下，董事长通常负责公司重大事件的战略决策与发展方向，总经理通常负责整个公司重大战略决策的执行以及整体业务决策，直接决定着公司业绩好坏，还与公司在运营过程中的核心组成部分——财务有着千丝万缕的关系。另外，总经理在我国不同的行业或不同的公司中被给予的称谓也有所不同，因为同样的工作职责有些被称为总经理，有些被称为总裁，也有一些被称为首席执行官，即 CEO。因此，本书将总经理、总裁、首席执行官统一界定为高层管理者，简称高管。

(二) 高管变更

以往学者对于高管变更的研究多将其分为正常变更和强制性变更。Denis 和 Denis (1995) 从代理人的角度出发，将年龄符合在 64～66 岁的离任、退休以及正常升职等情形下的变更界定为正常 (Normal) 变更，将不是出自个人意愿的、被迫变更的且年龄不在 64～66 岁、无理由的离开公司等情形下的变更界定为强制性 (Forced) 变更。Pourciau (2003) 在研究盈余管理与高管变更的关系时，将公司高管呈现为有序演替的情形称为常规变更 (Routine Top Executive Change)，将公司高管由于某些原因被迫离职的情况称为非常规变更 (Non-routine Top Executive Change)。同样，Clayton (2005) 等提出，若高管变更是由公司董事会决策的结果，那么这类变更称为非自愿变更，否则就属于自愿变更。国内学者对于高管变更的研究也是将其分为强制性变更和常规性变更两大类来进行探究。例如，卖玉池（2001）将总裁或首席执行官未满 60 周岁，并且不是由于生病、死亡、股权变动等正常现象下发生的变更称为强制变更。赵振宇、杨之曙和白重恩（2007）进一步指出，高层管理者并非主动离开的变更称为强制性变更，如任期已满、疾病、死亡、控制权发生变动、退休等，高层管理者是因为某些不当的行为或做出了错误的决策被董事会勒令更换而发生变更的称为强制性变更。

本书采用以往众学者普遍认同且采纳的划分方法，将高管变更分为强制性变更和非强制性变更。考虑到本书的目的是探究监督者是否对高管变更有较强的监督和约束力，因此本书重点研究强制性高管变更。

（三）政治关联

政治关联最早来源于国外研究术语 "Political Tie" "Political Connection" "Political Relationship" 等，后被国内学者引用并被翻译为政治身份、政治关系、政治关联、政府背景等，直到现在仍没有统一的标准和界定，但在高管变更的研究领域里，国内学者普遍接受和使用的是政治关联，所以本书也使用政治关联这一术语。

对于政治关联的界定，Fishman（2001）在早期率先提出若公司与政府之间存在私下往来情况或密切关系，则被视为具有政治关联，但是这一定义较为模糊、宽泛，不易被检验和测量。这也使得后续学者开始寻求其他研究视角，以完善政治关联的界定。Bertrand（2007）等通过列举的方法，总结出若公司的首席执行官出自名门学府，且拥有或拥有过政府部门官员身份，即被视为有政治关联。Johnson 和 Mitton（2011）进一步通过案例验证了政治关联是公司高层管理者与政府高级官员如首相、部长等具有亲密联系。此外，国外部分学者还指出公司的政治捐款行为也应被视为具有政治关联。例如，Rock 等（2008）的研究中表明，政治关联是公司通过向政治竞选者提供捐款以此来建立的一种特殊关系。但这种说法受到了另外一些学者的质疑，Goldman（2012）认为，公司实施政治捐赠在很大程度上可能只是一种偏好行为，与是否受到政治影响无关。

基于我国人际关系复杂的制度文化背景的分析，在丁烈云和刘荣英（2008）的研究中，将公司董事长以及总经理现在或是曾经担任过政府职务、有过部队经历视为具有政治关联，与此同时，排除了公司外部有政治身份的人因持有本公司部分股份而建立的联系。贾明和张喆（2010）认为，公司高层管理者只要有人担任或曾经担任过人大代表、政协委员以及中央或地级政府人员都将被视为有政治关联。王永进和盛丹（2012）更是表明，只要公司的高层管理者中有人拥有政府官员身份，或是在政府担任过职务，甚至是具有党员身份都应该被认为该公司存在政治关联。

在国内外研究的基础上，本书结合研究内容与研究主旨，拟采用虚拟变量的方法评定政治关联情况。为了确保公司高级管理者政治关联身份的真实有效性，本书拟将公司高管现在或者曾经担任过党代表、是政治协商委员会成员之一、以人民代表大会代表身份参与过活动，以及担任的职位在科局级以上的情况划定为具有政治关联。

（四）媒体监督

通常来说，媒体监督作为一种外部监督力量，最开始被学者们用来研究与政府的关系，例如，众多学者所认同的媒体可以增强政府官员竞选的透明度，提高竞选的公正、公平度。随着对媒体监督研究的增多，学者们逐渐扩大了媒体监督的研究领域和研究范围，Besley 和 Burgess（2011，2014）在调研中发现，媒体可以向广大群众散播国家饥荒和国家危机情况，同时也可以帮助公民监督捐款情况。Besley 和 Prat（2011）通过实证研究证明了政府是可以控制媒体的，并分析了其影响的关键性因素以及积极和消极效应。Dyck 和 Zingales（2012）总结了前人的研究结果，将相关理论运用到媒体监督有效性上，并首次验证了媒体监督在私营企业中对制度环境和工作热情度的影响。研究表明，媒体监督不仅有助于降低社会各类人士搜集信息的成本，而且还可以督促公司不断加强维护自我形象以及提高公司的声誉。

中国宪法和相关法律已明确规定，新闻媒体作为一种新兴的外部监督主体，可以通过揭露信息、曝光丑闻等手段行使一定的监督治理权力。随着我国经济体制的发展和社会主义法制社会的不断完善，媒体监督的治理作用也发挥着越来越重要的作用。考虑到当前社会电视和手机是被广大群众普遍接受和善于应用的媒体，但数据的搜集存在较大困难且准确性不高，以往学者们多选用报纸作为媒体的典型代表，本书也跟随研究主流将报纸视为媒体主要来源。

二、政治关联与高管变更

学者们对高管变更这一术语的研究开始于 20 世纪 80 年代，目前西方关于高管变更的研究相对来说较为丰富。Jensen 和 Meckling（1976）结合委托代理理论指出，高管作为公司代理人具有行为模糊，不向他人披露信息的特点，委托人可通过对公司绩效的检验来决定高管的变更情况。Dan W. French（2012）从股份持有率角度出发研究了高管持股与高管变更的关系，研究表明，公司高管持有的股份越高，被更换的概率就越低，而且在高管被迫变更的情况下，拥有额外股份的高管被变更的可能性更小。Kang 和 Shivdasani（2009）将注意力集中到日本非金融公司的研究上时，发现公司董事会规模的大小与业绩引起的高管变更没有相关关系。然而 Weisbach（2012）的研究表明公司的董事规模会增加高管对公司业绩的重视程度，增加其压力，进而增加高管变更的可能性。Lausten（2014）采用创业上市公司数据进行实证研究发现，高管变更容易带来公司绩效的不稳定。

国内学者对高管变更的研究主要将研究对象集中在主板市场。朱红军（2014）对中国上市公司的高管变更进行研究时发现，高管变更对公司绩效的影响没有直接关系，高管变更只是加重了公司盈余管理现象（梅豪等，2014）。在公司发生高层管理人员变更的当年，新任高管在很大程度上会对公司盈余进行向下操纵，并且将公司绩效的下滑趋势和不佳状态的相关责任推卸给前任高管，与此同时，新任高管会为本期以后的盈余管理做反转准备，借此为以后因自己上任使得公司业绩上升做铺垫（倪冰冰，2012）。刘崴（2014）以国有企业和非国有企业作为研究对象发现，国有控股企业高管变更与企业绩效具有显著的正相关关系，但是非国有控股企业高管变更与企业绩效没有显著相关关系。但是，万金花（2014）研究发现，在公司的控制权发生变动的情况下，同时变更高管带来的公司绩效比不变更高管带来的公司绩效明显提高很多。杭荣等（2015）的研究进一步验证了公司控制权与高管同时发生变更时会显著提高公司业绩。通过对大量文献进行梳理可以发现，国内外学者对高管变更的影响因素以及产生的经济后果尚未达成一致的意见，而且高管变更影响因素的文献研究相对较少，尤其是我国创业板上市公司高管变更的影响因素研究。

政治关联一直被众研究者们当作是公司的一种非制度安排，对公司的治理效率产生影响（梅豪等，2014；倪冰冰，2012；刘崴，2014）。游家兴（2010）在委托代理理论的基础上指出，公司高管的政治关联身份会弱化公司治理机制。公司的政治关联身份被一些学者认为是政府干预公司经营的一种特殊方法和手段（郑开玲，2013）。我国是关系大国，政府官员为了提升自我形象会涉足于企业，公司高管们为了提高公司业绩也会想方设法与政府官员建立联系，而这种政治关联身份会降低其因经营企业不理想的高管变更。也有学者进一步阐明，公司高管具有政治关联身份实质上是政府干预的一种外在表现，公司高管的政治关联身份加强了企业与政府的密切联系，有助于降低企业成本。Chang 和 Wong（2009）以及谢军和梁树洪（2011）采用我国上市公司的经验数据发现，高管在公司职位的去留不仅受到高管管理的公司业绩的影响，而且受到政府干预，即高管政治身份的影响。随后，大量研究表明，高管的政治关联身份如同保护伞一样，在公司业绩不佳时，可以借助政治关联身份降低被更换的概率（赵振宇等，2007）。此外，高管的政治关联身份不仅可以为企业争取更多的补贴、优惠、融资等货真价实的资源（Yermack et al. ，1996；朱蕾静等，2016），而且在潜移默化中增强了企业的核心价值（Jay et al. ，2007）。因此，虽然有些公司高管可能因不称职导致业绩下降，但考虑到高管政治关联身份的重要性，可能会使高管继续留任。公司在决定高管的去留问题上，往往会把高管的政治关联身份看得无比重要，因为高管的政治关联身份影响着企业以后资源的获取甚至发展。所以即使有政治关联身份高管把企业经营得不理想，公司也会考虑让其继续留任。因此，本书提出以下研究假设：

H1：政治关联与高管变更显著负相关。

三、媒体监督对高管变更的影响

企业的高层管理人员被曝丑闻或负面新闻，影响的不仅是高管个人形象，还有高管所在公司的声誉。大部分学者认为公司在面对媒体报道时，为了维护公司的美好声誉，往往会在媒体报道后给予及时且积极的响应和回馈，对被媒体报道的高管实施相应的奖惩措施。Bednar（2012）发现董事会规模会引起媒体的特别关注，而且高管被媒体报道的负面信息越多，被变更的可能性就越大。高管被媒体报道的正面信息越多，被变更的可能性会相反地降低。这也进一步说明媒体作为一种外部监督者，在公司治理方面有着重要的监督作用。李培功和沈艺峰（2013）通过对上市公司进行分类研究发现，媒体报道与高管薪酬之间存在相关关系，媒体对国有上市公司高管薪酬的报道主要聚焦于高管报酬数额的绝对值以及高管报酬与其下属报酬之间存在的差距，倾向于引起公众的注意力，而媒体对于其他上市公司高管薪酬的报道主要集中在高管薪酬的设置是否合理上，倾向于向公众揭露真实信息。总的来看，不管媒体报道倾向于何种方面和目的，被报道的公司都会对高管薪酬重新进行修订和完善，这也进一步说明媒体监督有利于公司治理。

当然，也有部分学者认为媒体报道在对高管的治理方面并不能起到任何作用。Core 等（2008）通过获取的大量关于高管薪酬的媒体报道信息进行分析研究发现，众多诸如高管薪酬远远超出标准线水平的负面消息被报道播出去以后，被报道公司并不会对其内部高管的不合理薪酬做出任何改变。杨德明（2014）从最高薪酬和最低薪酬两个极端现象进行研究发现，媒体报道对上市公司高管的去留产生重要影响，但是不管公司高管因为薪酬去留意见如何，公司都无法做到使薪酬合理性趋于完美。因此，有学者进一步指出，在中国的特殊文化背景下，政府的帮助在很大程度上能够提升媒体的监督者身份。

媒体作为一种公司治理的外部监督主体逐渐被各界人士以及学者们所关注。媒体不仅承载着将封闭信息公开化、模糊事件清晰化的使命，而且要做到预测经济市场变化、披露公司事件，向公众表达观点（卖玉池，2011）。媒体的监督力量和作用逐渐受到研究公司治理领域的学者们的青睐和关注。Dyck 和 Zingales（2010）从多个国家采集的数据进行研究发现，媒体监督是继法律法规之外的最能对投资者实施帮助和保护的因素，而且媒体监督是对不完善的法律法规的良好补充，能够优化公司治理环境。在此基础上，Fang 和 Peress（2011）研究发现，媒体监督能够提高公司会计信息的透明度，提高投资者对公司信息的明晰度，降低高管不合法行为的产生。李培功和沈艺峰（2014）在前人研究结论的基础上，进一步指出，公司被媒体报道的次数越多，公司给予积极响应并修正不法行为的程度越高。本书从信息不对称理论着手研究，在此基础上认为媒体监督在一定程度上能够降低或消除公司信息的模糊度，进而使监督者能够对公司高管进行更加有效的监管（Yermach，2011），及时变更把公司经营得不理想的高管，从而增加了高管变更的可能性。从公司声誉来看，媒体监督增加了公司或公司高管丑闻的曝光率，一般情况下，公司为了维护形象和声誉，会惩罚或辞退被报道的高管，也可能存在高管为了自己的尊严和形象主动提出变更现象（丁烈云，2008；Goldman，2009）。根据以上分析不难发现，媒体监督或许会通过提高信息透明度、曝光公司丑闻增加高管变更的概率。鉴于此，本书提出如下假设：

H2：媒体监督与高管变更显著正相关。

四、媒体监督、政治关联与高管变更

Shleifer 和 Vishiny（2010）的研究认为，公司高管称不称职直接表现于公司业绩的好坏上，如果继续保留不称职的高管，就会严重损害投资者的利益，因此，更换不称职、不合法的高管是公司治理的重要手段之一。但是，这种治理手段仍然存在很多需要继续改进的地方，因为公司经营不理想或是业绩下滑的影响因素是多方面的，也极有可能是外部的宏观大背景所致。如大的宏观环境，主要由于我国尚处于发展中国家，各项经济制度尚不健全，各中小企业和民营企业的法律保护制度还有待完善等（吴超鹏等，2012）。在我国大背景的约束下，很多公司往往会在发展需要的时候寻求政府帮助，努力建立一种政治联系来克服制度因素给公司带来的困难。

因此，有学者认为在中国重关系的特殊文化背景下，拥有政治关联不利于公司治理有效性的实施。例如，权衡高管变更情况时，除了将公司绩效作为衡量标准的同时，高管的政治身份也被纳入衡量标准（Defond et al.，1997）。我国市场经济相对落后，在各项政策仍有待于加强的环境下，如果不称职高管致使企业绩效不理想，拥有政治关联的高管比没有政治关联的高管更容易被留任，原因是公司会考虑到拥有政治关联高管的政治资源优势会给公司带来一定的好处。已有研究证实，民营企业中具备政治关联身份的高管会在一定程度上降低其因经营公司不理想而被变更的可能性（Wiersema et al.，1988）。也有经验数据阐明，政治关联高管使中小企业和民营企业拥有更多益处，因为具有政治关联的高管更利于企业涉足金融业，同时对企业贷款提供众多好处（韩文，2015），如加大税收优惠、增加财政补贴等（醋卫华，2011）。Engle 等（2003）

指出，财务信息对公司高管努力程度的反应越强烈且准确，高管变更与财务信息之间的关联性就越高，也越能提高信息透明度，进而减少公司的代理成本，完善公司内部治理结构，增强治理有效性。但也有学者认为，政治关联高管所在的公司往往会出现盈余质量不高，增强了会计信息的模糊度，很大程度上降低了运用会计信息对高管进行激励与奖惩的作用。杜兴强等（2009）以民营企业为研究对象，通过实证发现高管的政治关联与会计盈余之间呈现负相关关系。潘越等（2015）的研究发现，如果客户具有政治关联，那么这些客户与会计审计师私下串通，共同谋取公司利益的可能性会大大增加。

Dyck 和 Zingales（2012）运用委托代理理论分析了媒体、政府与公司之间的关系，研究分析表明媒体的介入可以明晰政府与公司之间的关系，使其更加公开透明化。在此基础上，学者们经过进一步研究发现，不同的媒体对公司治理的效果产生的影响亦不同。例如，市场导向性媒体对公司治理的影响要比政策导向性媒体对公司治理的影响大得多，而且媒体对公司治理的影响作用是依靠政府的参与来完成的（万金花，2015）。吴超鹏等（2012）通过获取不同地区的实证数据研究发现，在媒体发展相对完善的地区，被传播的负面新闻相应增多，本起到庇护作用的高管政治关联身份的重要性也随之降低。鉴于此，本书认为通过媒体监督，公司内部的大量信息会被披露流向外界，包括高管的不良嗜好和不法行为、董事会对拥有政治关联高管的庇护等，以致公司的股东和投资者们更能看清公司内部情况，提高公司治理效率，进而增加了政治关联高管变更的可能性。而媒体报道的负面新闻常常会让公司或公司高管蒙羞或感到"丢脸"（Conyon et al.，2013；Johnson et al.，2013）为了维护公司形象和声誉，公司高管不管是否拥有政治关联都可能被变更或者主动提出变更。以上的理论分析说明媒体报道的负面新闻会给企业带来巨大压力，从而增加了被报道高管的变更率，即便一些高管具有政治关联，在媒体强大的监督作用下，也会被迫或主动变更。因此，本书提出如下研究假设：

H3：媒体监督在政治关联与高管变更之间起负向调节作用。即媒体的监督性越高，政治关联与高管变更之间的负相关关系越弱，反之，两者关系越强。

五、董、监事会规模与高管变更

董事会作为公司内部治理结构的重要组成部分，在公司正常运营过程中起着关键性作用，高管变更决定着公司管理决策的方向和执行。因此，在公司内部治理结构中，董事会可能是影响高管变更的一个重要因素。Yermach（2011）运用美国公司数据对高管变更进行实证性研究，通过分析发现董事会规模越小，越容易在绩效呈现下滑趋势的情况下对高管实施监督并辞退不称职高管。也有学者将独立董事或者外部董事作为高管变更的影响因素进行独立研究，例如 Conyon 和 He（2013）的研究发现，独立董事或者外部董事规模越大，表现出的独立性就越高，对高管进行监督致使高管变更的概率就越大，同时，在高管激励方面，独立董事或者外部董事对高管实施激励与不实施激励更能强化这种关系（Camelo - Ordaz et al.，2005）。关于董事长与总经理两职位的独立性对高管变更影响的研究，大部分国外学者一致认为董事长与总经理两职位的独立性和高管变更之间呈负相关关系（Vyacheclav，2008；Leuz et al.，2012；Hambrick，2015）。也有学者指出，由于对高管进行监管的更有力监督者是公司的大股东或者机构持有者，所以股权结构和机构持有者也是影响高管变更的重要因素，也应受到学者们的关注和研究。目前，关于股权结构和机构持有者对高管变更产生影响的研究认为，拥有较大股权和较大投资者的行为会影响高管对职位变动的敏感度，进而对高管变更产生正向影响（Besley et al.，2014）。另外，Hambrick（2015）的研究表明，高管变更与高管在公司中拥有的权利呈负相关。

国内学者在公司内部治理结构与高管变更的研究中，通常聚焦于董事会特征方面，具体表现为董事会结构、董事会人数、董事会的组成等。例如，马磊和辛立国（2008）通过数据实证分析得出结果，独立董事的占比越高，高管变更的可能性就越大。辛立国等（2013）指出，董事长与总经理两职兼任时，高管不会因为绩效不佳而轻易变更。张俊生（2012）通过对特殊处理过的我国上市公司进行研究分析时发现，董事会规模越大越容易导致高管变更，这与 Yemarck 的研究结论相反，在以后的研究中有待进一步验证。

在董事会规模与高管变更之间存在何种关系的问题上，不同的学者给出了不同的答案。一部分学者认为，董事会规模越小越利于成员间的交流，能够便于做出决策解决问题，对不称职的高管及时变更，进而增加了高管变更的可能性。例如，Yermack（1996）最早通过实证研究支持了小规模的董事会更能有效地行使监督权，增加经营绩效不佳的高管的变更概率（Pourciau，

1993；Weisbach，2012；Hambrick et al.，2015）。另一部分学者则认为，公司的董事会规模越大，汇集的专业知识越多，越能完善公司的内部治理机制。剩余的其他相关研究学者认为，董事会规模并不线性影响其所在的公司治理效率，而是存在一个契合点使两者达到最好的状态，它们之间很可能存在一个临界点使公司董事会规模达到最优（支晓强等，2013；Hambrick et al.，2015）。本书认为，不同规模和类型的公司其拥有的最佳董事会规模是难以确定的，大规模的董事会无论是在人数、经验、知识的全面性上，还是利益的波及范围上都更可能有利于公司治理，从而加大了高管变更的概率。基于此，提出假设：

H4：董事会规模与高管变更显著正相关。

本书认为以上理论的逻辑推理同样可以用来检验监事会规模与高管变更之间的关系：

H5：监事会规模与高管变更显著正相关。

六、董事会持股比例与高管变更

股权激励是跟随时代需求演化出的一种相对来说较为新颖的公司激励和鼓励员工的方式，自创业板上市以来，股权激励更是备受学者们的关注，成为众学者聚焦的研究话题之一。一般情况下股权激励表现为企业为了鼓励高管的努力行为（Hambrick et al.，2015）以及奖励高管因努力工作而取得优秀业绩行为给予高管一定股份（辛立国等，2009），或者给予高管一定时间段的股票所得权（张俊生等，2005；辛立国等，2010），以此来提高高管的经济收入，实现公司投资者与公司管理者一体化，共同承担风险（潘越等，2015）。也有研究指出，高管持股对高管变更具有较强的预测力（朱红军，2004；Yermach，2011；杨德明等，2014），在创业板上市公司的研究上表现得尤为明显。这是因为根据 Vroom 期望理论，高管为公司努力付出的程度来源于高管对自己努力后能够获得的报酬和奖励。高管拥有股权后，为了使自己的利益更大化，会努力工作以提升绩效。以相同的逻辑推理对董事会持股与高管变更之间的关系进行研究，董事会被奖励一定的股份后，其个体利益将会和公司利益捆绑在一起，为了取得更好的经济效益，董事会可能会更加认真而努力地对高管实施监督，以此来约束不称职高管的不合理或者不合法行为，进而增加了高管变更的可能性。基于此，本书提出假设：

H6：董事会持股比例与高管变更显著正相关。

七、高管二职独立性与高管变更

二职合一的高管往往会因其同时拥有两种身份而放大自己的权利（Hambrick et al.，2015），在公司经营状况不理想的情况下，高管同时兼任董事长和总经理的职务会因其权利的扩大而降低被强制变更的可能性。若高管不是同时兼任董事长和总经理两个职务，而是彼此分开的两个独立职务，可能会大大加强董事会对总经理的监督力度（Pourciau，1993；游家兴等，2010）。因此，为了使董事会能够更好地行使自己的权利，加强对经理层的监管和约束力度，在职务分配上高管应尽量避免同时兼任董事长和总经理两个职务（Chang et al.，2007）。Bacon（2014）的研究表明，使 CEO 和董事会两个职务分离并保持其独立性，董事会的监督效率将会得到提高。这是因为分开监督者与被监督者使其不再混为一体，而是为了使各自的利益最大化，各自为营，行使各自的权利与义务。对于具有独立职务的董事会来说，更为有效的方法是对高管实施监督（Lausten，2014）。众所周知，公司的决策权与控制权应当分离，否则将导致二者之间存在扯不清的关系，影响公司治理有效性。Jensen（2013）的研究指出，高管在同时拥有两种相对较权威的身份时通常会加大自我膨胀、自我良好的感觉，增加自恋行为，甚至导致经理层具有过大的权利甚至会出现自我膨胀、肆意妄为、滥用权力的行为，同时董事会特有的监督权力与独立的权威性也相应减弱（辛立国等，2010；陈共荣等，2015）。在公司经营不理想或业绩下滑的状况下，兼任两职的高管可能会利用自己所担任的两个职务身份相互包庇，相互为另一个身份寻找托词，以此来降低被变更的可能性。已有部分国外学者采用国外上市公司经验数据证实了董事长与总经理兼任弱化了高管被变更的可能性（辛立国等，2009；游家兴等，2011；Hambrick et al.，2015）。鉴于此，本书提出假设：

H7：高管二职合一与高管变更显著负相关。

八、董事会行为与高管变更

分析和探讨董事会行为是因为董事会行为在公司内部治理过程中扮演者重要角色，为了不断优化和提高公司内部治理效率，相对于公司的变革性重组和结构性重组，修正董事会制度如提高会议次数等显得容易和简单很多（杜兴强等，2010；Jay et al.，2010；Yermach，2011），同时为公司削减了大量成本（刘崴，2014）。目前，学者们关于董事会的会议次数与高管变更之间相关关系的研究持有不同的观点，各有说辞与见解。部分学者认为，董事会开会次数的多少对高管的变更情况影响不大。例如 Jensen（2012）研究认为，董事会的开会地点、时间甚至是内容在很大程度上是由公司的 CEO 安排的，而且董事会开会的内容多与企业在经营过程中遇到的问题或者相关业务等有关，因此董事会的会议次数可能不会对高管起到监管作用，进而可能不会影响高管变更（Wiersema et al.，1988；Hambrick，2015）。另一部分学者认为，董事会的会议次数增多不仅有利于董事之间、董事与高管之间的交流和沟通，而且有助于董事会对公司运营情况的掌握，加强公司治理的同时也加强了对高管的监督与约束（潘越等，2015；朱蕾静等，2016）。本书认为，随着我国市场经济体制的发展和完善，以及公司治理手段的提高，董事会的会议日程和会议内容可能会慢慢脱离，不再由公司高管全权负责。在公司业绩不理想或者公司处于危机状态的情况下，董事会增加会议次数很可能是对公司高管经营能力的担忧。若持续这种状况，很可能会出现强制变更高管。因此，本书提出假设：

H8：董事会会议频率与高管变更显著正相关。

本书认为董事会会议频率与高管变更之间关系的理论和逻辑推理同样适用于监事会会议频率与高管变更、股东大会会议频率与高管变更之间的关系。所以本书也做出了如下假设：

H9：监事会会议频率与高管变更显著正相关。

H10：股东大会会议频率与高管变更显著正相关。

九、媒体监督与董、监事会规模共同作用下的高管变更

通常情况下，媒体作为一种信息传播的载体或平台，会将海量形色各异的信息以不同的渠道传递到社会和企业等众多组织中（李培功等，2013），由于媒体具有信息公开透明的功能，因此媒体报道的信息会影响公司内部监督者对高管不合理或不合法行为的监督力度。同样，媒体喜欢关注群体性事件中的单个案例，董事会作为公司高管行为的直接监督者，必然也逃脱不了

媒体的报道，而且董事会的规模越大，越容易被媒体跟踪和报道。在这样的情况下，董事会为了获取更全面的知识对高管实施监督，可能会不断纳入优秀人才，从而使得董事会规模也变得更大。考虑到公司外部监督者视角和内部监督者视角都是公司监督视角下探究创业板上市公司高管变更影响因素的两个细分视角，内外部监督者是不是可以产生交互影响，最终对高管变更产生协同作用。同时，由于研究的有限性，本书各自在内外部监督者视角中选取具有代表性的指标进行研究，作为未来对高管变更影响因素的综合性探索。据此，在外部监督者视角影响因素的变量中，本书聚焦于最具代表性的且被众多学者普遍认同的媒体监督。在内部监督者视角影响因素的变量中，本书聚焦于最具代表性的且被众多学者普遍认同的董事会规模和监事会规模。提出假设如下：

H11a：媒体监督与董事会规模的交互作用对高管变更的影响是相互促进的关系，即媒体对高管变更的影响随着董事会规模的增大而提高，董事会规模对高管变更的影响也随着媒体监督的增强而提高。

H11b：媒体监督与监事会规模的交互作用对高管变更的影响是相互促进的关系，即媒体对高管变更的影响随着监事会规模的增大而提高，监事会规模对高管变更的影响也随着媒体监督的增强而提高。

总之，通过查阅大量有关高管变更的国内外文献发现，国内和国外的学者都偏好于向后寻找、探究高管变更的影响结果。把高管变更作为结果变量，研究其影响因素的还不是很多，尤其是针对我国创业板上市公司的研究少之又少。具体来说，本书存在以下不足：

（1）目前，有关高管变更的研究多倾向于高管变更的影响结果方面，针对高管变更的影响因素研究相对来说较少，而且多数研究仅关注了影响因素是否对高管变更存在简单的直接相关关系，研究相对零散单一，未能深入分析影响因素之间是否存在联系，以及各影响因素是否会综合影响高管变更，有待进一步研究和检验。

（2）由于我国创业板上市时间较短，学者们对创业板高管变更影响因素的研究主要停留在描述性分析（刘星等，2012）。我国学者对高管变更的影响因素研究多倾向于主板市场，虽然也有部分国外学者对创业板高管变更的影响因素进行实证探究，但是由于中西方文化存在差异，西方创业板上市公司高管变更影响因素理论在我国创业板上市公司高管变更研究中是否同样适用，也有待进一步验证。

（3）高管变更影响因素的研究视角单一。通过查阅大量相关文献发现，从高管变更的影响因素方面寻找研究视角的文献严重缺乏，仅有少部分学者从业绩改善视角（醋卫华，2012）、盈余管理视角（Shivdasani et al.，2009）等对高管变更的影响效应进行研究。因此，未来研究有待进一步从高管变更影响因素方面挖掘和拓展更多的研究视角。

本书认为，创业板高管"扎堆"辞职现象说明创业板高管的变更缺乏一定的监督，如若监督者们能起到很好的监督作用，势必会在很大程度上缓解这种现象。基于此，本书选取监督者视角，并将其分为内部和外部以及内外部综合进行独立研究。其中，基于外部监督者视角的研究主要聚焦于媒体和政府力量的相关变量，基于内部监督者视角的研究主要聚焦于董事会治理相关变量。本书涉及的外部监督者视角相关变量为媒体监督和政治关联，涉及的内部监督者视角相关变量为董监事会规模、董事会持股比、高管二职独立性、"三会"会议频率。同时，为了更好地对高管变更进行监督，本书将综合内外部监督者视角，选取具有代表性的外部媒体监督和内部董事会规模进行交互作用研究。本书的研究理论模型如图6-1所示。

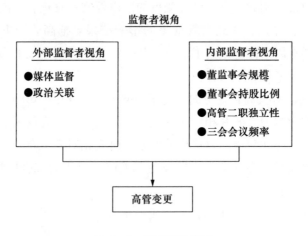

图6-1　研究理论模型

第三节　研究设计

本书主要采用了文献归纳法和实证研究相结合的研究方法以及面板数据、Logistic 等统计分析方法进行研究，基本上采用了"文献归纳法→提出模型与假设→实证分析"的规范研究方法。

第一，文献研究。笔者按照创业板、高管变更、影响因素、监督者等关键词进行文献资料搜集、整理和阅读。充分重视权威期刊论文，优秀硕博论文和新近外语文献，密切追踪该领域研究进展，并着重跟进创业板高管变更的研究视角及影响因素分析，通过对以往研究文献的归纳，总结出目前研究中的不足之处与矛盾之处，并深入剖析这些缺陷与矛盾产生的原因，以求能够找到克服以往研究中的缺陷方法并对过去研究结论相互矛盾的现象给出解释。最后从监督者的视角，针对中国特殊的制度环境，对创业板高管变更的影响因素进行深入研究。

第二，实证研究。首先，通过回顾国内外高管变更、政治关联、媒体监督、董监事会规模等相关文献确定本书样本的选取范围以及各个变量的测量方法。其次，通过金融数据库、财经网站以及企业年报等途径收集需要的数据，并利用专业的统计学软件对收集的数据进行处理分析。再次，结合分析结果对本书的各项研究假设进行检验。最后，结合管理实践提出本书的结论。具体研究设计与推进如下：

一、样本选择

本书以我国所有创业板上市公司作为数据获取的研究对象。所选样本为2011～2015 年所有的中国创业板上市公司。本书选择创业板上市公司而没有选择主板上市公司作为研究对象，是因为主板上市公司发展较为成熟，且国有企业居多，高管的变更多以任命形式予以分配，通常来说，这些都属于正常的人事变动。而发展尚未成熟的创业板，为了适应创新创业以及快速成长不稳定的市场，创业板上市公司高管变更的影响因素也存在极大的不确定性。由于创业板上市较晚，学者们虽然对创业板上市公司高管变更的影响因素给予了较大的关注和研究，但大都停留在描述性分析上，实证性研究严重匮乏。截至 2015 年 11 月 28 日，创业板上市公司共有 479 家，总市值高达 17748.5 亿元，流通市值高达 9822.58 亿元，平均市盈率 59.84 倍。① 其涉及范围有电子信息技术行业、文化传媒行业、科研服务行业、农林牧渔行业、水电煤气行业、公共环保行业、采矿业、建筑行业、运输仓储行业、卫生行业、批发零售行业、水电煤气行业以及商务服务行业，在这 13 个行业中有 67 家电子信息技术类企业，占比 17.68%；6 家文化传媒类企业，占比 1.58%；7 家科研服务类企业，占比 1.85%；6 家农林牧渔行业类的企业，占比为 1.58%；1 家水电气类的企业，占比为 0.26%；5 家公共环保类企业，占比 1.32%；4 家矿质类的企业，占比为 1.05%；5 家建筑业类企业，占比 1.58%；3 家运输仓储类企业，占比 0.79%；2 家卫生类企业，占比 0.53%；3 家批发零售行业，占比 0.79%；1 家水电煤气行业，占比 0.26%；3 家商务服务行业，占比 0.79%。从以上分析来看，电子信息、新材料以及新能源等高科技的创业型产业是创业板上市公司的主流大军，占比接近 90%。通过查阅大量资料和文献发现，虽然创业板上市时间较短，但高管变更的频率确实惊人，已引起资本市场各界人士以及学者的高度关注。本书选取创业板上市公司作为研究对象，希望能为这些规模不大、发展尚不成熟的创新创业型企业高管变更的治理提供理论依据，避免创业板上市公司因高管的频繁变动而影响公司发展，进而保证创业板上市公司发展的稳定性。

二、数据来源与资料处理

本书对高管变更及其影响因素相关变量数据的采集主要是通过 Wind 和 CSMAR 这两个数据库获取，对不完整需要进一步补充的数据，主要通过公司年报、新浪财经网站、国泰安数据服务中心、深圳证券交易所、巨潮资讯以及谷歌搜索引擎等渠道进行搜集。鉴于样本中存在连续型变量，为避免其出现极端值情况，本书使用 Winsorization 方法对其实施缩尾处理。本书对创业板上市公司的高管变更及其影响因素的相关数据均采用 Excel 和 Logistic 计

---

① 数据来源：深圳证券交易所官方网站整理。

量分析软件进行描述性统计分析和回归分析。

本书选取了 2011～2015 年被报道和被特殊处理过的公司作为样本进行研究。之所以选择 2011～2015 年这个时间段，是因为影响高管变更的因素之一是创业板上市时间为 2009 年，而媒体监督，衡量媒体监督指标的数据需要公司被特别处理时的前两年的负面新闻。另外，本书还涉及公司被特别处理时的后一年的公司业绩数据，2016 年的相关数据尚未完全公布。因此，本书将研究样本截取的时间段确定为 2011～2015 年。在剔除了数据欠缺和不完整，但并非因财务问题被处理的公司后，2011～2015 年所有的创业板上市公司共发生 366 次被特殊处理的事件，波及 337 家公司，其中被特殊处理过两次及以上的公司有 29 家。本书把总经理、总裁、首席执行官界定为高管，共得到 1189 名研究对象。此外，本书在对样本进行整理时做了如下处理：

（1）总经理、总裁或首席执行官的辞职、离职、变更、更替等均被视为高管变更。

（2）2011 年 1 月 1 日至 2015 年 12 月 31 日，总经理、总裁或首席执行官只要有一方发生变更，就认为存在高管变更。

（3）若同一家企业在同一年内发生过两次或更多次高管变更现象，以高管第一次发生变更的数据为观测值。

（4）所有公司的样本相关数据必须完整。

（5）发生高管变更的公司必须要有高管变更前两年的负面报道和变更后一年的业绩相关数据。

三、变量定义

（一）被解释变量（Turn）

本书将被解释变量（Turn）作为公司高管是否发生变更的哑变量。在第二章中，本书将总经理、总裁或首席执行官统一定义为高管，并对强制变更、非强制变更做了衡量和区分。由于本书的目的主要是探究监督者对不称职高管变更的监管和约束作用，所以只有被强制性变更高管的相关数据才能与本书的目的相呼应。又由于考虑到现有数据库反映高管是否属于强制性变更且具有一定的挑战性，因此，本书对不易区分是否为强制性变更的情况采取纵向研究，即通过考察变更高管的去向来确定变更类型。

一般来说，从 Wind 和 CSMAR 这两个数据库中即能获得较为完整且全面的高管发生变更的原因数据，如高管任期届满引起的变更、高管辞职引起的变更、高管退休引起的变更、高管死亡引起的变更、高管疾病引起的变更、高管涉案引起的变更、高管的股权变动引起的变更等。据此，本书运用以下三种方法辨析高管变更的类型：

（1）只要是被解聘的高管都被视为强制性变更。

（2）高管因为个人的健康问题、权益性资产问题、合同到期问题、达到国家规定的退休年龄（男性年龄达到或超过 60 周岁、女性年龄达到或超过 55 周岁）的称为非强制性变更。

（3）对于高管变更原因阐述不清晰或未说明的情况，本书拟通过考察变更高管的去向来确定变更类型。具体做法是借助公司年报、巨潮资讯等相关网站进一步搜集和明确高管变更后的去向。若高管变更后再次任职的职位较低或者再次任职所在的公司变小则被视为强制性变更；反之，视为非强制性变更。若无法追踪到高管在变更后的去向，本书将其视为强制性变更，原因是声誉机制下，人们倾向于炫耀自己的荣誉，隐藏自己的不足，搜索不到相关信息在很大程度上可能是因为高管的任职不如变更前。

（二）解释变量

（1）媒体监督（Media）。本书中的媒体监督用 $Media_i$ 来表示，用媒体报道的负面新闻或负面信息来衡量。如果媒体报道的为负面新闻或信息，则 $i=1$，否则，$i=0$。本书采用国外学者 Dyck 等（2008）、国内学者李培功和沈艺峰（2008）对媒体监督的研究方法，把媒体报道的负面新闻或负面信息作为衡量指标。在对相关报道进行处理时，本书首先剔除了公司公告、意见类报告、预测类报告以及同时涉及多家公司的报道。将标题和信息内容中含有辞职、违规、下跌、亏损、下滑、困难、担心等消极词汇的报道界定为负面报道。另外，在研究政治关联、媒体监督和高管变更三者之间的关系时，为了区分是媒体的负面新闻或信息影响高管变更，还是非高管变更诱发了媒体的负面新闻或信息影响高管变更，即避免出现内生性问题，本书在选择高管变更时以（第 t 年）或前两年(t−2 年)的负面新闻数量作为媒体监督指标（$Media_{t-2}$）。

（2）媒体的负面报道。借鉴国内学者李培功等（2010）和吴超鹏等（2012）普遍使用的报纸获取渠道，即 CNKI《全国重要报纸全文数据库》中的《中国证券报》、《证券日报》和《证券时报》作为媒体负面报道的来源进行研究。

（3）政治关联（Polcon）。本书对政治关联的衡量，主要借鉴国外学者 Fisman（2001）和 Fan 等（2007）以及国内学者游家兴等（2010）的研究，从是否有过从政经历和是否具备政治身份这两个方面来确定高管是否具备政治关联。从政经历一般表现为高管出自政府机关单位、担任过政府管辖的协会正副会长，具备政治身份通常被认为是获得过劳动模范荣誉、被政府奖励过、曾担任过人大代表或者是政协委员。如果符合从政经历和政治身份中的任一点，则将政治关联赋值为1，否则赋值为0。

（4）董事会规模（Bsize）：即公司的董事会成员人数。

（5）监事会规模（Ssize）：即公司的监事会成员人数。

（6）董事持股比例（Holddir）：即董事会成员持有的股份数量与公司的总股数量之比。

（7）高管两职独立性（Dual）：是指高管既拥有总经理身份也拥有董事长身份，如果是的话将其赋值为1，否则赋值为0。

（8）"三会"会议频率：分别指高管变更前一年的董事会议次数、监事会议次数和股东会议次数。

（三）控制变量

（1）公司绩效（ROA_adj）：是指高管被强制变更前一年的公司总资产利润率。

（2）公司规模（Size）：是指高管被强制变更前一年的公司总资产的自然对数。

（3）杠杆比（Debt）：是指高管被强制变更前一年的公司负债和总资产的比率。

（4）行业：虚拟变量。

（5）年份：虚拟变量。

综上所述，本书所涉及的所有变量及定义整理成如表6-1所示。

表 6 - 1　所有变量及定义整理

类型	名称	符号	含义
因变量	高管变更	Turn	强制性变更为 1，否则为 0
自变量	媒体监督	Media$_{t-2}$	t - 2 年媒体的负面报道数量，用 "1 + 媒体负面报道次数" 的自然对数来衡量（ST 当年为 t 年）
		Media$_t$	t 年媒体的负面报道数量，用 "1 + 媒体负面报道次数" 的自然对数来衡量（ST 当年为 t 年）
	政治关联	Polcon	有政治关联取值为 1，否则为 0
	董事会规模	Bsize	公司董事会成员的数量
	监事会规模	Ssize	公司监事会成员的数量
	董事持股比	Holddir	董事会成员持有的股份总数与公司的总股数之比
	两职独立性	Dual	两职兼任时为 1，否则为 0
	董事会议频率	Timeboar	董事会议次数（变更的前一年）
	监事会议频率	Timesup	监事会议次数（变更的前一年）
	股东会议频率	Timehold	股东会议次数（变更的前一年）
控制变量	公司绩效	ROA_ adj	总资产利润率（变更的前一年）
	公司规模	Size	总资产的自然对数（变更的前一年）
	杠杆比	Debt	负债与总资产之比（变更的前一年）
	行业	Industry	控制行业虚拟变量
	时间	Year	控制时间虚拟变量

第四节　假设检验

一、描述性统计

（一）高管变更情况

自从 2011 年在第三届中国创业板高峰论坛上，创业板上市公司高管的惊人变更率被深交所总经理助理周健男揭露后，随之迎来的是资本市场和社会各界人士的轰动，学术界对此也是高度关注。根据金融界网站的最新报道，2016 年创业板上市公司高管变更现象有增无减。据不完全统计，自创业板上市以来，截至 2016 年 1 月，高管变更总人数高达近 2000 人。可见，创业板上市公司高管变更样本数据的可获取量非常大，考虑到本书研究变量的相关数据获取的可操作性，本书对 2011 ~ 2015 年的创业板上市公司高管变更情况进行了统计，具体结果如表 6 - 2 所示。

表 6 - 2　2011 ~ 2015 年我国创业板上市公司高管变更统计分析

类别 ＼ 年份	2011	2012	2013	2014	2015	合计
上市总家数	281	355	387	424	464	1191
高管变更人数	130	258	260	268	273	1189
平均变更人数	2.16	1.38	2.04	1.58	1.69	8.85
其中：正副董事长	4	3	11	21	33	72
董事	16	56	55	86	105	318
正副总经理	29	59	66	111	157	422
董事会秘书	15	23	23	46	37	144
财务总监	23	28	22	36	46	155
独立董事	28	28	24	49	36	165
监事	15	61	59	79	49	263

从表 6 - 2 中可以看出：从 2011 年到 2015 年创业板上市公司高管变更的人数呈现逐年上升趋势。高管变更人数从 2011 年的 130 人上升到 2015 年的 273 人，高管变更增长率高达 50%。随着时间的推移，创业板上市公司由 2011 年的 281 家增至 2015 年的 464 家，2015 年创业板上市公司总数比起 2011 年创业板上市公司总数的增长幅度高达 210%。但是在 2011 ~ 2015 年，每家创业板上市的公司高管变更的平均人数发生变动不大，基本保持在 1 ~ 2 人左右。

本书根据 Wind 数据库和 CSMAR 数据库提供的创业板上市公司高管的变更原因报道，对高管变更的原因进行了分类统计，如表 6 - 3 所示。

表 6 - 3　我国创业板上市公司高管的变更原因统计

项目	全样本	
	统计值	比率（%）
1. 工作调动	499	42.07
2. 辞职	237	20.08
3. 任期届满	190	16.79
4. 个人	83	7.18
5. 结束代理	20	1.71
6. 完善公司法人治理结构	27	2.30
7. 健康原因	45	3.85
8. 解聘	48	4.08
9. 退休	48	4.08
10. 控股权变动	22	1.84
11. 涉案	21	1.76
12. 其他	55	4.71
合计	1189	100

　　表 6 - 3 列出了本书所选样本中高管变更的所有原因，从全样本统计中可以看出，工作调动是导致高管变更的最大原因，在全部变更原因中的占比高达 42.07%；辞职是高管变更的第二大原因，在全部变更原因中的占比高达 20.08%；任期届满是高管变更的第三大主要原因，在全部变更原因中的占比达到 16.79%；个人、解聘、退休等其他变更原因在全部高管变更原因中均低于 10%。

　　为了验证监督者对高管变更实施监督和约束的有效性，本书将高管变更划分为强制性变更和非强制性变更，并对强制性变更和非强制性变更做了详细的分类陈述和统计，如表 6 - 4 所示。

表 6 - 4　我国创业板上市公司高管离职去向统计

项目	数量	比率（%）
一、非强制变更	481	40.45
1. 晋升为本公司董事长（副董事长）	226	19.00

续表

项目	数量	比率（％）
2. 总经理兼任董事长（副董事长）	150	12.61
3. 更优秀公司担任 CEO/董事长（副董事长）	63	5.29
4. 或被逮捕或被调查或被诉讼	20	1.68
5. 控股权变动	11	0.93
6. 政府部门任职	7	0.59
7. 健康原因（疾病、死亡）	4	0.34
二、强制性变更	708	59.55
1. 非上市公司担任原来职务	567	47.69
2. 降职	91	7.65
3. 无法获得信息	50	4.21
合计	1189	100

注：高管变更后的最终去向为作者通过各上市公司年报、深圳证券交易所（www.szse.cn）、巨潮资讯网（www.cninfo.com.cn）、谷歌搜索引擎、国泰安数据服务中心（www.gtarsc.com）、新浪财经（http://fin.ance.sina.com.cn）等途径逐条确定。

从表6-4的统计结果中可以看出，在1189个总样本中，非强制变更样本数量为481，占总样本的40.45％。其中，非强制变更样本中有226个样本高管升职为公司的董事长或副董事长。150个样本高管继续担任总经理，但与此同时兼任了公司董事长，在高管变更的总样本中占比12.61％。在更优秀公司担任首席执行官或董事长的变更高管样本有63个，在高管变更的总样本中占比5.29％。在非强制变更的其余样本中，有20个高管变更样本或被逮捕或被调查或被诉讼，有11个高管变更样本是跟随股权的变动而变动，有7个高管变更样本任职于政府部门，4个高管变更样本源于个人的身体健康状况而变动。

其余的708个高管变更样本被划分为强制性变更。其中，567个被变更的高管进入到不如之前单位大且环境好的非上市公司工作。91个被变更的高管从事比变更前岗位等级稍低的工作，50个无法获得信息的样本，即搜查不到被变更高管的最后去向，本书之所以将其划分为强制性变更，是因为在声誉机制下，人们倾向于炫耀自己的荣誉，隐藏自己的不足（杭荣，2012），找不到高管被变更后的最终去向的相关信息，很可能说明被变更的再次任职情况不如变更之前，不想被他人知晓。

（二）高管政治关联情况

表6-5的统计结果展示了创业板上市公司高管的政治关联情况。总的来看，高管政治关联数量逐年增加，2011年政治关联高管数量为29人，2015年政治关联高管数量为65人，2015年政治关联高管数量比2011年政治关联高管数量增加了2.24倍。但在2011～2015年，政治关联高管在样本数量中的占比基本浮动不大。这与吴文锋等（2008）对民营企业公司高管政治关联的相关统计数据占比偏低不一致，本书认为这种偏差可能是由于样本选取的研究对象不同、对高管是否具有政治关联的界定以及研究的样本选取时间区间不同所导致的。

表6-5　2011～2015年创业上市公司高管政治关联的描述性统计

年份 类别	2011	2012	2013	2014	2015	合计
样本数量	130	258	260	268	273	1189
政治关联高管数量	29	56	57	59	65	266
政治关联所占比例（%）	22.56	21.71	21.95	22.07	23.76	22.37

（三）高管变更与负面新闻情况

新闻媒体作为一种新兴的外部监督主体，是否可以通过揭露信息、曝光丑闻等手段对公司高管发挥一定的监督和约束作用？从表6-6中可知，本书的337家创业板上市公司中上过负面新闻的有189家，占比高达56.08%。为了能够更清楚直白地查看与统计负面新闻对高管的监督作用，本书区分了高管变更公司与高管任职公司。从表6-6中可以清楚地看到，共有98家高管变更的公司和63家高管留任的公司，其中在98家发生高管变更的公司中，有66家公司被负面报道，有负面新闻的公司在发生高管变更公司的总数中占67.34%，平均丑闻数量是3.44条。而在63家高管留任的公司中，有40家公司被负面报道，有负面新闻的公司在发生高管留任公司的总数中占63.49%，平均丑闻数量是2.21条。可见，不管从哪一个方面来看，高管变更公司的负面新闻数量和比例都远远超过高管留任的公司。这也从侧面说明了媒体的负面新闻报道在一定程度上确实对高管起着监管与约束的作用。

表6-6　2011～2015年创业板上市公司高管变更与负面新闻情况

年份 \ 类别	变更公司					留任公司				
	公司数量	丑闻数量	丑闻公司占比（%）	丑闻数量	平均丑闻量	公司数量	丑闻数量	丑闻公司占比（%）	丑闻数量	平均丑闻量
2011	33	23	69.70	149	4.52	24	13	54.17	47	1.96
2012	19	9	47.37	41	2.16	3	1	33.33	2	0.67
2013	16	13	81.25	60	3.75	12	11	91.67	34	2.83
2014	21	16	55.56	69	3.29	17	11	64.71	38	2.24
2015	9	5	61.41	18	2	7	4	57.14	18	2.57
合计	98	66	67.34	337	3.44	63	40	63.49	139	2.21

（四）其他主要变量的描述性统计情况

表6-7列示了本书的其他相关变量的描述性统计结果，在2011～2015年，我国创业板上市公司的平均总资产报酬率为21.93%，标准差高达112.4%，平均资产负债率为50.22%，说明我国创业板上市公司的发展尚不完善，经济水平还相对落后。创业板上市公司的平均总资产收益率为3.96%，说明盈利能力不强，且公司的盈利能力悬殊较大。在2011～2015年，创业板上市公司的平均上市年龄是4.33年，高管两职独立性的平均比例值为9.98%，董事会规模平均值为9。可见，我国创业板上市公司的内部治理还有待提升。

表6-7　其他主要变量的描述性统计

变量	平均值	均方差	最小值	中间量	最大值
Size	21.9301	1.124	19.839	21.7913	25.261
Lev	0.5022	0.1742	0.0781	0.514	0.8462
ROA	0.0396	0.0451	-0.1071	0.0329	0.1926
Ssize	2.3509	0.416	1.0986	2.3979	2.9957
Dual	0.0998	0.2998	0	0	1

续表

变量	平均值	均方差	最小值	中间量	最大值
Time	0.3574	0.0478	0.25	0.3333	0.5556
Bsize	2.2263	0.2027	1.6094	2.1972	2.7081
Top1	0.3764	0.1577	0.0899	0.3603	0.7498

二、相关性分析

为了研究政治关联、媒体监督、董事会规模、监事会规模、董事持股比例、两职合一以及"三会"会议频率与高管强制性变更的关系，本书对各变量进行 Pearson 相关分析，分析结果如表 6-8 所示。

表 6-8　各变量相关性分析

变量	1	2	3	4	5	6	7	8	9
Turn									
Media	0.382**								
Polcon	-0.172**	0.735							
Bsize	0.107**	0.616*	0.238*						
Ssize	0.203**	0.450*	0.417**	0.114**					
Holddir	0.299**	0.305*	0.184*	0.273**	0.143**				
Dual	-0.292**	-0.296*	-0.215**	0.262*	0.105*	0.312*			
Timeboar	0.253**	0.259**	0.119*	0.235**	0.156***	0.308**	0.657*		
Timesup	0.276**	0.287*	0.169*	0.299**	0.114**	0.509*	0.504*	0.422*	
Timehold	0.217**	0.174*	0.174*	0.352**	-0.228***	0.276*	0.325*	0.176*	0.363*

注：高管变更 Turn、媒体监督 Media、政治关联 Polcon、董事会规模 Bsize、监事会规模 Ssize、董事持股比 Holddir、高管二职合一 Dual、董事会议频率 Timeboar、监事会议频率 Timesup、股东会议频率 Timehold；* 表示 $p < 0.05$，** 表示 $p < 0.01$，*** 表示 $p < 0.001$。

从表 6-8 中可以看出，高管变更及其影响因素的所有变量的所有相关系数均小于 0.8，排除了多重共线性问题，说明本书可以直接进行实证性检验。此外，媒体监督（$r = 0.382$，$p < 0.01$）、董事会规模（$r = 0.107$，$p <$

0.01）、监事会规模（r = 0.203，p <
0.01）、董事持股比（r = 0.299，p <
0.01）、董事会议频率（r = 0.253，p < 0.01）、监事会议频率（r = 0.276，
p < 0.01）、股东会议频率（r = 0.217，p < 0.01）与高管变更显著正相关，
政治关联（r = -0.172，p < 0.01）、高管二职合一（r = -0.292，p < 0.01）
与高管变更显著负相关。初步支持了本书的相关假设。

三、回归分析

（一）政治关联、媒体监督与高管变更

对于假设 1 政治关联与高管变更显著负相关的检验，本书考虑到高管变
更这一变量（Turn）属于二元离散型变量。因此，本书使用 Logit 二元选择
模型，并加入公司绩效、规模、杠杆比、行业、时间等变量作为控制变量，
具体模型如下：

$$\text{Logit}(\text{Turnover}) = \alpha + \beta_1 \text{Polcon} + \beta_2 \text{Profit} + \beta_3 \text{Size} + \beta_4 \text{Industry} + \beta_5 \text{Year} + \varepsilon$$

$$(6-1)$$

同上，假设 2 媒体监督对高管变更产生影响的假设进行验证和分析，建
立以下模型：

$$\text{Logit}(\text{Turnover}) = \alpha + \beta_1 \text{Media}_{t-2} + \beta_2 \text{Profit} + \beta_3 \text{Size} + \beta_4 \text{Industry} + \beta_5 \text{Year} + \varepsilon$$

$$(6-2)$$

为了更进一步验证假设 3 媒体监督在政治关联与高管变更之间起调节作
用，本书在模型（6-1）的基础上，增加媒体监督（Media_{t-2}）变量以及媒
体监督与政治关联的交乘项（$\text{Polcon} \times \text{Media}_{t-2}$）这两个变量，建立模型
如下：

$$\text{Logit}(\text{Turnover}) = \alpha + \beta_1 \text{Polcon} + \beta_2 \text{Polcon} \times \text{Media}_{t-2} + \beta_3 \text{Mediat} - a +$$
$$\beta_4 \text{Profit} + \beta_5 \text{Size} + \beta_6 \text{Industry} + \beta_7 \text{Year} + \varepsilon$$

$$(6-3)$$

政治关联、媒体监督与高管变更一系列相关假设的 Logit 回归结果如表
6-9 所示。

模型 1 表示的是高管变更对政治关联产生影响的回归分析结果，从
表 6-9 中可以看出，高管变更对政治关联的回归系数达到显著水平（M1，
β = -0.615，p < 0.01）。模型 1 的解释力为 12.2%，表明政治关联对高管变
更具有显著的负向影响，假设 H1 得到支持。模型 2 是媒体监督对高管变更

产生影响的回归分析结果，可以看出，高管变更对媒体监督的回归系数达到显著水平（M2，$\beta = 0.895$，$p < 0.05$），虽然模型 2 的解释力仅为 9.4%，但也能表明媒体监督对高管变更具有显著的正向影响，假设 H2 得到支持。模型 3 表示媒体监督与政治关联的交互作用对高管变更影响的回归分析结果，可见，高管变更对媒体监督与政治关联的交互项的回归系数达到显著水平（M3，$\beta = 0.104$，$p < 0.01$），模型 3 的解释力变为 10.7%，说明媒体监督在政治关联与高管变更之间起调节的作用，假设 H3 得到支持。

表 6 – 9　政治关联、媒体监督和高管变更的 Logistic 回归分析结果

变量	全样本		
	M1	M2	M3
C	3.121	3.031	4.012
	(1.375)	(0.119)	(1.455)
Size	−0.047	−0.243	−0.076
	(−0.372)	(−1.242)	(−0.600)
Profit	2.757***	2.432*	3.139***
	(2.699)	(2.440)	(2.947)
Debt	2.757*	2.437	3.058*
	(2.699)	(1.440)	(2.302)
Polcon	−0.615**		
	(−2.128)		
$Media_{t-2}$		0.895*	
		(1.845)	
$Polcon \times Media_{t-2}$			0.104**
			(1.815)
F 值	5.430***	3.638***	9.908***
R^2	0.122	0.094	0.107
ΔR^2	0.039	0.057	0.073

注：*表示 $P < 0.05$，**表示 $P < 0.01$，***表示 $P < 0.001$。

（二）董事会治理变量与高管变更

假设 4 至假设 10 研究的是董事会规模、监事会规模、董事会持股比例、高管二职合一、"三会"会议频率对高管变更的影响，采用 Logit 二元回归模型，并加入公司绩效、规模、杠杆比、行业、时间等控制变量，具体模型如下：

$$Logit(Turnover) = \alpha + \beta_1 Bsize + \beta_2 Ssize + \beta_3 Holddir + \beta_4 Dual + \beta_5 Timeboar + \beta_6 Timesup + \beta_7 Timehold + \beta_8 Profit + \beta_9 Size + \beta_{10} Debt + \beta_{11} Industry + \beta_{12} Year + \varepsilon$$

$$(6-4)$$

公司内董事会治理的相关变量与高管变更关系的不同模型的回归结果如表 6-10 所示。

表 6-10　公司内董事会治理相关变量与高管变更的 Logistic 回归分析结果

变量	M1	M2	M3	M4
C	3.940	6.195	4.721	7.234
	(0.505)	(0.404)	(0.562)	(0.397)
Size	−0.207	−0.323	−0.186	−0.346
	(0.457)	(0.380)	(0.628)	(0.436)
Profit	−15.538**	−18.614**	−19.919**	−19.268*
	(0.033)	(0.018)	(0.020)	(0.027)
Debt	1.642*	2.274*	2.210*	2.554*
	(0.093)	(0.087)	(0.088)	(0.107)
Bsize	0.006			
	(0.949)			
Ssize	0.459*	0.392*	0.408*	0.441*
	(0.084)	(0.081)	(0.073)	(0.072)
Dual		−1.891**	−1.923**	−2.234*
		(0.051)	(0.051)	(0.074)
Holddirect			16.548***	25.694***
			(0.563)	(0.579)
Timeboad				0.038
				(0.670)

续表

变量	M1	M2	M3	M4
Timesup				0.269 **
				(0.087)
Timehold				0.310 *
				(0.281)
F 值	16.310 ***	14.095 ***	50.153 ***	44.863 ***
R²	0.137	0.121	0.328	0.344
ΔR²	0.073	0.073	0.281	0.224

注：＊表示 $p < 0.05$，＊＊表示 $p < 0.01$，＊＊＊表示 $p < 0.001$。

由表 6 - 10 可知，对 4 个模型分别加入本书的控制变量，结果仅有公司规模这一变量系数表现为负数，但对高管变更的影响不具备任何相关关系，公司杠杆比对高管变更表现为具有显著负向相关关系（$p < 0.01$），公司负债率对高管变更表现为具有显著正向相关关系（$p < 0.05$）。

模型 1 检验了董事会规模、监事会规模这两个变量分别与高管变更之间表现的相关关系。在模型 1 中，本书的研究结果是高管变更对董事会规模的回归系数表现为正值，但是不存在任何显著性相关关系，说明董事会规模这一变量对高管变更并不产生显著性相关关系，假设 4 没能得到支持。而高管变更对监事会规模的回归系数达到显著性的水平（$\beta = 0.459$，$p < 0.05$），模型 1 的解释力度为 84%，说明监事会规模这一变量与高管变更之间存在的关系表现为显著正相关关系，假设 5 得到了支持。模型 2 检验了高管是否同时兼任两个职务与高管变更之间表现的相关性关系。研究结果是高管变更对高管二职独立性的回归系数为负值，而且达到了显著性水平（$\beta = -1.891$，$p < 0.01$），说明高管同时兼任董事长和总经理两个职务时与高管变更之间存在的关系表现为显著负相关关系，假设 6 得到了支持。模型 3 检验了董事持股比例与高管变更之间表现的相关关系。高管变更对董事持股比例的回归系数表现为正值，且达到显著性水平（$\beta = 16.548$，$p < 0.001$），说明董事持股比例与高管变更之间存在的关系表现为显著正相关关系，假设 7 得到支持。模型 4 检验了"三会"会议频率与高管变更之间表现的相关关系。高管变更对董事会的会议频率的回归系数表现为正值，但结果显示两者之间并不存在

任何显著性相关关系，说明董事会的会议频率或次数与高管变更之间表现出的关系不是显著性相关关系，假设 8 没能得到支持。高管变更对监事会会议频率的回归系数为正，且达到显著水平（β = 0.269，p < 0.01），说明监事会的会议频率或次数与高管变更之间存在显著正相关关系，假设 9 得到支持。高管变更对股东大会会议频率的回归系数为正，且达到显著水平（β = 0.310，p < 0.05），说明股东大会的会议频率或次数与高管变更之间存在显著的正相关关系，假设 10 得到了支持。

（三）媒体监督与董监事会规模的交互作用对高管变更的影响

为对比分析外部监督者和内部监督者在对高管变更影响过程的作用差别，模型（6-5）将选取被以往学者所认可且具有代表性的内外监督者变量，即媒体监督和董事会规模、媒体监督和监事会规模均作为解释变量，研究在同时考虑两类监督者情况下，内外部监督者对高管变更的综合影响。

$$\text{Logit}(\text{Turnover}) = \alpha_0 + \beta_1 \text{Media}_{t-2} + \beta_2 \text{Bsize} + \beta_3 \text{Ssize} + \beta_4 \text{Profit} + \beta_5 \text{Size} +$$
$$\beta_6 \text{Debt} + \beta_7 \text{Industry} + \beta_8 \text{Year} + \varepsilon \tag{6-5}$$

为研究媒体监督和董事会规模、监事会规模在对高管变更影响过程中的交互效应，在模型（6-5）的基础上，引入媒体监督与董事会规模、监事会规模的交互项，构建模型（6-6）

$$\text{Logit}(\text{Turnover}) = \alpha_0 + \beta_1 \text{Media}_{t-2} + \beta_2 \text{Bsize} + \beta_3 \text{Ssize} + \beta_4 \text{Media}_{t-2} \times \text{Bsize} +$$
$$\beta_5 \text{Media}_{t-2} \times \text{Ssize} + \beta_6 \text{Profit} + \beta_7 \text{Size} + \beta_8 \text{Debt} + \beta_9 \text{Industry} + \beta_{10} \text{Year} + \varepsilon$$

$$\tag{6-6}$$

媒体监督与董监事会规模的交互作用对高管变更的影响回归分析结果如表 6-11 所示。

从表 6-11 中媒体监督、董事会规模和监事会规模变量的系数以及系数 t 统计值可以看出，媒体监督、董事会规模和监事会规模对高管变更的主效应同前述模型的分析结果一样，即媒体监督和监事会规模对高管变更具有正向影响（β = 0.044，p < 0.01），董事会规模与高管变更之间不存在显著性相关关系。从媒体监督与董、监事会规模系数的绝对值来看，监事会规模系数的绝对值是媒体监督系数绝对值的两倍以上，说明媒体监督对高管变更的影响弱于监事会规模对高管变更的影响。

内外部监督者变量的交互项系数均为正（β = 0.280，p < 0.001；β =

0.067，p＜0.001），且媒体监督与董事会规模的交互系数、媒体监督与监事会规模交互系数相比于单变量系数都有所增大，说明两两的关系是相互促进的，即媒体监督对高管变更的影响，随着董监事会规模的增加而增加，也即董、监事会规模对高管变更的影响，随着媒体监督的增加而增加。因此，假设 H11a、H11b 得证。

表 6 –11　媒体监督与董监事会规模的交互作用对高管变更的
影响回归分析结果

变量	M1	M2	M3	M4	M5
C	0. 191	1. 136 *	0. 595 *	0. 222	0. 138
	(0. 138)	(0. 134)	(0. 138)	(0. 090)	(0. 059)
Size	– 0. 107	– 0. 223	– 0. 236	– 0. 346	– 0. 412
	(0. 057)	(0. 210)	(0. 328)	(0. 436)	(0. 051)
Profit	– 10. 128 **	– 12. 614 **	– 12. 949 **	– 16. 268 *	– 15. 981
	(0. 033)	(0. 018)	(0. 020)	(0. 027)	(0. 022)
Debt	1. 442 *	1. 274 *	1. 210 *	2. 504 *	2. 103 *
	(0. 093)	(0. 087)	(0. 088)	(0. 107)	(0. 092)
$Media_{t-2}$	0. 028 **				
	(0. 005)				
Bsize		0. 004			
		(0. 003)			
Ssize			0. 044 **		
			(0. 005)		
$Media_{t-2} \times Bsize$				0. 280 ***	
				(0. 095)	
$Media_{t-2} \times Ssize$					0. 067 ***
					(0. 003)
F 值	16. 310 ***	9. 095	15. 153 ***	21. 413 **	44. 863 ***
R^2	0. 037 *	0. 061 **	0. 028 *	0. 044 *	0. 093 *
Durbin – Watson stat	2. 081	2. 172	2. 098	2. 040	2. 036

注：* 表示 p＜0. 05，** 表示 p＜0. 01，*** 表示 p＜0. 001。

四、稳健性检验

为了提高研究结论的可靠性，本书对高管变更的影响因素做了如下的稳健性检验：

（1）为了降低和避免数据在搜集过程中存在的主观性，本书调整了高管变更的赋值方法，对高管变更情况表现为向上趋势的赋值为1，高管变更情况表现为向下趋势的赋值为 −1，留任的赋值为0。

（2）本书对样本中所有的连续性数值实施5%的 Winsorize 缩尾处理。

（3）本书首先将研究区间分成两个时间段，其中一个时间段为2011年1月1日至2012年12月31日；另一个时间段为2013年1月1日至2015年12月31日，再以两个时间段数据为样本，分别做高管变更影响因素的稳健性分析，回归结果如表6−12、表6−13、表6−14所示。

表6−12　政治关联、媒体监督和高管变更的稳健性分析

变量	2011年1月1日至2012年12月31日			2013年1月1日至2015年12月31日		
	M1	M2	M3	M1	M2	M3
C	3.121	3.031	4.012	4.378	3.690	4.222
	(1.375)	(0.119)	(1.455)	(1.378)	(0.149)	(1.368)
Size	−0.047	−0.243	−0.076	−0.217	−0.278	−0.122
	(−0.372)	(−1.242)	(−0.600)	(−0.372)	(−1.242)	(−0.600)
Profit	2.757***	2.432*	3.139***	2.758***	2.425*	3.211***
	(2.699)	(2.440)	(2.947)	(2.631)	(2.345)	(2.345)
Polcon	−0.615**			−0.638**		
	(−2.128)			(−2.109)		
$Media_{t-2}$		0.895*			0.889*	
		(1.845)			(1.709)	
Polcon × $Media_{t-2}$			0.104**			0.131**
			(1.815)			(1.853)
F值	5.500***	3.728***	9.776***	5.600***	3.728***	9.766***
R^2	0.356	0.023*	0.282***	0.361	0.033*	0.296***
ΔR^2	0.326	0.017*	0.275***	0.334	0.041*	0.289***

注：*表示 $p < 0.05$，**表示 $p < 0.01$，***表示 $p < 0.001$。

表 6 - 13 董事会治理变量与高管变更的稳健性分析

变量	2011 年 1 月 1 日至 2012 年 12 月 31 日				2013 年 1 月 1 日至 2015 年 12 月 31 日			
	M1	M2	M3	M4	M1	M2	M3	M4
C	3.940	6.195	4.721	7.234	3.937	6.185	4.733	7.281
	(0.505)	(0.404)	(0.562)	(0.397)	(0.5 ~ 1)	(0.404)	(0.547)	(0.339)
Size	-0.222	-0.319	-0.193	-0.351	-0.211	-0.328	-0.218	-0.346
	(0.451)	(0.370)	(0.627)	(0.436)	(0.457)	(0.380)	(0.631)	(0.433)
Profit	-15.421**	-18.777**	-19.942**	-19.291*	-16.543**	-17.102**	-19.774**	-19.629*
	(0.033)	(0.017)	(0.022)	(0.028)	(0.033)	(0.020)	(0.023)	(0.031)
Debt	1.633*	2.259*	2.252*	2.588*	1.721*	2.311*	2.243*	2.547*
	(0.093)	(0.087)	(0.088)	(0.107)	(0.093)	(0.084)	(0.087)	(0.110)
Bsize	0.006				0.007			
	(0.949)				(0.954)			
Ssize	0.460*	0.333*	0.488*	0.467*	0.461*	0.384*	0.410*	0.447*
	(0.084)	(0.081)	(0.073)	(0.072)	(0.087)	(0.085)	(0.079)	(0.081)
Dual		-1.891**	-1.923**	-2.234*		-1.893**	-1.889**	-2.219*
		(0.051)	(0.051)	(0.074)		(0.051)	(0.057)	(0.076)

续表

变量	2011年1月1日至2012年12月31日				2013年1月1日至2015年12月31日			
	M1	M2	M3	M4	M1	M2	M3	M4
Holddirect			16.567***	25.694***			16.647***	25.781***
			(0.562)	(0.579)			(0.571)	(0.580)
Timeboad				-0.038				-0.041
				(0.670)				(0.666)
Timesup				0.269**				0.272**
				(0.087)				(0.089)
Timehold				0.321*				0.331*
				(0.279)				(0.285)
F值	16.420***	14.055***	49.144***	50.843***	17.566***	14.095***	48.150***	47.841***
R^2	0.095***	0.003	0.0845***	0.031	0.093***	0.003	0.087***	0.031
ΔR^2	0.088***	-0.004	0.068***	0.022	0.093***	-0.010	0.069***	0.020

注：* 表示 $P < 0.05$，** 表示 $P < 0.01$，*** 表示 $P < 0.001$。

表 6-14 媒体监督与董事会规模间交互效应的稳健性分析

变量	2011年1月1日至2012年12月31日					2013年1月1日至2015年12月31日				
	M1	M2	M3	M4	M5	M1	M2	M3	M4	M5
C	0.191	1.136*	0.595*	0.222	0.138	0.189	1.201*	0.537*	0.231	0.153
	(0.138)	(0.134)	(0.138)	(0.090)	(0.059)	(0.138)	(0.134)	(0.138)	(0.090)	(0.060)
Size	-0.107	-0.256	-0.248	-0.412	-0.436	-0.126	-0.223	-0.246	-0.336	-0.402
	(0.057)	(0.210)	(0.328)	(0.436)	(0.051)	(0.056)	(0.212)	(0.331)	(0.441)	(0.053)
Profit	-10.128**	-12.534**	-12.864**	-16.268*	-15.875	-13.131***	-12.614**	-11.949**	-16.754*	-16.931
	(0.033)	(0.018)	(0.020)	(0.027)	(0.022)	(0.031)	(0.017)	(0.022)	(0.023)	(0.026)
Debt	1.442*	1.274*	1.210*	2.504*	2.103*	1.442*	1.261*	1.233*	2.512*	2.243*
	(0.093)	(0.087)	(0.088)	(0.107)	(0.092)	(0.088)	(0.069)	(0.091)	(0.121)	(0.076)
$Media_{t-2}$	0.031**					0.023**				
	(0.005)					(0.003)				
Bsize		0.003					0.006			
		(0.003)					(0.003)			
Ssize			0.053**					0.041**		
			(0.005)					(0.005)		
$Media_{t-2} \times Bsize$				0.284***					0.270***	
				(0.096)					(0.089)	
$Media_{t-2} \times Ssize$					0.069***					0.073***
					(0.003)					(0.003)
F值	16.322***	9.089	15.162***	21.341**	44.369***	19.370***	11.095	17.169**	23.477**	49.793***
R^2	0.035	0.059	0.026	0.042	0.092	0.042	0.060	0.031	0.042	0.089
Durbin-Watsonstat	2.081	2.172	2.098	2.040	2.036	2.041	2.113	2.078	2.039	2.027

注：*表示 $p < 0.05$，**表示 $p < 0.01$，***表示 $p < 0.001$。

从稳健性检验回归结果可以看出，将所有数据分成两个时间段进行重新研究，变量间关系均与全部数据时间段所发现的规律相同。即 2011 年 1 月 1 日至 2012 年 12 月 31 日这个时间区间的稳健性回归结果与本书结论一致，2013 年 1 月 1 日至 2015 年 12 月 31 日这个时间区间的稳健性回归结果也与本书结论一致。

第五节　讨论与分析

一、研究结论与理论贡献

本书在国内外相关研究的基础上，发现了一个较新的研究视角，即监督者视角。本书从监督者视角探讨了我国创业板上市公司高管变更的影响因素，首先，将监督者分为外部监督者和内部监督者两个层面，并分别对二者进行独立研究后，再综合探讨内外部监督者的交互作用对高管变更的影响。其次，在外部监督者视角中，本书聚焦于研究媒体监督、政治关联两个因素，在内部监督者视角中，本书聚焦于研究董监事会规模、董事会持股比、两职独立性和"三会"会议频率这几个变量。最后，考虑到内外部综合治理的效果，选取以往学者普遍接受且认可的经典变量，即外部监督者视角中的变量媒体监督与内部监督者视角中的变量董、监事会规模进行交互作用研究。通过对相关文献的综述提出了本书的研究假设和理论模型，选取2011～2015 年创业板上市公司作为研究样本，并进行较为全面的统计检验和回归分析。

（一）本书得出的主要结论

（1）媒体监督正向影响高管变更。媒体监督能够消除公司经营和公司治理过程中相关信息的模糊性，通过对公司和高层管理者进行丑闻报道等增加高管变更的可能性。在统计分析中显示，有媒体负面报道时，解释变量媒体监督显著，即媒体监督是高管变更的主要影响因素之一。

（2）政治关联将会降低高管变更的可能性。当公司选拔、任命或解聘高管时，将会充分考虑其拥有政治关联的资源效应，一旦做出解聘具有政治关联的高管时，可能会对企业的发展产生巨大的影响。因此，政治关联高管在其资源效应的保护下，被解聘的可能性也会降低。本书通过统计和回归分析发现，政治关联的确会降低高管变更的可能性。

（3）媒体监督在政治关联与高管变更之间起调节作用。公司倾向于庇护有政治关联身份的高管，媒体作为公司以外的监督者会对公司中的庇护关系、丑陋事件以及不法行为等给予揭露和曝光，弱化了高管的政治关联身份。本书从实证的角度进一步验证了这种观点，即媒体监督在政治关联与高管变更之间起到调节的作用。

（4）董事会规模与高管变更之间的关系呈现出不显著的相关关系。本书通过 Logistic 回归分析发现，董事会规模并未对高管变更产生任何影响，这与之前学者的研究结果，即董事会规模越大，对公司的治理能力越大越全面和越深入，进而导致高管变更的可能性也越大这一观点产生分歧，在以后的研究中需要继续探讨。

（5）监事会规模与高管变更之间的关系表现为存在正相关关系。监事会规模的大小决定了这个队伍的专业管理知识和管理经验涉猎的综合性与全面性。若监事会规模较大，则会有更多的、更专业的资深监督者对高管进行监管和约束。同时大规模的监事会由于其人数密度也相对变大，所以对公司治理有效性存有强化作用。此外，本书的实证结果表明，监事会规模确实正向影响高管变更。这也可能是因为在监督者人数较多的情况下，波及的相关利益范围较大，削弱了监事会作为监督者与高管私下交往合谋的可能性，进而使业绩和公司经营不理想的高管孤立无援，增大了被变更的可能性。

（6）董事会持股比例与高管变更之间的关系表现为存在正相关关系。根据 Vroom 期望理论，高管为公司努力付出的程度来源于高管对自己努力后能够获得的报酬和奖励。高管拥有股权后，为了使自己的利益更大化，会努力工作以提升绩效。同理，董事会被奖励一定的股份后，其个体利益将会和公司利益捆绑在一起，为了取得更好的经济效益，董事会可能会更加认真而努力地对高管实施监督，以此来约束不称职高管的不合理或者不合法行为，进而增加了高管变更的可能性。

（7）并不是"三会"的会议频率都会对高管的变更产生显著影响，只有监事会会议和股东大会会议的次数才能正向影响高管变更，而董事会的会议次数对高管变更并未产生显著性影响。说明监事会和股东能够通过不断举行会议的方式来探讨解决问题的思路，这些思路就包括更换高管，因此，董事会的相关制度与体系需要进一步完善与加强，同时提高董事会对待工作认真负责的意识和态度，加强对公司治理的监管力度。

（8）结合内外部监督者视角的相互作用效果，本书进一步探讨了媒体监督与董事会规模、媒体监督与监事会规模的交互作用分别对高管变更产生影响效应。研究发现媒体监督与董事会规模的交互系数、媒体监督与监事会规模交互系数相比于单变量系数都有所增大，说明两两的关系是相互促进的，即媒体监督对高管变更的影响，随着董监事会规模的增加而增加；董、监事会规模对高管变更的影响，随着媒体监督的增加而增加；内外部监督者联合对高管变更进行监督，能够达到更好的治理效果。

（二）本书的创新点

（1）基于监督者视角来探讨创业板上市公司高管变更的影响因素。以往学者多倾向于从高管变更的影响结果寻找研究视角，如业绩改善视角、盈余管理视角等，从高管变更影响因素研究入手寻找研究视角的屈指可数。本书从监管高管的监督者视角出发，探讨高管变更的影响因素，剖析监督者与高管变更的关系，将是对当前创业板高管频繁变更原因这个社会热点问题的一个有力回应。

（2）系统探讨内外部监督者对高管变更的综合影响。现有针对高管变更影响因素的研究大都具有一定的零散性、片面性和孤立性，缺乏联系和系统性。本书分别从外部监督者视角、内部监督者视角探讨高管变更的影响因素，再系统地探讨内外部监督者对高管变更的综合影响，有助于高管变更影响因素相关理论的进一步拓展，从而为创业板上市公司高管变更的管理提供全面而有力的指导。

二、管理启示

由于高管变更不仅受到企业内部董事会治理的影响，而且还会受到外部媒体和政府力量的影响，因此，综合内外部监督者势力，找出哪些因素对高管变更实施了有效的监督约束作用，哪些因素尚有待进一步提高，给出指导性建议具有重要意义。本书的结论对企业在治理高管变更问题上应采取何种措施具有一定的指导意义。据此，提出以下管理建议：

（1）从外部监督者视角来看。首先，创业板上市公司股东应重视公司高管的政治关联身份，充分而清楚地掌握高管的政治关联身份可能带来的益处和危害，对公司经营状况不理想的政治关联高管实施必要的惩罚措施，不断修订和完善公司治理相关体制，以提高公司业绩和发展水平。其次，应重视媒体作为外部监督者对公司治理和对高管进行监督和约束的能力，加强创业板上市公司信息的透明度，尽力消除因信息不对称给公司带来的消极影响。最后，为了能对创业板上市公司高管实施更有效的监督，提高公司治理效率，公司的监管者们应联合政府部门大力支持媒体力量。另外，应支持社会各界创建更多的媒体，并适当扩大其对公司治理的监督范围和监督力度。

（2）从内部监督者视角来看。第一，应加强、完善公司董事会相关制度和体系，引进更具专业和知识性的人才，适当增加董事的持股比例，使董事会与其所在公司的利益联系在一起，充分发挥董事会的监督作用，以此来达到对公司更有效的监督者治理。第二，监事会在监督者角色中相对来说较为认真负责，能够起到一定的监管作用。应该继续且适量适度地向监事会引入更具有能力和执行力的人才，同时适当加大监事会开会的频率以便更好地交流来提高公司治理效率。第三，应重视对公司内部治理机制的完善，加强公司内部监督者的监督义务与权利，提高公司内部信息透明度，对存在不足的地方，及时给予修改、纠正和补充。

（3）综合来看。不管是通过外部监督者对高管进行监管和约束还是通过内部监督者对高管进行监管和约束都不能达到最理想状态，只有综合内外部监督主体，内外兼施，使其共同发挥作用，增强公司内外部相关信息的透明度，解开公司内部治理中存在的暗箱操作和黑匣子，才能提高公司治理效率。

三、研究不足与未来研究展望

本书基于监督者视角初步探讨了创业板上市公司的高管变更影响因素，有利于加深对影响创业板上市公司高管频频变更现象的因素的理解，但本书尚存在不足之处，有待未来学者继续研究和关注。

首先，本书只从监督者视角探讨了媒体监督、政治关联、董监事会规模、董事会持股比例、高管二职合一和"三会"会议频率这六大高管变更的影响因素。而且在综合探讨内外部监督者的综合影响时，本书仅聚焦于较具代表性的媒体监督、董事会规模、监事会规模三个变量上，虽然不够全面，但是却有一定的代表性。今后的研究可以继续挖掘其他视角和影响因素，如员工行为视角等，也可以探究其他影响因素的交互作用，以进一步探索高管变更的影响因素机制。

其次，本书相关变量的数据主要从 Wind 和 CSMAR 这两个数据库中获取，得到的高管变更原因众多而杂乱，且有部分高管变更原因不明，可能使得本书的数据获取存在一定的不准确性，这也是研究高管变更领域的学者们长期以来面临的一个最大挑战。所以，未来的研究有必要寻求一种使搜集数据更加精准正确的方法。

最后，尽管本书已经尽力排除干扰性报道，但由于对媒体负面报道的数据是通过手工搜寻大量报纸，并根据报纸信息进行判断得出的，存在一定的主观因素，可能会使研究结论略有偏差。未来的研究应尽可能采用更精确化的数据收集工具。

第六节　本章小结

本章基于监督者视角探讨了创业板上市公司高管变更的影响因素，在对已有文献进行梳理和深入分析的基础上提出了研究假设和理论模型。本章中高管变更及其影响因素的相关数据主要通过 Wind 和 CSMAR 数据库获取。其中，部分缺失的数据通过各公司年报、深圳证券交易所（www. szse. cn）、巨潮资讯网（www. cninfo. com. cn）、谷歌搜索引擎、国泰安数据服务中心（www. gtarsc. com）、新浪财经（http：//fin. ance. sina. com. cn）等进行查找。采用 Excel 和 Logistic 计量分析软件对最终确认的 337 家创业板上市公司的高管变更影响因素进行描述性统计分析和回归分析，得出以下研究结论：

（1）从外部监督者视角，即政府和外界媒体力量来看，政治关联对高管变更具有显著负向影响，媒体监督对高管变更具有显著正向影响，且媒体监督在政治关联和高管变更之间起到负向调节作用。

（2）从内部监督者视角，即公司董事会治理角度来看，监事会规模对高管变更具有显著正向影响；监事会会议次数对高管变更具有显著正向影响；高管二职独立性对高管变更具有显著负向影响；而董事会规模、董事会持股比、董事会会议次数对高管变更却无显著影响。

（3）为深入分析外部监督者和内部监督者之间的联系以及对高管变更过程中所表现的综合影响作用，本书聚焦于较为典型的外部监督者视角中媒体监督变量和内部监督者视角中董事会规模变量、监事会规模变量做进一步研究，结果发现媒体监督和董事会规模以及媒体监督和监事会规模对高管变更的综合影响都表现为相互促进，即媒体监督对高管变更的影响随着董事会规模和监事会规模的增加而增加，董事会和监事会规模对高管变更的影响随着媒体监督的增强而增加，变化相对较小。

总之，本书有助于理解中国文化背景下创业板上市公司高管变更的影响因素，进一步拓展了高管变更的研究领域，开拓了高管变更的一个新的研究视角。同时，本书对于创业板上市公司管理实践也有所启示。根据以上研究结论，在企业管理实践中，要想对高管变更进行有效监督，不仅要注重内部监督者对公司治理的作用，而且还要重视外部监督者中媒体和政府对公司治理的影响，同时还要重视内外部监督者的综合影响。

第七章 基于社会身份观的员工工作动机激发研究

第一节 引言

工作动机（Work Motivation）可以激活、指导和维持工作相关行为（Pinder, 1998）。早前关于工作动机的研究非常丰富，发展了多种工作动机模型。如有些模型特别关注与工作相关行为的激活因素，包括通过探讨与满足工作相关行为的需要（Maslow, 1943）。如需要层级理论，剖析了激活员工工作相关行为的多种层次需要，如生理需要、安全需要、归属和爱的需要、尊重需要以及自我实现需要等。之后有学者引导或者指导员工努力投入到与工作相关背后的认知过程探讨（Vroom, 1964）。如期望理论（Expectancy Theory）认为，影响员工工作投入的因素是效价与概率的乘积。随着理论研究的推进，强化理论（Reinforcement Theory）（Komaki et al., 1996）得以发展。如操作性条件反射帮助我们更好地理解为什么某些行为更可能得以维持下来。可见，探讨员工行为激励的研究者主要从激活、指导和维持这三个视角分别进行，并且是随着时间的推移，关注点由激活到指导再发展到对维持的关注。当然，后面的学者有综合上述视角进行的探讨，如目标设置理论（Goal - setting Theory）（Locke and Latham, 1990）就综合了动机指导与维持的两个视角。

众多的实证研究表明，上述的动机理论均得了较多的研究支持，动机与工作相关行为有着紧密的联系。不过，这些动机理论研究虽然关注点有所不同，但是却有着一个共性，即这些理论均是将员工作为独立的个体来理解其行为背后的过程机制。如仅仅关注的是个体的需要、目标和期望，或者个人渴望的收获等，但是这不仅受到个体自身的影响，同时个体所处的情境也是一个不可忽视的重要影响因素。因此，个体的动机既要考虑其个人的因素，又要考虑个体工作所处的团队或者组织的需要、目标和期望等。一方面，在当前组织背景下，个体的工作绩效的评价往往难以做到完全客观，而是存在一定的模糊性。这时候，员工的工作动机就变得更为重要，更需要员工自觉地投入工作，取得未能完全明确规定的绩效表现，如创新行为。另一方面，当前越来越多的组织采用团队形式进行工作，作为团队成员之一的员工个人需要支持彼此以达成共同的目标，而不是仅仅关注自己的个人成绩（Schaubroeck and Ganster，1991）。基于此，过去动机过程研究的个人关注视角成果是不是能够完全适应于新的情境，如更多未明确任务要求的工作，以及更多的团队形式工作，仍然是不明确的。实际上，在团队背景或者合作达到创新性工作绩效的要求之下，组织管理的关注点由个体转向了集体，原有的个人关注动机研究成果对于上述这种转变是否适用，还没有系统的研究支持（Wegge and Haslam，2003）。Ellemers 等（2004）提出可以用社会身份观（Tajfel and Turner，1979），融合个体视角与情境因素探讨工作动机问题，以解决上述仅聚焦于个体视角研究动机的不足。可以说，采用社会身份观可以帮助我们更好地理解当代工作情境中的行为动机问题。本书在此将对社会身份观视角下的员工工作动机激发问题进行梳理，首先，剖析当代工作情境下基于社会身份观理解员工工作动机的价值所在；其次，阐述社会身份观下的员工工作动机激发内在机理；最后，分析社会身份观下工作动机激发研究的一些管理实践启示，一方面希望通过分析与阐释能够推动工作动机理论研究视角的扩展，另一方面也对组织内员工激励管理实践提供一些借鉴和指导。

第二节　当代工作情境下基于社会身份观理解工作动机的价值剖析

当代工作情境下一个最大的突出特征，就是个体员工常常被要求至少要在一定程度上与集体保持一致，这个集体包括组织或者是工作团队。而这需要员工接受集体的目标，甚至有时候要牺牲自己的利益，如员工有时候需要超时工作以完成团队的任务。但是在个体期望与集体要求有所冲突的情况下，要让员工能够主动地以集体要求为追求并不是一件容易的事情。在群体工作背景下，如何促进员工更自觉自愿地为了集体而努力是一件现实而又具挑战性的工作，需要组织管理者深入思考，同时也是激励学者研究理论的一个重要课题。

有研究指出，基于个体视角的工作动机研究，如关注个体员工的需要、目标、期望等，其研究成果可能并不一定直接用于解释群体中的成员工作动机。因为在群体背景下比较更为可能，个体可能不再局限于自我关注。正如Ambrose 和 Kulik（1999）所指出的，工作群体中的动机问题需要相应的研究，一方面，个体视角的动机研究成果并不能直接解决群体中的动机；另一方面，关于群体中的动机研究非常有限。同时，由于组织越来越依赖于群体或团队完成任务，所以更好地激励群体也是一个现实的重要问题，为此，群体中的动机研究变得越来越重要。

关于群体中的动机研究，早前有一种观点认为，即是采用交换观。根据交换观，个体目标最终达成要依靠集体目标来实现，即个体为了实现自身的目标要通过集体目标的完成来达到，此时集体目标在一定程度上成为个体目标实现的工具性途径。如果这样，那么当个体目标与集体目标出现严重冲突时，个体很容易放弃集体目标。实际上，在这一研究视角下，员工仍然被看作是一个独立的个体。希望员工能够为了集体而努力工作，也是通过强调个体与集体结果的互依性而实现。换言之，集体目标的实现也源自关注个体的需要和期望（Ilgen and Sheppard，2001）。由此可见，之前有关群体中动机的研究在本质上也没有摆脱个体视角，没有系统地考虑个体行为偏好可以如何调整以实现与集体目标的一致（Ellemers et al.，2004）。

虽然上述所说的个体视角下的个体动机研究，或者说是群体动机研究，都有可能通过提供个体员工所需要的结果或者奖励而激发员工的工作投入，但是还是可以通过换种视角来促进群体动机研究，从而使得个体的群体工作动机激发更有可持续性。如 Ellemers 等（2004）就明确提出，为了更好地理解群体中的动机过程，可以通过考虑群体自身的形成与发展，思考其内在的价值与身份的方式来实现。

具体来说，就个体视角下的动机研究而言，个体是其自我概念的主要甚至是唯一来源，而其所在群体或者组织的期望和目标则是外在于个体自我的。从这一观点来看，个体与群体或者组织的期望、目标等是相对立的。但实际上，个体自我概念可能可以通过集体的方式进行定义。此时，与个体视角的动机研究不同的是，群体或者组织的期望、目标不再与个体的期望、目标完全对立，而是成为了个体动机的内在来源。总之，个体的自我概念既可以按照早前研究视角以个体的方式来定义，也可以集体的方式来定义。这种自我定义方式的转换意味着相对于自我的集体目标和期望的动机源也由外在转变为内在的。

可以说，以集体方式定义的自我提供了更强大有力的基于群体动机的来源(Coates，1994)。集体的自我概念更能够激励个人为了群体而努力，有利于维持员工的群体或者组织忠诚(Ellemers et al.，2004)。因为在以集体方式进行自我概念界定后，员工在个体自我概念中，"我们"相比"我"变得更为突出。相应地，群体或者组织的期望和目标更被强调，从而个体员工更会为了"我们"而努力，即群体动机得以增强，而不再仅仅限于"我"的需要、目标和期望。随着当代工作情境下团队合作越来越受到重视，团队努力实现目标主要依靠于"$1+1>2$"，因此更需要成员不计较个人得失的主动奉献。当团队成员以"我们"而不是"我"来看待工作时，将可以从更高的角度去看待工作任务，自觉将工作从团队视角去设计、推进和完善，从而有助于团队整体工作的高绩效完成。为此，在当代工作情境下，从集体方式定义自我，即采用社会身份观，突出自己的社会群体或者团队身份资格，将可以更好地满足新工作情境下群体或者团队作业的需要。

第三节　社会身份观下的员工工作动机激发内在机理

社会身份观(Social Identity Theory)指出，虽然在一些情境中，人们将自己看作是独立的个体，基于个人的特征或者偏好与他人进行互动，但是在许多社会背景中，人们主要采用特定群体成员身份来思考自己和他人。这也是基于社会身份观考虑员工工作动机激发的意义所在。但究竟社会身份观如何激发员工的工作动机呢？对这一问题的理解有助于更好地发挥社会身份在员工工作动机激发过程中的作用。

Tajfel（1978）认为，基于群体的社会互动中存在的三种内在心理过程，包括社会分类（Social Categorization）、社会比较（Social Comparison）以及社会认同（Social Identification），三者有着密切联系，但也有所不同。

首先，社会分类。社会分类是指人们通过将个体归入群体之中来组织社会信息的一种观念。社会分类使得人们能够聚焦于与当前情境相关的集体特征，而忽略其他因素的影响或者降低其他因素在当前认知中的重要程度。基于这一概念，人们在认知他人时，更多看重的是其所属的群体，而非群体内的个体差异特征。如在组织或者团队中，当个体归类自己属于某一特定组织或者团队时，"我是组织人"或者"我是团队人"的认知变得更为突出和重要，而个体独自的特征，包括性别、年龄、偏好等，都可能被成员所忽视。这也是社会心理学研究中指出的"内群体偏爱"的一个原因所在。正是因为个体将群体中的他人看作是与自己同样的，个体更倾向于认可群体内的成员，产生了对群体内的认可。这种"内群体偏爱"有一个优点就是有利于群体内的团结，但是却会引发对"外群体"的不满甚至憎恨，不利于群体向外的拓展和维持与外群体的关系。

其次，社会比较。社会比较是指对社会分类赋予意义的一个过程。人们对某一特定群体有着相对清楚的特征认知，与其他群体的社会比较又有助于界定某一特定情境下该类别的特征或者行为规范。而与当前情境的某一特定分类匹配的比较又会使得该群体成员身份变得更为突出（Haslam and Turner，1992）。可以说，情境会影响社会比较的进行，同时也会影响身份的突出性以及认知态度。在组织内，不同部门的员工间容易产生冲突的一个重要原因就在于所处情境不同导致不同部门的群体成员身份有着鲜明的差异，导致认知和行为侧重点有所不同甚至是对立。如分别来自生产部门和销售部门的员工共同处理生产过程中所遇到的问题时，双方的差异可能在密切互动过程中变得更为突出。因为在这一密切互动过程中，双方的比较更具可能性，所以就有了更多的刺激、信息与机会去比较。由于来自生产部分和销售部门员工具有不同的工作经验，并且在工作中所遇到的问题也会有所不同，致使他们会发展起不同的认知模式和认知偏好，在面对问题时会从自己的这些模式与偏好出发，而同时处理问题时，由于要最终达成一致，寻求解决办法，使得不同的认知模式与偏好的对比更为突出。

最后，社会认同。社会认同是指将社会群体的信息与自我联系起来的一个过程。社会认同水平高的个体会倾向于将自己知觉为某一特定群体的代表，从而使得该个体会将该群体的特征作为对自我的描述，进而导致该个体会将这一群体的独特群体规范作为自己行为的指导。这意味着社会认同将对群体成员行为产生重要的影响作用，而且这一影响可能是发自成员内心的自觉反应。可见，基于社会认同理解群体成员行为，或者通过激发社会认同促进成员表现出期望的行为是一种重要而富有成效的成员行为引导方式。不过其中值得强调的是，大多数社会成员均有着不止一个群体身份，即可能同时属于多个群体。正是由于个体可能同时具有多个群体成员资格，其行为的选择与偏向可能要看在多个群体成员资格或者身份中相对突出的身份是哪一个。有学者提了身份突出性的概念就是要解决这一问题。具有相对较高突出性的那一个身份将会对个体的行为产生更为重要的影响作用。不过个体具有的多个身份的相对突出性程度会随着情境的变化而变化，个体倾向于用哪一个身份来作为自我描述的重要构成会因为所处环境和时间的不同而有所不同，而高突出性的身份将影响在该情境中的个体动机性行为。

社会身份观，可以归入自我分类理论（Self - categorization）之中（Turner et al.，1987）。根据研究者们的发现，在不同条件下，对自我的不同定义的突出性可能也会有所不同。换言之，自我定义中的突出概念会因情境的变化而变化。影响自我定义中何种概念更突出的原因可能在于分类的可及性（Category Accessibility）以及分类的匹配性（Category Fit）。在组织中，如果员工由于其所在类别的成员身份而被有系统地排除在奖励或者发展机会之外，则该员工的分类身份将会有更高的认知可及性，即该员工在自我概念中这一类别的突出性会更高。如员工因为女性身份而导致不能晋升到更高的职位，那么其女性身份将在当前其自我概念中变得更为突出。

基于社会身份观和自我分类理论，个体对自我概念的不同定义可能会影响其社会知觉以及社会行为（Spears，Oakes，Ellemers and Haslam，1997）。当基于个体特征进行认知判断时，人们将会被鼓励采用个体方式进行自我构念，从而导致个体聚焦于个人动机。在组织情境中，如果员工自我概念中是以个体方式进行，将会使得员工的态度与行为更多地基于个体的动机，即为了激励这些员工更多的积极行为表现，需要满足员工个人的需求与期望，如提供员工自我发展的机会和职业晋升的通道。

当员工通过社会归类和社会比较的方式产生了对某一群体的社会认同后，员工将更自觉自愿地以该群体特征为自我概念的重要描述内容，此时员工将更多地以集体的方式来界定自我。当员工采取集体方式进行自我界定时，员工将较少考虑个体的工具性需要，而是将集体的期望与目标作为自己的努力方向。为此，社会身份方法能够有效地激励群体工作动机，支持群体更有效地发展。

概括而言，当人们认同自己是一个特定群体的成员时，他们将会被该群体面临的各种挑战所激励。而当对群体的认同水平较低时，该个体更多地倾向于被作为一个独特的个体对待，而自己也会更多地关注自我的需要和追求。个体通过社会分类、社会比较的方式产生对集体的不同认知，并由此产生对集体的不同程度社会认同，进而影响到员工在群体中的行为表现。

第四节　社会身份观下工作动机激发研究的管理启迪

早期的动机研究采取的是个人观，即关注个体的需要、目标、期望等，但是在团队合作共同完成工作要求的背景下，仅仅考虑个体因素显然是不够的。尤其是在团队情境下，有可能个体目标或者期望与集体目标或期望是不相容的。这时候如何协调个人与团队以实现个体—团队共赢是过去的个人观视角下动机研究成果无法有效解释的。基于此，Ellemers 等（2004）提出，可以采用社会身份和自我归类观去整合上面所提出的困境。由于身份具有动态建构性，管理者可以主动引导员工对自身的社会身份进行适应集体需要的建构。可以说，社会身份观和自我归类引导是组织管理者激励员工的又一种参考途径。

另外，员工与组织的长期雇佣关系已经较难做到，作为"我永远都是组织人"长期激励较以往难以运用。在无边界组织背景下，员工的职业生涯规划与发展常常会超越组织，即不再局限于组织内的职业生涯规划，而是进行更大范围的职业追求。同时，组织变革已经成为一个不变的主题，组织不再成为员工职业生涯规划的唯一主体，甚至组织变革导致员工离职或者辞退员工。出于员工或者组织的原因，员工—组织关系不再能够继续长久维持，已经成为一个较为普遍的现象。在这一背景之下，如何激励员工投入组织公民行为，既考虑个人的目标与期望，同时也能为组织目标而努力奋斗，成为了一个现实困难与挑战的问题。

基于社会身份观，身份对于个体的动机性行为有着重要的影响，而且会激发源自个体内心的一种自觉行为。基于员工工作激励视角，可以通过个体身份的认识与激发去促进其投入到更多的组织期望行为之中。不过，个体往往具有多重身份，而且不同身份的相对突出程度会随着情境的变化而变化。由于多重身份意味着个体可能同时属于多个群体。究竟个体认同哪个群体，在自我概念中将该群体的特征作为自我的描述，将会对其动机性行为产生重要影响。为此，组织管理者需要注重对员工多重身份的引导，通过恰当的情境激发员工当前需要的身份，如组织或者团队成员身份，从而使其更愿意以组织或团队的规范作为自己的行为规范，自觉遵从组织或者团队的要求。有研究表明，人们往往倾向于认同有助于提升积极自我感的群体，如有较高地位或有较高权力的群体（Haslam，Powell and Turner，2000）。因此，组织或者团队可以通过自身的声望与地位促进成员更多地认同组织或者团队，能够自觉在自我概念中以组织或团队为自我特征描述的来源，将组织的规范与期望作为自身努力的方向，更愿意为组织或团队而努力。

在当前以团队形式开展工作较为普遍的大背景下，如何管理团队，在薪酬安排上如何对待团队成员是一个现实的问题。团队奖励或是个体奖励，还是一定组合安排均会影响到成员的团队认知与自我身份知觉。另外，新入职人员也面临着一个集体身份认知与集体认同发展的过程。如果个体进入组织后被领导或者同事看作一个成员来对待，将有助于新入职个体更快地融入集体，并将集体身份作为自我身份构念的一个重要来源，从而提高集体认同感。这将有助于新入职人员更努力地以集体目标作为个人工作的一个重要动机源。

组织领导者需要特别注意，领导过程会受到员工自我分类与社会身份的影响。因为自我分类和社会身份过程与员工的工作动机有着密切联系，所以组织领导者需要紧密关注员工的自我分类以及社会身份。不过，领导者并不是被动地接受员工的自我分类与社会身份。基于身份建构观，个体的自我分类和社会身份并不是静态不变的，而是可以主动建构与发展的。由于社会身份建构具有社会性，并受情境的影响，领导者可以主动地影响员工的社会身份建构，以支持管理需要。具体来说，领导者或者管理者可以通过沟通和创建一种共享身份感，从而可以激活并维持员工的积极工作相关行为。在影响员工创建与自己共享身份的过程中，领导者可以发挥积极作用。其中最为重要的一点就是，领导者需要建构自己的恰当身份，成为员工心目中群体的典型身份代表。

第五节　结论与未来研究展望

一、结论

学者们对于动机过程分别从激活、指导和维持三个视角进行探讨，如探讨激活视角的需要理论、指导视角下的期望理论以及维持视角下的强化理论。后期还有学者综合上述视角，如目标设置理论的研究。这些动机过程理论的有效性均得到了较多的实证研究支持（Ambrose and Kulik，1999）。不过，早前的研究，如需要理论、公平理论、期望理论等，均是关注个体的需要和期望。而随着职场的发展，在一些情境下个体的需要、目标及期望等可能并不是特别明确，或者个体需要合作而不能总是只考虑自己作为独立个体的要求。因此，组织成员可能未必仅仅受到个体考虑的驱动，而是还可能受到个体所在团队或组织需要、目标以及期望的影响。另外，在当前组织环境中，越来越多员工的工作性质不再是生产物品，而是交换知识或者提供服务，致使员工的工作绩效难以完全量化决定或者有很大程度的模糊性，从而难以对其进行明确的个人目标量化设置和强化。而且有更多的员工投入到自我管理团队之中，要求团队成员能够彼此相互支持以达成团队整体目标而不仅是关注个人结果。上述组织的多种变化使得之前关注个人目标与期望的动机理论的适应性受到了质疑。也正是在这样的背景下，Ellemers 等（2004）提出了解决上述困境以及适应新组织环境要求的办法，即用社会身份理论来更好地解释个体和集体层次的行为动机。社会身份理论可以较好地阐释员工在什么样的情境下会知觉自己是独立的个体，而在什么情境下又会知觉自己是集体的一个构成（Ellemers，Spears and Doosje，2002）。

组织员工对自我理解的方式将会影响其动机性行为。为了影响员工的行为朝着组织期望的方向努力，组织管理者除了考虑员工个体的需要和期望之外，还可以通过影响员工自我界定的方式来实现。当员工与职场中的他人共享身份，即认可一个共同的社会身份时，其将更多地被这种社会身份所激励，在行为或者思想态度上都会想方设法努力展现与支持这一社会身份。研究表明，情境因素影响个体的自我界定。为此，管理者可以通过情境的调整来影响个体自我界定，以提高个体的社会身份感认知和社会身份建构。当情境促进员工以个体方式进行自我定义时，个体的工具性考虑将是其工作动机的重要决定力量。相反，当情境促使员工将自我作为集体一个部分进行定义时，他们将有可能更关心集体身份的提高，包括追求共同目标，并按照这一集体身份相符的方式行动。可见，同一个体在不同的情境下对自我的知觉也可能有所不同，从而表现为在不同情境下的行为选择也有所不同。有鉴于此，组织管理者可以有意识地引导员工建构特定社会身份，如组织身份或者团队身份，使得员工更能够发自内心地认同组织或者团队的行为规范并遵照执行，并且会以组织或者团队的目标作为自身的追求，而非仅是个人的工具性考虑。

二、未来研究展望

第一，基于社会身份观激发个体工作动机的边界条件研究。人们界定自我是以个体还是集体的方式受到情境条件的影响。社会归类与社会比较会引发个体对于特定群体的情感，即产生社会认同感。但是这种社会归类、社会比较及社会认同的产生会随着情境和时间的变化而变化。个体只有以集体方式界定自我，在自我概念中以集体特征作为自我描述的重要来源时，才可能更为自觉自愿地以集体的目标和期望作为自己的个人奋斗方向。但是，究竟什么样的情境条件才可能促进个体以集体方式而非个体方式来界定自我呢？这一问题还没有得到十分深入的探讨，因此未来需要在这一问题上有所突破，以便更好地通过社会身份方法来激发员工的工作动机，使其更积极地投入到与工作相关的行为之中。

第二，领导风格与员工社会身份观建构的关系机制。有研究指出，与领导共享身份的知觉对于提升有效性具有关键性的影响作用。这种共享身份感也是听从领导朝向集体目标奋斗的一个重要动机源。但是领导者如何有效提升员工与自己共享身份呢？什么样的领导风格有助于提高员工的集体共享身份感？领导风格与员工集体共享身份感间的关系机理是什么？这些问题都值得未来的研究者进一步深入地探讨。

第八章　员工志愿者行为：概念内涵、驱动因素及影响效应

第一节　引言

现今的商业环境鼓励企业要勇于承担社会责任（Aguilera, Rupp, Williams and Ganapathi, 2007; Muller, Pfarrer and Little, 2014）。在工作场所中，员工志愿者行为作为企业社会责任的一部分，越来越受到社会的普遍关注、重视和应用。相关报告显示，约 6280 万的美国人为慈善组织和非营利性组织投入时间和技能，其中超过一半的志愿者为在职人员（Bureau of Labor Statistics, 2011）。到目前为止，我国正式注册的志愿者人数已超过 6000 万，累计志愿服务时间已经达到 5.79 亿小时，在民政局登记注册的志愿者组织已经达到了 34 万多个（中国志愿者服务发展报告，2017）。总的来说，志愿者行为的整体水平和规模正在逐步提高（Brudney and Gazley, 2006）。在世界 500 强企业中，有超过 90% 的企业支持和鼓励员工参与志愿者行为，并制定企业志愿者行为计划作为履行社会责任的一部分（CECP, 2011; Basil, et al., 2009）。如阿里巴巴成立公益委员会，号召阿里巴巴的员工"每人每年三小时做公益"并纳入绩效考核；联想（中国）志愿者协会（Lenovo (China) Volunteers Association, LCVA）是联想员工自发的公益组织，致力于缩小数字鸿沟、保护环境等公益事业。这些企业倡导的员工志愿者行为涉及教育、社区、公共卫生等众多领域，不仅为企业塑造了正面的公众形象，赢得了良好的声誉，而且也得到了员工的积极回应（Boccalandro, 2009）。

随着员工志愿者行为日益受到学术界的重视，员工志愿者行为的研究得

到显著增长，特别是在管理学领域和心理学领域（Caligiuri，Mencin and Jiang，2013；Grant，2012；Jones，Willness and Madey，2014；Rodell，2013）。其中，大部分的研究已经表明，员工志愿者行为无论对个体还是组织都呈现正面影响。例如，志愿者行为使得员工的技能在参与的过程中得到强化，并且可能获得新的工作技能，还包括诸如沟通交流、人际交往和倾听等与工作相关联的其他技能（Boccalandro，2009；Booth et al.，2009）。还有研究指出，企业的志愿者行为计划对新生代员工的留职意向有着重要的参考价值（Farmer and Fedor，2001），而且对潜在的求职者有着极大的吸引力（Jones et al.，2014）。与此同时，Rodell（2013）认为，志愿者行为可以使员工获得满足感和幸福感等心理资源，对工作投入、工作专注以及公民行为有着积极效应，进而对工作绩效起着显著作用。也有学者从社会认同理论这一视角出发，考察志愿者行为对员工工作表现的影响。基于社会认同理论，组织支持员工的志愿者行为可以为组织树立良好形象，当员工认为组织具有良好的正面形象时，会提高员工对组织的认同感和自豪感，增加员工在工作场所中的公民行为，相应地会降低员工的反生产行为，继而会对组织目标的实现具有促进作用（Smidts，Pruyn and Vanriel，2001）。

总的来说，员工志愿者行为受到了较多的研究关注，也是组织管理实践的一个普遍策略。首先，本书在此对员工志愿者行为的概念内涵、驱动因素及影响效应进行梳理；其次，整合现有知识结构及其关系网络并提出一个系统的理论模型，为发展志愿者行为相关领域的研究奠定一定的基础；最后，本书讨论未来研究的方向，以便更好地服务于未来员工志愿者行为研究的发展，以期为相关领域的研究者提供一定的参考。

第二节　员工志愿者行为的概念内涵和测量

一、员工志愿者行为的概念内涵

近十几年来，西方学者在志愿者行为领域的研究已取得较为丰富的成果，不过整体而言该领域研究还尚在起步阶段。学者多采用不同的定义方法对志愿者行为进行研究。西方学者关于志愿者行为的界定主要从个体和组织发起并参与两个层面进行考察。其中，在个体层面，Clary 和 Snyder（1999）将志愿者行为定义为个体有计划地为志愿者团队或组织投入时间的一种非义务性质的公益活动。Wilson（2000）认为，志愿者行为就是个体无偿地为他人、志愿者组织和慈善团体投入时间和精力的积极行为，而不仅仅局限在金钱方面的援助。Peterson（2004）则认为，志愿者行为就是员工发起的并持续参与的为他人、社会提供帮助的公益行为。在组织层面，Penner（2002）则认为，志愿者行为是发生在组织背景之下的，具有长期性、计划性、亲社会性等特征，而且是一种利他的帮助行为。Peloza 等（2006）把志愿者行为分为组织间志愿者行为和组织内部志愿者行为。其中，组织间志愿者行为主要是指组织鼓励和支持员工参与志愿者行为，但组织在这个过程中没有扮演领导者和发起者的重要角色，而组织内志愿者行为则是指组织主动发起，员工参与到企业的志愿者行为计划中，是企业承担社会责任的重要组成部分。Allen 等（2011）认为，员工的志愿者行为大多是在企业的背景下进行，继而把员工志愿者行为定义为由企业发起或鼓励员工参与，并由企业实施的益于他人的一系列活动。同样地，也有学者认为员工中的志愿者行为是在组织的背景下，员工有计划地为志愿者团队和慈善组织投入时间和精力（Rodell，2013）。

在中国，有少部分的学者研究志愿者行为，该领域的研究尚在起步阶段，多从志愿者管理及其组织的治理、志愿者权利的保护以及志愿者行为的立法等视角进行界定（王名，2002；彭远威、王钰亮，2012；肖金明和龙晓杰，2011）。王名（2002）从志愿者组织治理的视角出发，认为志愿者行为就是志愿者秉持志愿者精神，不计回报地为他人和社会服务的行为。肖金明和龙晓杰（2011）从立法的视角对志愿者行为进行定义，他认为志愿者行为就是个体不以报酬为目的，从体力、技能和智力等方面为他人和社会服务的公益活动。彭远威（2013）从志愿者管理的视角出发，认为志愿者行为是一种出于自愿的、非功利性质的社会公益活动。在近几年的研究中，蒲清平、朱丽萍和王婕（2017）基于意识形态的视角，认为志愿者行为就是个体在自愿的基础上参与的一种帮助他人、服务社会的公益行为。

最近，有学者鉴于上述定义存在模糊领域，即员工志愿者行为的实施方面（工作时间、业余时间和部分工作时间进行志愿者行为）存在争议。以及志愿者行为是否是员工个人发起或者限制在企业特定的志愿者行为计划上。Jessica、Heiko、Melanie 和 David（2016）基于 Musick 和 Wilson（2008）的建议采用行为研究法界定员工志愿者行为，即认为员工志愿者行为是指员工有计划地投入时间在组织、外部非营利机构或慈善团体上的志愿者行为。Jessica 等（2016）使用员工志愿者行为（Employee Volunteering）这一术语来指员工参与的任何志愿者行为。在这个大前提下，员工志愿者行为既包括员工参与企业志愿者行为，也包括员工在工作时间之外所进行的志愿者行为。

Jessica 等（2016）认为，员工志愿者行为具有以下三个主要特征：第一，志愿者行为不仅是简单的经济支持，还应包括时间上的投入（Omoto and Snyder, 1995；Wilson, 2000）。两者之间最大的区别在于，志愿者行为代表着一种积极的参与，而经济支持则代表一种更为被动的参与形式。如一名员工花费一下午的时间在福利院进行义务劳动，而另一名员工则以捐赠的形式支持福利院的运营，显然前者为志愿者行为而后者则不属于志愿者行为。此外，这部分关于志愿者行为的界定更加侧重于时间上的投入。第二，志愿者行为具有计划性，而不是一种自发的帮助行为（Penner, 2002；Wilson, 2000）。在星期天的早上一名员工为当地繁忙的街道登记并梳理交通的行为认为是一种志愿者行为，另一名员工在工作途中为路过的乞儿提供早餐则认为不是志愿者行为。第三，志愿行为是以志愿者团体、慈善组织或非营利性组织的背景下进行（Musick and Wilson, 2008；Penner, 2002）。志愿者组织或慈善团体是志愿者行为的对象和志愿者服务的接受方。大多数学者认为，志愿者行为是一个正式的和公共的活动，而且志愿者通常不会提前了解志愿对象的具体情况（Omoto and Snyder, 1995；Wilson, 2000）。

综上所述，员工志愿者行为的概念内涵覆盖范围较广，虽然这些定义乍看起来是那么的相似，然而各定义的组成部分却并不相同。例如，假定志愿者从事志愿者行为的动机（利他行为）和志愿者行为对象的受益程度，以及如何更好地界定和测量员工志愿者行为达成相对较低的共识。而且，员工志愿行为是否应包括员工工作时间所进行的志愿行为、作为组织进行志愿行为的一部分，或在工作之外员工用个人时间所进行的志愿行为等缺乏较为深层次的思考。如有学者研究员工参与到企业志愿者行为中的情况（Caligiuri et al. , 2013；DeVoe and Pfeffer, 2007），而另一些学者则主要集中在员工工作时间之外所进行的志愿者行为（Mojza and Sonnentag, 2010；Mojza, Sonnentag and Bornemann, 2011），还有一些学者对上述两者界定方式一并进行选择（Booth et al. , 2009；Rodell, 2013）。总的来说，员工志愿者行为的界定在个体层面和组织层面以及员工参与志愿者行为的时间上存在分歧（工作时间、个体时间和部分工作时间）。鉴于此，本书采用 Jessica 等（2016）的定义，即认为员工志愿者行为就是员工有计划地投入时间到慈善机构、非营利性团队和志愿者团队。该定义既包括员工个人时间所参与的志愿者行为，也包括企业支持，在工作时间内员工参与所进行的志愿者行为。这一概念界定是现今较为完整和系统的，其提炼和整合了以往关于员工志愿者行为相关概念。

二、员工志愿者行为的测量

（一）自我报告小时数（Self – reported Numberof Hours）

有学者用员工自我报告参与志愿者行为的小时数来对员工的志愿者行为进行测量（Booth et al. , 2009；Mojzaet et al. , 2011；Wilson and Musick, 1997, 1998）。如 Mojza 等（2011）经过筛查最终对 105 位员工进行维持两周的调查，运用多种策略来保持员工对调查的依从性（如电话提醒和面对面访谈），以确保员工志愿者汇报内容的真实性和可靠性。

这种测量方式具有较高的可行性，然而依靠自我报告的时间来衡量员工的志愿者行为存在一定的局限性（Rodell, 2013；张麟等, 2015）。如自我报告小时数可能带来可靠性问题，在缺乏重复测量的情况下志愿者行为的可靠性无法保证。此外，这种类型的测量可能容易出现模糊性问题。对此，Musick 和 Wilson（2008）提出员工自我报告参与志愿者行为小时数存在三个重要的问题：①自我报告小时数可能受问题的框架影响（例如，是报告每周、每月还是每年的时间）；②人们对于参与到志愿者行为的界限也有不同（是否包括开车去目的地的时间）；③员工在回顾过去参与的志愿者行为时可能存在记忆偏差，不能准确地复述过去的志愿者行为。此外，即使志愿者能完全回忆起并自愿参加同样的强度，小时数仍然是一项单项措施，由于缺乏测量重复，测量信度无法得到保证，论证存在很大的风险。

（二）志愿者功能量表（VFI）

由于自我报告志愿行为小时数存在信度无法保证的问题，西方学者开始尝试开发量表来测量员工志愿者行为的真实状况，以便更好地进行相关领域的研究。Clary 等（1998）为了测量员工志愿者行为动机而编制的志愿者功能量表（Volunteer Functions Inventory）。它有 6 个分量表，每个量表由 5 个项目组成，总共由 30 个量表构成。其中 6 个分量表是指 6 个志愿者动机，即价值需要、职业发展、社会交往、自我保护、自我提升和知识获取需要。例如"我参与志愿者行为能使我摆脱现在的困境""我参与志愿者行为可以促进职业发展"等。所有的项目均采用 7 点计分法，从 1（完全不重要/非常不准确）到 7（非常重要/非常准确），项目的得分越高，则表示志愿者行为驱动动机越强烈。志愿者功能量表在研究志愿者参与动机方面得到广泛的运用，信度和效度得到实证的检验（Erez et al.，2008；Cameron et al.，2014）。

（三）志愿者精神量表

Gillath，Shaver 和 Mikulincer（2005）共同编制开发的量表由 26 个项目构成，例如，"社区服务""医院义工""帮助弱势群体"等。测量时要求被试说明过去一年是否参与志愿者行为，以及参与的数量和投入的时间。量表总共分为 7 个层级，分别由 1（每年有一次参与志愿者行为）到 7（几乎每天都会参与到志愿者行为）对实验对象的志愿者行为投入时间进行评估。然而该量表不仅相当长，而且还专注于可能与所有被调查者不相关的具体活动，或者可能不符合志愿服务的定义的内容（如"无偿的专业活动"和"无薪实习"）。此外，它测量项目的具体描述可能无法捕捉从事志愿者行为的受访者以及无法涵盖所有的志愿者行为。

（四）志愿者活动问卷

Carlo 等（2005）为了进一步剖析志愿者行为，编制了志愿者活动量表（Volunteering Questionnaire）。该量表总共有 4 个项目："你是否参与过志愿者行为""你是否正在参与志愿者行为""最近两个月，你是否有参与志愿者行为的意向"以及"最近两个月，你是否会应社会邀请参与志愿者行为"等。值得一提的是，志愿者活动量表中的"志愿者行为"采用的是更加全面的志愿者行为，不仅包括个体无偿地为他人提供帮助，而且志愿者行为接受对象所涵盖的范围比较大。例如，Carlo 等认为志愿者行为的受助对象不仅包括志愿者团队、慈善组织以及非营利组织，而且也包括学校、教会或宗教性质的团体、政治团队等。

（五）志愿者角色认同量表（VRI）

Grube 和 Piliavin（2000）为了测量志愿者的角色认同而开发了志愿者角色认同量表（Volunteer RoleIdentity）。志愿者角色认同量表总共含有五个项目："我不想参与志愿者行为""不参与志愿者行为会使我有失落感""参与志愿者行为对于我而言没有多大意义""志愿者行为是我生活中不可或缺的一部分""参与志愿者行为组织对我而言具有重要意义"。志愿者角色量表采用 Likert 7 点评分法，得分越高表明个体对志愿者角色认同度越高。志愿者角色认同量表得到国内学者的广泛运用，特别是在心理学和教育学领域，信度和效度得到实证的检验（樊瑾，2006；高志利，2012；李敏和周明洁，2017）。

（六）志愿者行为量表

Rodell（2013）在 Hinkin 和 Tracey（1999）的基础上，开发志愿者行为量表，主要包括五个项目："我投入时间和精力参与到志愿者组织中""我运用技能使得志愿者在组织中获益""我支持志愿者组织的发展""我雇佣人才援助一个志愿者组织"等。该量表采用 5 点计分法（1 = 完全没有参与志愿者行为，5 = 经常参与志愿者行为）。Rodell 的量表表现出较好的内容效度和结构效度（Jessica et al.，2016；Jessica et al.，2017），能够较好地反映员工参与志愿者行为的实际情况（张麟等，2015）。

概括而言，到目前为止，志愿者行为通常是由员工的自我报告小时数来衡量员工参与志愿者行为的程度（Gillath et al.，2005），这些都没有充分反映志愿行为的强度（Rodell，2013）。最重要的是志愿者们在回顾他们的志愿者工作时间时可能会遇到困难（Musick and Wilson，2008）。此外，即使志愿者能回忆起并自愿参加同样的强度，小时数仍然是一项单项措施，且评估信度的可靠性存在测量重复情况。目前，仅有的考察志愿者行为数量的量表也可能存在问题（Gillath et al.，2005），该量表过于繁琐（26 个项目），而且也无法涵盖所有的志愿者行为。此外，Carlo 等（2005）所设计的志愿者活动量表，在"志愿者行为"定义上采取过于全面的志愿者行为观（志愿者行为对象包括慈善组织也包括政治团队），与相关领域的大部分学者关于志愿者行为的定义存在较大偏差。可见，虽然志愿者行为的测量方法比较多，但其中可能各自存在一定问题，还需要研究者在测量方式上进行恰当的筛选。

第三节　员工志愿者行为的驱动因素

员工的志愿者行为可能受到多种因素的影响。其中，一些因素在研究志愿者行为中通常普遍得到关注，如人口统计学因素（性别、年龄和受教育程度）和人格特质（宜人性、外倾性和依恋类型）等。另外，在工作场所中，员工参与志愿者行为具有一些特有的因素，例如，工作设计和工作环境以及关于志愿者行为的组织层面上的结构和政策驱动员工参与志愿者行为。总体来说，员工志愿者行为主要包括个体层面和组织层面的驱动因素。

一、员工志愿者行为的个体层面驱动因素

关于员工志愿者行为前因变量的个体层面的研究，是建立在社会学、社会心理学以及人格特质等研究的基础上（Musick and Wilson，2008）。在通常情况下，员工志愿者行为的前因变量主要包括人口统计学变量、人格特质、动机和角色认同四个方面的因素。

（一）人口统计学变量

从人口统计学的角度来研究员工志愿者行为的前因变量，学者主要集中在年龄、性别、受教育程度和对孩子的责任感等方面考察员工志愿者行为的影响。

（1）年龄与志愿者行为。Musick 和 Wilson（2008）明确指出，在人的整个生命周期，员工参与志愿行为的意愿类似于一个倒置的 U 形，在早期的工作中，员工对志愿者行为具有较高的参与意向，而随着年龄的增长以及工作的不确定性等因素导致志愿者行为意愿持续下降。之后，随着工作的稳定，事业的上升，员工为了追求精神上的满足感和身体的健康而会逐渐参与

到志愿者行为中。与之相反，也有学者指出员工参与的志愿者行为会随着年龄的增长而随之增加（Cornwell and Warburton，2014；Rodell，2013）。

（2）性别与志愿者行为。针对男女两性在志愿者行为上的差异，有数据显示女性相对于男性而言更有可能成为志愿者，考虑到女性对帮助行为的认同感较高，可以进一步预测女性较之男性更可能成为志愿者，参与志愿者行为（United States Department of Labor，2009）。还有研究倾向于认为工作中的女性比男性更可能成为志愿者，由于女性在工作场所中产生了过多的男性气概，根据补偿理论，参与志愿者行为是一个很好的补偿方式（DeVoe and Pfeffer，2007；Lee and Brudney，2012）。

（3）受教育程度与志愿者行为。大多数学者认为个人的受教育程度与参与志愿者行为的意愿正向相关（Wilson，2000；Rotolo and Wilson，2006）。具体而言，员工的受教育程度越高，越有可能投身到志愿者行列中，更可能参与志愿者活动。由于志愿者高的教育水平，伴随而来的是相对较高的收入和工作的稳定性，在志愿者行为所需的技能、资金和时间等条件上更可能得到满足，而且随着志愿者参与的机会（例如企业支持、社区邀请参与志愿者行为等）的逐渐增加，他们参与志愿者行为的可能性也会更高（Houston et al.，2009；Marshall and Taniguchi，2012）。

（4）对孩子的责任感与志愿者行为。具有养育子女责任的员工，特别是子女在学龄儿童时，员工倾向于参与更多的志愿者行为。特别是女性员工在养育子女的过程中，更能发挥母性的关爱精神和能力，这种母性更可能渗透到其他领域，如志愿者行为（Cornwell and Warburton，2014；DeVoe and Pfeffer，2007）。然而，也有研究表明性别对志愿者行为的影响效应并不明确（Rodell，2013）。

（二）人格特质

较之人口统计学特征，人格特质对志愿者行为的影响引起学者的广泛关注。Wilson（2000）指出，大多数社会学家都认为人格在个体是否参与志愿者行为中扮演着重要的角色，人格对于志愿者行为而言是重要的驱动因素。有学者采用"大五"人格（宜人性、外倾性、神经质、开放性和责任心）测量人格特质对志愿者行为的影响。相较于神经质、责任心和开放性，人格特质中的宜人性和外倾性是与志愿者行为在概念上最直接相关的特质。Graziano 和 Eisenberg（1997）认为宜人性是促进亲社会行为的核心特质。

宜人性是指个体的利他性、直率、真诚、仁慈、谦虚等品质（McCrae and Costa，1999）。有实证研究表明，宜人性对志愿者行为具有显著预测作用（Smith and Nelson，1975）。为什么宜人性对志愿者行为具有直接的驱动作用？有学者认为宜人性更重视他人的要求，而志愿者行为往往是由他人的请求而发生的。因此高宜人性人格特质的个体更可能回应他人的请求而参与志愿者行为（Carlo et al.，2005）。

外倾性是指反映个体的社会性、合群、自信、积极的情绪、热情和活跃等性格特征（McCrae and Costa，1999），同样地也被认为是直接影响志愿者行为（Knight and de Guzman，2005）。志愿者行为需要个体和慈善团队或志愿者组织间成员的社会互动，这就要求志愿者需要有着强有力社会交往能力和亲和力。外倾性对志愿者的驱动作用也得到相关领域学者的证实（Elshaug and Metzer，2001），并认为志愿者比非志愿者更可能变得外向和彬彬有礼。然而，也有学者指出，外倾性的个体对志愿者行为没有直接影响，而是与亲社会价值动机一起间接地对志愿者行为产生影响。外向的人更倾向于社会交往，但这种倾向并不一定会使得他们参与志愿者行为，除非外倾性特质的人也会积极地回应他人的请求（Carlo et al.，2005）。

不过，有学者发现，当与其他个体差异一起研究时，"大五"特质显示对志愿者行为并没有显著影响（Erez，Mikulineer，Van Ijzendoorn and Kroonenberg，2008）。在研究与人格相关的特质中，有学者发现与志愿者行为最接近的是亲社会人格（Penner，Fritzsche，Craiger and Freifeld，1995）。亲社会人格对志愿者行为驱动因素已经得到证实（Finkelstein，2009；Penner，2002）。虽然上述关于人格特质与志愿者行为的研究尚未达成共识，但似乎指明了一个方向，即个体层面的人格特质可能是影响志愿者行为的重要因素。

（三）动机

在个体层面对志愿者行为的影响因素中，动机对志愿者行为的影响得到学者广泛关注。学者普遍认为，不同的个体有着不同的期望和动机，员工的志愿者行为通常由不止一个动机驱动，并认为是由一个复杂的动机机制所推动（Clary et al.，1998；Kiviniemiet et al.，2002；Pajo et al.，2006）。因此，不同的学者采用不同的理论模型研究志愿者行为的动机机制（Clary et al.，1998；Omoto and Snyder，1995）。

Clary 等（1998）从志愿者的需求这一视角出发，设计出志愿者功能量表（VFI）测量志愿者行为动机，该量表得到学者的普遍认可和运用（Houle et al.，2005；Cameron et al.，2005）。在他们的模型中，Clary 等提出志愿者行为包含有六种动机需要，即价值需要、知识获取需要、职业发展需要、自我提升需要、自我保护需要以及社会交往需要。

（1）价值需要主要是指个体对他人和社会表达关怀和做出贡献的价值观，是个体精神层面的需要。Allison 等（2002）研究发现，84%的个体参与志愿者行为主要是出于与价值相关的动机。

（2）知识获取需要是指个体获取新知识、学习能力、理解力、实践能力和应用技能等能力的需要。

（3）职业发展需要是指个体进一步发展自身的事业、增加工作机会的需要。

（4）自我提升需要主要是指提高自尊、增强自信、获得满足感并实现个人发展。

（5）自我保护需要是指减少内心由于工作或生活中所产生关于比他人幸运的内疚感，并解决自身的个人问题。

（6）社会交往需要是指个体投入与家人和朋友在一起的时间，或者参与一项重要的活动，这种动机在老年志愿者群体显得格外强烈（Yoshioka et al.，2007）。

也有学者采用功能理论视角，研究表明志愿者行为为个体提供了某些功能，进而激发了员工参与志愿者行为的动机（Clary and Snyder，1999）。从广义上而言，志愿者行为的功能理论视角分为利己导向动机和利他导向动机（Musick and Wilson，2008）。利己导向的动机关注志愿者行为对志愿者的各种潜在作用。如提高积极影响、降低负面影响和提高自尊、增长知识和提高技能水平，促进个人职业发展和维持社会关系网络等方面（Clary et al.，1998；Omoto and Snyder，1995）。利他导向的动机则侧重于志愿者行为对志愿者行为对象的积极影响。例如，学生（Carlo et al.，2005；Finkelstein，2009）、成人（Penner and Finkelstein，1998）和员工（Brockner et al.，2014；

Pajo and Lee, 2011；）的利他导向动机是参与志愿者行为的重要驱动因素。然而，利己导向的动机的结果往往不太确定。研究普遍认为，利己导向的动机对志愿者行为几乎没有影响（Carlo et al. , 2005；Finkelstein, 2009）。在员工的背景下，员工利己导向的动机对志愿者行为可能会有影响。Peloza 等（2009）研究发现，利己导向的动机（职业发展、社会互动和学习动机）会提高员工参与企业志愿者行为的强度，但降低了个人参与志愿者行为的强度。此外，在工作场所中员工的志愿者行为很可能归结于印象管理动机，以此寻求得到同事和上级的支持（Peloza and Hassay, 2009）。

（四）角色认同

少部分学者研究志愿者角色认同对个体参与志愿者行为的影响（Grube and Piliavin, 2000；Penner, 2002）。有学者研究表明认同是个体对角色期待的内化（Stryker and Burke, 2000）。角色认同是个体在生活和工作中所拥有的角色（如父亲、母亲、员工）进行自我的概念化。基于角色认同这一视角，人们在家庭和工作领域可能扮演多种角色。这些角色被他人所认同并与个体的自我概念相关联，角色认同会对个体的行为产生重要的影响（李敏和周明洁，2017）。

志愿者角色认同是指个体将志愿者角色视为自己社会角色的一部分（Grube and Piliavin, 2000）。已有学者研究表明，志愿者角色认同对志愿者行为具有直接推动作用（Piliavin and Call, 1999）。在一项关于无偿献血的研究中，如果个体感受到献血行为会对他人产生帮助，他们将会对献血这一志愿者行为更加积极和认可，会对志愿者角色认同起着促进作用，继而显著影响个体志愿者行为的参与度（Piliavin and Callero, 1999）。此外，志愿者角色认同受个体以往的志愿者行为经历、个人价值观和个体差异影响（Penner, 2002）。Grube 等（2000）认为，较高水平的志愿者角色认同会对志愿者行为产生积极的影响，并且这一研究已经得到实证的支持（Lee, Piliavin and Call, 1999；Finkelstein, 2009）。

另外，除了志愿者角色认同之外，Rodell（2013）研究发现，亲社会认同高的员工会更频繁地参与到志愿者行为中。

综上所述，目前，一些学者研究员工志愿者行为的驱动因素主要集中在人口统计学变量、个性特征、动机和角色认同四个类别。然而，也有一些学者研究表明，人口统计学特征对志愿者行为的影响并不直接相关，没有明确的数据表明该特征对志愿者行为存在显著的影响作用，不能单独预测志愿者行为（Matsuba et al.，2007）。而且有关人格特质的影响研究结论也不一致。为此，现阶段较少学者会单独考察人口统计学特征和人格特质对志愿者行为的影响，大部分是作为控制变量存在。关于志愿者行为的前因变量中的个体层面因素，大部分学者倾向于研究志愿者参与的动机方面。传统上关于志愿者行为动机的研究，主要是对志愿者具体的需求进行研究。例如，Clary 等（1998）提出志愿者行为动机，包含六种动机需要，即价值需要、知识获取需要、职业发展需要、自我提升需要、自我保护需要以及社会交往需要。现在的学者研究是对志愿者行为动机进行整合，即利他导向动机和利己导向动机。无论是否确定为亲社会人格（Finkelstein，2009）、亲社会认同（Rodell，2013）或帮助动机（Brockner et al.，2014）等利于他人的动机都被认为是个体的志愿者行为的重要驱动因素。员工利己导向动机，如促进职业的发展和改善管理者印象（Peloza and Hassay，2006）等也可能对员工志愿者行为产生影响。随着相关研究的发展，还有一些学者将影响志愿者行为的前因变量整合到更全面的框架中，如人格特质引起动机进而产生了行为（Carlo et al.，2005；Mowen and Sujan，2005；Penner，2002）。未来研究可以从这一出发点切入，综合探讨员工志愿者行为的驱动因素。

二、组织层面因素

（一）工作场所特征

除了个体层面之外，员工志愿者行为也许会受组织的工作场所特征的影响。如员工的工作类型、工作场所的规范性以及同事行为等因素对员工志愿者行为产生影响。毫无疑问，现有关于员工志愿者行为的研究很大一部分包括了各种工作场所特征，因为它们代表了员工志愿者行为的独特方面。通过对以往的研究发现，关于工作场所特征似乎主要集中在工作设计特征、工作环境因素两个方面。

（1）工作设计特征。基于工作特征模型（Job Characteristics Model）（Hackman and Oldham，1980）和工作—非工作关系的理论（Work - nonwork Relationship）（Edwards and Rothbard，2000；Greenhaus and Powell，2006）来

考察工作特征对员工志愿者行为的影响。这其中主要包含两种观点：一种观点是假设员工认为他们的工作具有意义性而且充满了挑战性，员工可能会感谢组织提供了一份理想的工作，并努力参与组织的志愿者行为进行回报（Slattery, Selvarajan, Anderson and Sardessai, 2010）。基于工作—非工作关系的观点，员工对工作和组织的积极态度可能会溢出到与工作相关的行为（Wilson and Musick, 1997）。具体而言，基于强化理论和溢出理论，个体在一个领域的经验会对另一个领域个体行为和态度产生积极的影响（Burke and Greenglass, 1987），工作的意义性为员工继续从事此类活动提供了内在的激励，从而激发员工参与志愿者行为的意向（Wilson, 2000）。

有学者研究证实，有意义工作体验的个体更可能在工作场所以外去寻求这种体验，这可能使他们更愿意投入到志愿者行为中（Clary et al., 1998；Geroy et al., 2000）。Herzog 和 Morgan（1993）指出，从工作中获得内在价值的个体，如意义感，为了维持这种意义感可能会转换为志愿者行为。简言之，人们更倾向于自己的工作是重要的和具有价值的（Pratt and Ashforth, 2003；Spreitzer, 1995），这会驱动人们去参与工作之外的活动，以希望得到更多的满足感和价值感，如志愿者行为。

另一种观点则认为员工参与志愿者行为是由补偿动机所驱动的（Grant, 2012），如员工感觉到他们的工作缺乏意义，参与志愿者行为是为了获得某种意义上的补偿（Edwards and Rothbard, 2000）。Rodell（2013）的实证研究为上述两种观点提供了支持：即从事有意义工作的员工更可能成为志愿者，而从事无意义工作的员工则更倾向于通过参与有意义的志愿者行为从而对自身进行补偿。

有学者研究认为，不同的工作特征和工作规范导致了员工参与企业志愿者行为的差异性（Webb and Abzug, 2008）。志愿者行为是亲社会行为的一种表现形式（Penner, Dovidio, Piliavin and Sehroeder, 2005）。有学者认为工作设计是员工亲社会行为的重要驱动因素（Grant, 2007, 2008）。考虑到学者普遍认为工作设计影响员工的行为，包括亲社会行为以及绩效，工作设计很可能对员工持续参与企业志愿者行为具有重要的驱动作用（Adam, 2012）。

具体而言，工作设计模型主要的研究内容集中在工作的任务特征

（Haekman and Oldham，1976）、知识特征和社会特征（Humphrey et al.，2007）三个方面。任务特征相较于重复性质的工作，挑战性和丰富性使得工作任务具有重要意义，进而提高员工的认同感、自主性（Adam，2012）。工作丰富的知识特征提供员工解决问题、处理复杂信息和获取技能的重要机会（Morgeson and Humphrey，2006），知识特征的丰富性有利于员工学习和掌握新技能。社会特征是影响员工在工作中人际关系的重要结构特征（Grant，2007）。工作丰富的社会特征为员工和组织外部的其他人建立友谊、支持的机会（Humphrey et al.，2007），满足了员工与他人建立联系的愿望。从补偿理论的视角出发，当工作设计丰富时，员工的内在动机会得到满足，包括任务特征的意义感（Fried and Ferris，1987），社会特征提供社交机会（Morgeson and Humphrey，2006）以及丰富的知识特征会给予员工获取新技能的机会（Parker et al.，1997）。可以说，员工工作中任务特征、知识特征和社会特征的丰富性会使得员工感激组织提供的理想工作（Morgeson and Humphrey，2006），继而对参与企业志愿者行为具有强烈的动力（Adam，2012）。然而，也有学者从志愿者动机视角出发，认为这类满足感的获得会使得员工无心参与企业志愿者行为，因为员工已经在有意义的工作中得到了满足。可见，工作意义感与员工志愿者行为之间的关系研究结论并不一致，未来有必要进一步对比探讨。

　　除了考察工作特征和志愿者行为之间的直接联系之外，还有学者考虑加入性别问题。Marshall 和 Taniguchi（2012）认为，女性管理者更倾向于投入志愿者行为。根据这些学者的研究，这种情况的一个潜在解释可能是由于女性管理者参与志愿者行为是为了补偿在工作中过多的男子气概（Jessica，2016）。此外，研究发现工作自主权对男性参与志愿者行为具有促进作用，对女性则没有影响（Marshall and Taniguchi，2012）。基于此，未来在探讨工作特征与员工志愿者行为之间的关系时，可以加入一些边界条件的考虑，如除了上述性别的影响之外，还有其他因素，如人格特征是否也可能起到调节作用，有待进一步实证检验。

　　（2）工作环境因素。工作环境中的因素也可能促进或阻碍员工参与志愿者行为，主要包括工作时间表，薪酬支付时间和工作的不确定性。这些工作方面的因素对员工参与志愿者行为具有重要影响，因为它们决定了员工的时间自主权（Temporal Autonomy）和财务自主权（Financial Autonomy），这对员工参与志愿行为具有至关重要的影响。相较常规的工作日（Regular day），选择轮班制（Split one's Shift）或远程办公增加了员工参与志愿者行为的可能性。这可能是由于工作方式的灵活性与员工参与志愿者行为相适应（Gomez and Gunderson，2003）。相反，轮班制似乎并未提高员工参与志愿者行为水平，这可能是由于工作时间不断变化，造成员工长期参与志愿者行为的机会减少。一般来说，时间角色冲突可能限制员工参与志愿者行为的可能性（Farmer and Fedor，2001）。

此外，志愿者行为是不计报酬的为他人和慈善组织及团体投入时间和技能（Jessica，2016），员工可能会根据工资的支付方式形成关于时间的特定心理，进而影响员工给予时间的分配。有实证研究表明，志愿者行为受到薪酬制度的影响（计时工资），时间定价使得个体更愿意以金钱来衡量时间的经济效益，不愿意投入时间去做无经济价值的活动（DeVoe and House，2012）。有学者认为薪酬支付时间与员工参与志愿者行为具有相关性，员工参与志愿者行为就会受到利益的影响（DeVoe and Pfeffer，2007）。具体而言，时薪制使得员工对时间的经济价值具有显著的评价，他们更愿意放弃休闲时间以便更好地赚取经济利益（DeVoe，Lee and House，2010），也使得人们投入更少的时间去进行亲社会活动（Pfeffer and DeVoe，2009）。时薪制的员工具有较低的成为志愿者的可能性且愿意投入志愿者行为的时间也相对较少。据推测，与个体的志愿者行为相比较，这些因素对组织志愿者行为具有较低的影响，因为员工志愿者行为的时间往往由组织所安排（Jessica，2016）。

工作环境中的最后一个因素是工作的不确定性，Pavlova 和 Silbereisen（2014）认为，在职业生涯的不同阶段，员工积极应对工作不确定性与志愿者行为具有相关性。研究发现在职业生涯初期，积极应对工作不确定性的员工比消极应对工作不确定性的员工更有可能成为志愿者。然而，在职业生涯的晚期，员工工作不确定性的应对方式与志愿者行为没有联系。

（二）企业对志愿者行为的支持

少部分学者专注于研究具体的志愿者行为计划（Henning and Jones，2013）。其范围可以从企业发起和协调志愿者行为计划到对员工参与志愿者行为的支持，再到企业完全不参与志愿者行为（Basil et al.，2011；Cavallaro，2006）。根据 Hewitt Associates 的数据库，提供组织支持志愿者行为计划（Employer‐Supported Volunteering，ESV）的企业每年增长 25%（Koss‐Feder，2000）。其中，组织支持志愿者行为计划被认为是企业制定正式或非正式的政策和制度以此鼓励帮助员工去参与志愿者行为（Tschirhart，2005）。如企业为员工的志愿者行为提供时间上的支持、后勤上的支持和资金上的支持（Basil et al.，2009；Booth et al.，2009；Gatignon and Mignonac，2015；Peloza et al.，2009；Peterson，2004）。尽管可以考虑到更加广泛的组织特征，然而大部分学者似乎更倾向于关注以下三个主要部分：基于时间上支持、资金或后勤方面的支持、管理者的认同。

（1）时间的支持。大部分研究集中在企业对志愿者行为给予时间上的支持（Basil et al.，2009；Booth et al.，2009；Gatignon‐Turnau and Mignonac，2015）。总体而言，通常包括为员工提供有偿时间以便员工能够参与到志愿者行为中或允许员工调整他们的工作时间以便适应志愿者行为。有研究表明，50%~80% 的企业允许员工在工作时间参与志愿者行为（Cavallaro，2006）。此外，据估计，80% 的企业提供自由的工作时间以便员工更好地参与志愿者行为（Basil et al.，2009）。

有调查显示，许多企业都会雇佣外部经纪人和内部员工与特定的志愿者组织建立正式或非正式的伙伴关系，并联合创建最符合企业使命的志愿者行为计划（Volunteering England，2005）。这种企业与慈善组织的伙伴关系有利于员工参与志愿者行为有着更多的时间自主权。例如，如果员工与志愿者组织有着至少 10 年的合作经历，美国运通企业为员工提供时间上的便利，允许其为非营利组织工作六个月。

（2）资金或后勤的支持。据估计，美国和加拿大大约有 50% 的企业为员工的志愿者行为提供帮助（Basil et al.，2009；LBG Associates，2004），主要是指资金和后勤方面的支持（Booth et al.，2009），即组织为支持员工参与志愿者行为而投入或者捐赠资金和有形资产。很多企业的支持行为都属于此类形式，如企业允许员工使用组织设施、设备或交通工具（Cavallaro，2006）；捐赠商品，如捐赠奖品、礼券或 T 恤用于志愿者行为（MacPhail and Bowles，2009）；慈善捐赠（Gatignon‐Turnau and Mignonac，2015），为员工志愿者工作提供资金上的支持以及为员工参与志愿者行为支付报名费或报销费用等（Booth et al.，2009）。2005 年，家得宝（Home Depot）为员工的志愿者行为投入了 1500 万美元（不包括薪水），并在每个网站或者商店都有专门的工作人员进行社区服务，为员工参与企业志愿者行为提供了极大的便利（Points of Light Foundation，2005）。

（3）管理者的认同（Recognition）。有学者从管理者认同的角度考察员工的志愿者行为。管理者的支持会向员工传递企业志愿者行为受到管理者重视的信号，使得员工对志愿者身份的认同度高，继而持续地参与到企业的志愿者行为中（Adma，2012）。Peloza 和 Hassay（2006）的研究表明，管理者的认同对于员工参与企业志愿者行为具有重要的促进作用。实证研究表明，当员工的努力得到组织的认同时，才会激励他们参与到企业志愿者行为中（Aekerman，1998）。Miekel 和 Barron（2008）的研究也表明，管理者对志愿者行为的认同和支持会影响员工志愿者身份在内化过程中持续参与志愿者行为的意愿。

基于自觉理论的视角，Ryan 和 Deei（2000）研究表明，与管理者支持相结合的认同很可能会维持员工参与企业志愿者的意愿。"认同"是一种象征性的奖励方式（Miekel and Barron，2008），通常是以公开的方式进行表达。员工管理者认同可以用奖励的形式表现，包括接待或提供食宿、写感谢函、通报嘉奖或刊登报刊等形式（Basil et al.，2009；Cavallaro，2006；Peterson，2004）。研究表明，50% 以上的企业都实施志愿者计划并鼓励和认同员工的志愿者行为，管理者的认同促使员工积极地参与到企业志愿者行为中，员工可以将自身的公众形象与自我概念相结合，做一个有益于他人和社会的人（Griskevicius，Tybur and Van den Bergh，2010）。

第四节　员工志愿者行为的影响效应

除了在组织行为学领域之外，志愿者行为的结果因素还取得了较为丰硕的成果。例如，石伟和李林（2010）从社会融合说、心理资源说以及换位体验说三个理论视角，分别论证了志愿者行为对个人幸福感具有积极的作用。

志愿者具有较高的自尊和生活满意度（Harlow and Cantor，1996）以及较高水平的身体健康和更低水平的抑郁情绪（Musick，Herzog and House，1999；Thoits and Hewitt，2001）。尽管这些研究结果对员工的志愿者行为同样适用，但在工作场所中，员工志愿者行为还可能产生一些其他独特的影响作用（Jessica et al.，2016）。如员工志愿者行为对工作绩效、员工留职率以及组织声誉的影响等。基于此，本书通过分别考察个体、工作和外界看法来分别阐述员工志愿者行为的影响因素。

一、个体影响

员工志愿者行为对个体方面的影响主要是指员工参与志愿者行为内心得到成就感、幸福感、积极情绪状态和他人认可等。

（1）成就感。研究普遍表明，员工从企业或个人的志愿者行为中感受到成就感，并相信从志愿者行为中能够实现个人的发展和成长（Caligiuri et al.，2013；Mojza et al.，2011；Mojza and Sonnentag，2010）。员工志愿者行为提供了员工维持社会互动的机会（Mojza and Sonnentag，2010），可以令员工在良性社会互动过程中取得成就感。

（2）幸福感。员工参与志愿者行为能够获得意义感和幸福感（Brockner et al.，2014；Rodell，2013）。Mojza 和 Sonnentag（2010）认为，员工参与志愿者行为比参与其他休闲活动更加有意义。Paco 和 Nave（2013）认为，员工参与志愿者行为的满意度与员工的幸福感显著相关。

（3）积极情绪状态。Mojza 等（2011）研究发现，员工的志愿行为作为员工自我恢复的一种形式，能使员工在心理上暂时脱离他们所在的工作。具体而言，员工的志愿者行为摆脱了与工作相关的活动和想法，能够帮助员工专注于当下，不会杞人忧天，从而建立员工的认知资源（积极的心态和信仰）。同样地，通过满足员工的需要，志愿者行为能提高员工的积极认知和情绪状态，可以带来积极情绪和抵御各种消极情绪，比如焦虑、抑郁等（Ouellet，Morin and Lavoie，2009）。

（4）他人认可。有研究指出，员工参与志愿者行为是为了获得管理者的认可和赞赏（Booth et al.，2009；Peloza and Hassay，2006）。不过，Jessica 等（2016）从声誉的视角出发，结合实验室和实证研究，志愿者行为既可能被同事称赞，也可能被贴上污名的标签，而造成两者截然不同的评价可能取决于同事们对志愿者行为的动机归因的差异。具体而言，当人们把"正面"的行为归结于真实的和内在的动机时，则会对该行为给予积极的评价；反之，当人们把"正面"的行为归结于外在动机和认为个体实施该行为动机不纯时（例如，出于职业发展的考量），则会对"正面"行为给予消极的评价（Grant and Collins, 2009）。当员工志愿者行为被视为内在动机时，志愿者行为被认为是一种可以给员工带来个人享受和满足感的活动，在这种情况下，作为志愿者的员工可能会被视为天生就乐于助人并以此为乐。当同事认为员工志愿者行为是一种印象管理归结时，同事会认为员工是在战略性地影响别人对他们的看法。印象管理归结可能对评价志愿者行为产生不利的影响，因为同事们可能认为这种行为被用作一种政治策略，已达到某种目的，是一种不够真诚的行为方式（Ferris, Bhawuk, Fedor and Judge, 1995）。这往往会使其他人对志愿者行为持负面观点（Bolino, Varela, Bande and Turnley, 2006; Judge and Bretz, 1994）。然后，在归因的过程中，会促使同事们把志愿者行为归结于印象管理动机，则不断地污名化志愿者行为。可见，志愿者行为与他人认可之间的关系并不确定，还取决于归因过程。

二、工作影响

员工参与志愿者行为不仅在个体方面具有积极意义，而且在工作方面同样有重要影响，主要包括工作绩效、工作相关技能提升、积极工作态度以及员工离职率。

（1）工作绩效。有学者研究发现，员工志愿者行为对绩效会产生影响，包括组织层面和个体层面。员工志愿者行为提高了企业的核心工作绩效和公民行为，也相应地降低了员工的反生产行为（De Gilder, Schuyt and Breedijk, 2005; Jones, 2010）。学者采用了各种理论方法解释志愿者行为对工作绩效的影响。一种理论解释认为志愿者行为为员工和组织提供了强有力的联系（认同感），员工尊重并为企业支持志愿者行为感到自豪（Jones, 2010; Lee and Kim, 2010）。根据社会认同理论，当个体认为所在的组织有着良好的声誉时，个体的组织认同感会得到提升（Smidts et al., 2001），从而会影响个体的工作表现以及绩效水平（张麟等，2015）。研究发现个体层面的志愿者行为提高了员工工作投入和工作绩效（Rodell，2013；Tuffrey，1997）。有研究表明，志愿者行为对工作领域的影响最重要的是员工获得意义感（Geroy et al.，2000；Trunk，2007）。基于强化理论视角，从经历中所获得的心理资源会扩散到另一领域，并对其造成积极的影响。Sonnentag（2003）认为，非工作的活动作为一种恢复形式为员工提供了心理资源，提高了员工的工作专注度和工作投入。在工作场所之外的志愿者行为被认为是一种非工作活动，可以给员工"充电"，使得员工获得更多的心理资源，继而提高员工的工作绩效水平（Rodell，2013）。

（2）工作相关技能提升。学者普遍认为，参与志愿者行为使员工的沟通交流、人际交往和倾听等与工作相关的技能得以提升（Booth et al.，2009；Caligiuri et al.，2013；Mojza et al.，2011）。志愿者行为为员工的社会互动提供了机会，通过与各种类型的人互动，员工可以提高人际互动技能，有助于提升工作表现。

（3）积极工作态度。有学者研究发现，员工志愿者行为提高了工作满意度和士气（Caudron and Peterson，2004；Tuffrey，1997）。Peterson（2004）研究发现，参与企业志愿者行为计划的员工比没有参加企业志愿者行为计划的员工表现出更高水平的组织承诺。Jones（2010）认为，积极参与企业志愿者行为计划的员工，对组织有更高的自豪感和认同感并表现出高水平的组织承诺。

（4）员工离职率。部分学者还探索员工志愿者行为和员工离职率之间的关系（Jones，2010；Kimet et al.，2010；Peloza and Hassay，2006）。Peloza 和 Hassay（2006）研究发现，当企业对员工的志愿者行为支持较少时会促使员工产生抵触情绪，继而提高员工离职率。

三、外界看法

员工志愿者行为可能影响公司以外的个体（潜在员工、客户或其他利益相关者）的认知和行为。尽管大部分数据来自于行业报告（Points of Light Foundation，2000）。但也有学者已经开始进一步研究志愿者行为对外界看法这一结果（Jones et al.，2014；Jones and Willness，2013）。

大部分企业支持员工志愿者行为的主要目的在于改善自身的形象和提高

声誉水平（De Gilder et al.，2005）。现有研究表明，员工的志愿者行为提高了企业的声誉，继而会吸引潜在的求职者。与此同时，通过改善招聘流程，企业提供员工志愿者行为的机会可能提高对潜在求职者的吸引力（Jones et al.，2014；Jones and Willness，2013）。70%的"千禧一代"表示，在地点、责任、薪酬和福利相同的情况下，不同企业的社区参与度将显著影响其就职意向（Jessica，2016）。有学者研究指出，当一个企业的招聘材料包括员工志愿者行为计划和提供志愿者机会的信息时，更容易吸引潜在求职者的关注和求职意向（Joneset et al.，2014）。

Points of Light Foundation（2000）报告指出，超过80%的公司支持员工志愿者行为以便改善自身与社会公众间的关系。Wild（1993）指出，企业勇于承担社会责任会提高消费者的忠诚度和产品认知度。通过控制企业参与志愿者行为的程度，Mattil 和 Hanks（2013）发现理性的消费者对组织志愿行为计划有更积极的看法，并以此影响了自身对企业的态度。

第五节　员工志愿者行为发展综合模型及其管理启示

员工志愿者行为的研究越来越多地得到了学术者和实践者们重视（Booth et al.，2009；Brockner et al.，2014；Caligiuri et al.，2013；Jones et al.，2014）。在此，本书在整合现有研究的基础上，提出员工志愿者行为发展的一个综合模型（如图8-1所示）。员工志愿者行为主要驱动因素包括个体层面和组织层面，并且员工志愿者行为具有重要影响效应（包括个体影响、工作影响以及外界看法）。

首先，员工志愿者行为包括员工自主参与的志愿者行为，也包括员工参与的企业组织的志愿者行为。就前者而言，员工可能在非工作时间投入到自愿参加的各种志愿者行为之中。就后者而言，企业的志愿者行为计划甚至可能是支持员工在工作时间去完成的。两种类型的志愿者行为都可能产生重要的影响作用。

其次，员工志愿者行为的驱动因素可能包括个体层面变量和组织层面变量。基于前人的研究，有证据表明，员工志愿者行为的前因变量主要集中在个人特征、企业志愿者行为计划和工作场所等因素（Penner，2002；Rodell，2013；Wilson，2000）。个体层面的个人特征可能会与组织层面的工作场所特征共同作用，影响员工志愿者行为投入的意愿和行动。

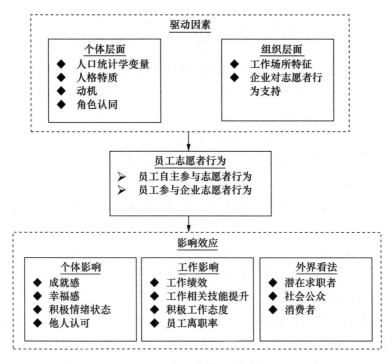

图 8 - 1　员工志愿者行为发展综合模型

最后，员工志愿者行为可能产生重要的影响效应，如个体的幸福感、满足感和意义感以及对工作的影响和外界看法等（Bartel，2001；Harlow and Cantor，1996；Jones，2010；Rodell，2013）。通过参与志愿者行动，个体可能获得积极的体验与情绪状态，另外还可能由非工作领域溢出到工作领域，包括提高工作绩效、产生积极工作态度等。就企业组织的志愿者行为而言，还可能对企业利益相关者产生影响，包括潜在求职者、消费者等。可见，员工志愿者行为的影响领域是非常广泛的。为此，组织管理者可以有意识地利用和发挥志愿者行为的积极影响。

随着时间的推移，志愿者行为计划越来越得到企业重视。组织学者认为企业志愿者行为计划是企业履行社会责任的一种形式，是组织建立和维持良好的企业公民形象的一种战略行为（Marquis et al.，2007）。志愿者行为计划也是衡量企业社会责任的重要指标（Waddock and Graves，1994）。本书的研究为正在运行或寻求实施员工志愿者行为计划的企业高管提供了重要的参考信息。尽管企业实施员工志愿者计划比较普遍（Points of Light Foundation，2006），但高管有时还难以决策是否要支持员工志愿者行为。还有学者研究表明，关于员工志愿者行为的认知观点存在较大差异，如可能认为参与志愿者行为的员工有强烈的道德感和高效的时间管理，但也有学者研究认为员工参与志愿者行为可能会对工作造成干扰，影响组织目标的实现（Jessica，2016）。由图8-1表明，员工志愿者行为对个体、工作还有外界看法均会产生重要的影响。因此，企业高管在考虑企业志愿者行为计划时，可以充分发挥志愿者行为计划给员工带来的积极作用。同时，Jessica（2016）指出，对员工志愿者行为看法的不同可能是由于角色归结的影响。考虑到污名志愿者行为可能源于印象管理的动机归结，高管们要寻求尽量减少这些动机归结现象的发生，从而避免对员工志愿者行为产生消极的影响。总之，有研究表明员工志愿者行为有利于企业发展，特别是推进员工工作的精力和专注力，保持员工积极的态度以及提高员工的留职率方面有显著的效果（Jones，2010）。员工参与志愿者行为对员工个人产生积极影响（幸福感、满足感和意义感），还可能对工作产生积极影响（工作投入、绩效等）。为此，企业要关注员工志愿者行为在实现员工个人价值和提高企业绩效水平中的重要作用。

第六节 结论与未来研究展望

一、结论

通过对以往志愿者行为的相关文献的梳理和整合，本书发现志愿者行为受到了学术界和实践界的高度重视，主要原因有以下几个方面：

首先，员工志愿者行为的概念在定义和操作方法上在学术界还没有达成普遍共识（Grant，2012；Penner，2002；Rodell，2013；Musick and Wilson，2008）。如学者大多采用员工志愿者的强度来界定和测量，而对员工志愿者的方向和持续性方面关注较少（Booth et al.，2009；Penner，2002；Caligiuri et al.，2013）。此外，学者将志愿者行为概念化为在不同时间范畴，如有学者特地将志愿者行为限制在工作时间内进行研究（DeVoe and Pfeffer，2007），而其他学者的研究则侧重于工作时间之外所参与的志愿者行为（Mojza and Sonnentag，2010；Rodell，2013）。

其次，大多数学者只从个体层面进行研究，较少从组织层面对员工志愿者行为相关问题进行讨论和剖析（石伟、李林，2010；李敏、周明洁，2017），缺乏对个体层面和组织层面的整合。如大多数学者通过从员工的内在心理动机、人口统计学特征和认知方面等个体特征来考察员工志愿者行为的前因变量（Booth et al.，2009；Pajo et al.，2011）或单从组织层面的工作绩效、社会责任和企业声誉等进行志愿者行为效应研究（Gilder，2005；Jones，2014；Jessica，2017）。

最后，志愿者行为的研究是呈现碎片化且涉及的学科多样化（Jessica，2016）。主要包括社会学（Musick and Wilson，2008；蒲清平等，2017）、织行为学（Grant，2012；李吟，2016）、心理学（Clary et al.，1998）、市场营销（叶楠，2009；Mattila and Hanks，2013）、组织治理（Sanchez et al.，2013）、公共事业管理（Samuel et al.，2013），员工志愿者行为的研究交叉分布在几个不同的领域，但相互之间很少进行整合。虽然国内外有着少量关于志愿者行为方面的研究综述（李林、石伟，2010）。然而，研究或者只是侧重在一个具体的员工志愿者的经历上来评估企业的志愿计划（Henning and Jones，2013），或采取更加全面的志愿者观，包括了非在职人员（大学生）的志愿者行为（Wilson，2000），缺乏对员工志愿者行为文献进行系统性的归纳和提炼。

基于上述考虑，本书拟系统地整合现有员工志愿者行为相关文献，并为未来的员工志愿者行为研究提供参考方向。员工志愿者行为近几年越来越受到学术界的普遍关注。随着员工越来越多地参与志愿者行为，志愿者行为计划在企业越来越受到重视，研究人员和管理者了解志愿者行为发展及其影响具有至关重要的意义。然而，相对于欧美国家关于员工志愿者行为研究的丰富性，我国在相关领域的研究尚在起步阶段。特别是在仅有的员工志愿者行为的理论研究中，大部分学者主要关注在心理学和教育学领域以及非政府领域的志愿者行为的影响，而在组织行为学领域的研究却相对匮乏。鉴于此，通过整合国内外志愿者行为领域的相关研究，本书提供一个清晰的框架去拓展员工志愿者行为的研究以及在组织中所扮演的角色并提炼和整合成框架为未来的研究打下牢固的基础。

概括而言，员工志愿者行为包括员工参与企业组织的志愿者行为，也包括员工自主在非工作时间投入的志愿者行为。两类员工志愿者行为均可能产生重要的影响效应，包括个体影响、工作影响以及外界看法的影响等。不过，值得强调的是，员工志愿者行为不仅只是积极的影响效应，如果控制不当，员工志愿者行为还可能产生负面的结果。因此，组织研究者和管理者均需要高度重视员工志愿者行为可能产生的双刃剑效应，明确如何才能更好地促进员工志愿者行为价值作用的发挥。另外，众多研究表明，虽然员工志愿者行为可能存在一些潜在消极影响，但是在一定程度上，恰当的员工志愿者行为具有的积极影响还是值得组织管理者积极推动的。为此，理解并把握员工志愿者行为的驱动因素就有了重要意义。总的来说，驱动员工志愿者行为的因素包括个体层面因素（如动机）和组织层面因素（如组织对志愿者行为的支持）。组织管理者可恰当地利用个体因素和组织因素的影响促进更多的员工志愿者行为产生。

二、未来研究展望

国外对员工志愿者行为的研究逐渐受到重视，但国内学者对员工志愿者行为领域还缺乏相关的研究，尤其是在组织行为学领域关于员工志愿者行为研究还尚处在早期的萌芽阶段。未来还需要进一步对组织领域的员工志愿者行为展开深入的研究。现有研究为员工志愿者行为的前因变量和结果变量提供了一定的实证支持和理论支持，但未来的研究仍有探索的空间。目前研究主要存在以下不足，正是这些不足使得员工志愿者行为研究成为人们所关注的热点话题。

（1）开发本土化的员工志愿者行为量表。已有志愿者行为量表的开发和测量主要以西方学者为主。在中国，关于志愿者行为的研究最近才得到理论者和实践者的关注，主要的成果大多数停留在综述性文献（李林、石伟，2010；张麟等，2015），少数关于志愿者行为的实证研究集中在教育学、心理学和非政府组织领域（高志利，2012；李敏、周明洁，2017；王明、王合义，2015）。在中国情境下，员工志愿者行为量表的开发还处于早期的摸索阶段。因此，未来需要对员工志愿者行为量表进行本土化开发。

（2）关注员工志愿者行为的可能负面影响效应。到目前为止，相当多的研究证明志愿者行为对个体层面的影响都是正面的。员工似乎从个体（Mojza et al.，2011；Mojza and Sonnentag，2010）或专业的（Jones，2010；Rodell，2013）志愿者行为中获益。然而，除了少数研究之外，志愿者行为可能存在潜在风险却尚未得到学者的普遍关注（Kiviniemi et al.，2002；Rodell，2013）。Gatignon－Turnau 和 Mignonac（2015）研究发现，当员工将组织支持归结于公共关系动机时，那么组织支持志愿者行为与组织承诺之间的积极关系就会消失。可见，员工志愿者行为可能会产生一定的负面影响，未来研究可以对这一主题予以关注，以便更全面地把握员工志愿者行为的影响效应。

（3）对比探讨员工志愿者行为可能产生积极与消极影响的内在机制。随着员工志愿者行为研究的逐步深入，员工志愿者行为对公司以外的影响得到广泛的研究（Jones et al.，2014；Jones and Willness，2013；Mattil and Hanks，2013）。然而，很少有学者研究工作场所的其他人对员工参与志愿者行为的态度，即工作场所中的同事称赞还是污名化员工的志愿者行为？以及同事如何对待参与志愿者行为的员工？对这一问题，Jessica（2016）借鉴了知觉理论（Perception Theories）和归因理论（Attribution Theories）去探究上述问题。实证研究表明，当同事把员工志愿者行为归因于内在原因（Intrinsic Reasons）时，会对员工的志愿者行为进行称赞，当同事把员工志愿者行为归因于印象管理（Impression Management）时，员工的志愿者行为可能会存在"污名化"的风险。最终当把员工志愿者行为归于内在动机时，志愿者行为会得到上级主管（分配更多的资源）和同事（提供更多的帮助）的称赞。可见，员工参与志愿者行为既可能受到同事的称赞，也可能会存在污名化的风险。未来可以进一步探讨员工志愿者行为与积极评价和消极评价结果的可能差异机制。

（4）志愿者行为的研究对象可以进一步拓展。现有的大部分学者侧重于企业志愿者行为计划中企业高管在其中发挥的作用和承担的角色（Marquis et al.，2007），而员工作为志愿者行为计划的直接参与者，企业社会责任的具体承担者，却很少得到相关领域学者的关注（Wood，2007）。实际上，志愿者行为由于涉及员工的时间和工作技能的投入，员工更倾向于将企业志愿者行为计划视为比慈善行为更重要的社会责任形式（JA Worldwide，2009）。并且员工作为企业志愿者行为计划的参与者和具体的实施者可能会产生更普遍性的影响。为此，未来研究可以拓展志愿者行为的研究对象，即由高管关注向更多的普遍员工关注发展。

（5）丰富员工志愿者行为的驱动因素及作用机制研究。关于员工志愿者行为的研究在欧美国家已经取得了较为丰富的成果。如有学者认为活动的意义感是产生志愿者行为的原因之一（Geroy, Wright and Jacoby, 2000；Trunk, 2007）。例如，基于多领域的视角，Rodell（2013）认为，工作意义感和志愿者行为意义感都会对志愿者行为产生积极的推进作用。不过，关于员工志愿者行为的驱动因素还可以进一步探讨，如很少有学者关注员工志愿者行为如何影响身边的同事。例如，是否有蔓延效应（Contagion Effect）？志愿者的同事是否更可能会参与志愿者行为，是否会存在群体压力而导致同事不得不参与志愿者行为？在已有的研究中，Peloza 等（2009）发现员工个体的志愿者行为与同事的志愿行为是相关联的，暗示着确实是存在的一种可能性。在未来进行相关研究中你可能会疑问，员工的志愿者行为是否会使同事"沐浴"在其造成的积极或消极的影响中呢？换言之，员工从志愿者行为中获益是否会促使其他同事参与志愿者行为？频繁地参与志愿者行为是否会对组织绩效造成消极影响，管理者的态度是如何？未来可以对这一研究问题进行实证检验。另外，员工志愿者行为的驱动因素可能包括个体层面和组织层面，两个层面的因素可能如何协同对员工志愿者行为发生跨层面影响，也还需要未来的进一步研究。

第九章　伦理型领导知觉对员工行为的影响机制研究

第一节　引言

研究和实践均表明，领导者的道德权威名声，如美德与善良的模范榜样，会很好地激励员工投入到积极的行为之中。领导者表现出来的道德声望行为，如公平、同情心等，都可以有力地提高下属的道德信念，向下属传递出当前情境下的道德内涵与要求，并且这种道德还可以作为一种激发员工承诺的有效方式。也正是基于此，伦理型领导（Ethical Leadership）构念得以提出并且不断发展，受到了组织管理学者的高度关注。伦理型领导不仅自身是一个道德的人，还要在管理过程中强调和引导道德，即作为一个道德的管理者。有众多的研究表明，伦理型领导对组织和个体都有着重要的影响作用，包括提高组织绩效、个体绩效、个体组织公民行为等。但是伦理型领导行为的这些积极影响未必一定产生。因为伦理型领导行为要想激发员工相应的积极表现，需要得到下属的认可，即伦理型领导行为被下属所知觉和认识。具体来说，伦理型领导行为与下属的伦理型领导知觉并不完全对等。过去的研究较多关注的是伦理型领导行为及其影响因素和作用机制，而基于下属视角的下属伦理型领导知觉的直接研究还相对较少。

伦理型领导知觉是下属对于伦理型领导行为的一种道德解释。下属的这种解释与归结不同，直接会导致其对伦理型领导行为的反应有显著区别，表现为对同一伦理型领导行为有着不同的态度与行为反应。基于伦理型领导知觉视角探讨伦理型领导的效应机制有着重要意义，一方面，可以厘清已有伦理型领导效应结论不一致发现的可能内在原因；另一方面，有助于从下属视角发现促进伦理型领导效应提升的可能路径。有鉴于此，本书对伦理型领导知觉的内涵作了一个梳理，并在此基础上，剖析伦理型领导知觉产生的影响因素，以及伦理型领导知觉的效应机制，希望借助促进伦理型领导的理论研究，同时为组织领导实践提供一定的借鉴和启迪。

第二节　伦理型领导知觉的内涵

伦理型领导指的是领导在个人行动以及与他人的互动过程中展现规范恰当的行为，同时借助于一定的管理措施强化下属的恰当行为（Brown et al.，2005）。但是，研究表明，领导过程是一个社会建构，表现为不同的个体对于领导所展现的特征或者行为表现可能有着不同的观念（Epitropaki et al.，2013）。换句话说，同一个领导在不同下属眼中可能会有不同的认识与看法。由于下属的人格特征、教育背景以及文化环境的差异，导致他们对于领导有着不同的概念，并且看待领导时的偏向可能有所不同（House et al.，2004；Fiedler，1967）。因此，在研究领导及其影响时还需要考虑领导在下属视角的社会建构与解释，以便更清楚地把握领导的影响效应。为此，伦理型领导知觉得到了学者们越来越多的重视。

伦理型领导知觉是基于下属中心观（Follower – centric）的伦理型领导的界定，聚焦的是领导行为的道德解释（Moralization），即下属对于领导行为在道德上是否正确的知觉（Bligh, Kohles and Pillai，2011）。基于知觉的特征，如知觉的选择性与理解性，对于同样的刺激（如领导行为），个体可能会选择关注不同的细节表现，同时会由于自己的知识经验的不同而产生不同的理解。具体对于伦理型领导行为来说，不同下属可能选择关注的方面有所不同，同时对同一行为表现的理解也可能有所不同。可见，已有的伦理型领导研究一方面为伦理型领导知觉研究提出了丰富的理论基础，另一方面也为伦理型领导知觉研究提供其独特的视角和深入探讨的价值。因此，伦理型领导知觉研究有助于更好地推动和丰富伦理型领导研究。

Fehr、Yam 和 Dang（2015）指出，道德基础理论（Moral Foundation

Theory）可以运用于下属对领导行为的道德解释上。道德基础理论区分为，关心与伤害、公平与欺骗、忠诚与背叛、尊严与堕落、权威与破坏、自由与压迫六个人类道德的领域（Graham, Haidt and Nosek, 2009）。实际上，人类道德领域研究的内容发展有一个逐渐拓宽的过程。从最初仅关注公平到引入对他人的关心，再到之后的服从权威等。最新发展的道德基础理论指出，人类道德领域可以包括六个独立的范畴。而这六个范畴或者说是道德基础，每一个又包括一组相互关联的成分。关心与伤害道德基础包含了对受难及其减轻的关注；公平与欺骗道德基础包含了对使用已建立的公平、公正，以及分配资源标准的关注；忠诚与背叛包含了对群体导向的奉献与牺牲的关注；尊严与堕落道德基础包含了对保持自己在精神上和身份上清白以及免于受污蔑的关注；权威与破坏道德基础包含了对使用地位层级来维持社会秩序的关注；自由与压迫道德基础包含了对自己事务的自治与控制。

　　道德基础理论对于伦理型领导及下属的伦理型领导知觉有着特别重要的意义（Weaver et al., 2014）。根据道德基础理论，个体对于每一个道德基础的认可存在差异（Graham et al., 2013），进而又会影响其对于他人行为的道德解释。如伦理型领导表现出的公平对待可能会被赞同公平与欺骗道德领域的下属进行道德化解释，但却不会被较少地用公平界定道德领域的下属进行道德化解释。基于此，伦理型领导研究还需要关注下属对相关领导行为的道德解释，即伦理型领导知觉，以加深对伦理型领导的理解。

第三节　伦理型领导知觉的影响因素

　　伦理型领导是积极的道德行为的示范与推进（Fehr et al., 2015）。下属对于伦理型领导的道德解释（Moralization）是指观察者认为一个领导者的行为具有道德相关性的过程（Rozin, Markwith and Stoess, 1997）。在此，对领导者进行道德解释的观察者可以是任何人，如下属、同事、上级领导、股东、顾客等。而其中下属对领导者的行为解释对于领导效能的发挥有着更为直接的影响作用。为此，本书特别聚焦于下属对伦理型领导行为的道德解释，即下属对伦理型领导的一种知觉表现。

研究表明，人类道德基础领域包括六个范畴，而不同的人对这六个道德基础领域的关注度存在差异。当下属对其领导的行为进行道德化解释时，领导的行为必须与下属关注的道德基础相匹配。在组织领域中，下属对领导行为进行道德化解释时所关注的道德基础主要来源于包括下属自身以及所在的组织文化。

首先，下属自身。下属自身的道德基础是影响其伦理型领导知觉的一个重要决定因素。而下属自身的道德基础又受到其政治倾向、社会经济地位以及心理的影响（Graham et al.，2009；Haidt et al.，1993；Lewis et al.，2012）。如即使在相同的组织或者团队中，不同社会经济地位的下属可能有着不同的道德基础。一些下属可能偏好关心与伤害，而一些下属则可能偏好公平与欺骗，还有一些下属可能会偏好尊严与堕落。下属在道德基础上的这些差异可能会导致其对领导行为进行道德解释上的不同。如领导表现出富于同情心的行为可能会被偏好关心与伤害道德基础的下属知觉为高伦理型领导，但却较少可能被偏好公平与欺骗道德基础的下属知觉为伦理型领导。

其次，组织文化。道德基础可能也会与组织文化相关联。组织文化是组织成员通过社会化和沟通取得的一种共享假设模式，而这其中就包含了道德领域。不同的组织对于什么是道德行为可能拥有不同的观念。这种道德观念会转变成负载着道德的组织实践（Gehman et al.，2013）、组织氛围（Ostroff et al.，2003）以及描述组织成员应该如何完成工作和如何进行人际互动的规范（Hammer et al.，2004）。

概括而言，当下属对领导的行为进行道德解释的时候，常常会依赖两个标准：一是下属的道德基础；二是组织文化的道德基础（Fehr，Yam and Dang，2015）。当领导的行为与下属或者组织文化的道德基础相符合时，领导的行为就会被下属知觉为伦理道德的，否则可能就会被认为是非伦理道德的。由此可见，伦理型领导行为未必直接激发下属的伦理型领导知觉。在这其中，下属个体与组织情境因素都可能对知觉结果产生影响。一般而言，下属更偏好那些与自己相似的领导（Keller，1999）以及与群体典型特征相似的领导（Van Knippenberg，2011）。正是由于下属的偏好差异，可能使得不同个体对同一领导行为的解释会有所不同。基于此，有必要采用更广泛的视角来看待伦理型领导，以澄清其内在的作用机理。如可以考虑下属知觉为道德相关的行为类型可能会存在个体差异。另外，值得强调的是，对同一行为的道德解释存在差异是非常普遍的。对于一个个体在特定地点与时间上认为是道德相关的行为可能显著不同于对另一个个体在另一地点与时间上的认知。即对特定行为的道德解释不仅因人而异，还可能因地点因时间不同而有所不同。

可见，伦理型领导行为对于下属的影响可能会因下属知觉的不同而不同。而下属伦理型领导知觉的形成受到下属自身和组织文化的道德基础影响。对同一伦理型领导，不同的道德基础可能会导致不同的伦理型领导知觉。一方面，下属和组织文化的道德基础可以分别影响下属的伦理型领导知觉；另一方面，下属与组织文化的道德基础又可能共同联合起来产生影响。下属与组织文化中的道德领域的观念可能会不一致，即两者对于在特定组织和特定时间点什么是道德的理解有所不同。

第四节　伦理型领导知觉的影响效应机制

Bass（2008）指出，领导应该承担起道德引领的责任，甚至要成为道德的指向标。在组织中，领导不仅要管理工作相关的任务，还应该负责组织的伦理道德管理。在此背景下，伦理型领导构念得以提出并迅速发展。但是有关伦理型领导影响效应的研究结果存在不一致的现象，如有研究发现伦理型领导能够提升下属的组织公民行为，但是有研究发现这种积极影响并不显著甚至两者没有关系。基于此，有学者甚至质疑伦理型领导的价值。随着相关研究的推进，有学者指出，可以采用下属中心观视角来解释上述研究发现不一致的问题。伦理型领导对于下属行为的影响实际上要通过下属的知觉与归结而产生作用。为此，有研究者指出，伦理型领导的影响要通过下属的伦理型领导知觉发生，即伦理型领导行为要被下属知觉并认可后，才可能发挥伦理型领导行为对下属的积极影响作用。

下属对伦理型领导的知觉涉及对领导者行为的道德解释。当下属对领导者的行为进行道德解释的时候，这种行为就具有了正确与错误的区分。其中，积极的领导行为道德解释包括知觉一个领导者的行为在道德上正确的；与此相对，消极的领导行为道德解释包含知觉一个领导者的行为在道德上错误的。下属的道德解释会使得相关行为合法化并会激励下属投入到相关的行为之中以支持自己解释为道德正确的行为（Effron and Miller, 2012）。之所以下属对伦理型领导知觉或者道德解释会激发下属的伦理相关行为表现是因为，如果下属不能够支持自己判断为道德正确的行为会体验到羞耻和内疚（Cohen et al., 2011）。为此，领导者行为的道德解释对于下属随后的行为表现有着重要意义。

概括而言，下属对伦理型领导的知觉或者对领导者行为的道德解释为其确定了一个值得在自己行为上跟随的榜样或者标准，当下属知觉或者解释领导者的行为是道德正确的时候，下属将会有动力也有压力投入到相关行为之中，以用行动证明自己的关注是始终如一的。正如 Fehr、Yam 和 Dang（2015）所提出的，下属对于领导的行为会用道德进行解释主要出于两种动机，一是维持道德自我关注（Self‐regard）；二是维持道德声望。

（1）维持道德自我关注。对领导行为的道德化解释会激活下属的价值观，进而激发下属采取与价值观一致的行为，以维持自己积极的道德自我关注。对道德自我关注是聚焦于下属自己的道德。维持道德自我关注是满足个体自己的道德标准的一种感觉（Dunning, 2007）。道德自我关注是其自我价值感的一个重要构成（Mazar et al., 2008）。自我价值感是瞬时的状态，会随着时间和情境而有所波动（Ones and Ryan, 1997）。个体为了维持良好的自我价值感，会试图以反映自己道德标准的方式行动，并在达不到道德标准的时候做出补偿（Miller and Effron, 2010）。这也是下属会对领导行为进行道德化解释的一个重要原因，借此激活自己的价值观，通过采取相应符合价值观的行为来保持自己良好的自我价值感。根据价值激活理论（Value Activation Theory），背景因素对于强化下属道德准则有着重要的影响作用。当背景在认知上激活了个体的道德标准时，个体最可能投入到反映相应道德标准的行动之中（Higgins, 1996）。其中，道德标准的认知激活方式有许多种。价值激活理论强调，领导在传递一组特定行为与下属道德自我关注之间的潜在相关性中扮演着重要角色（Verplanken and Holland, 2002）。因为领导在下属的工作环境中扮演着特别重要的角色（Grojean et al., 2004）。基于此，伦理型领导行为可以向下属传递出该类行为与下属的道德自我关注之间是相符合的，从而激发下属投入到类似行为之中。例如，一个下属特别赞同忠诚/背叛道德基础，当看到领导对组织的忠诚行为后，可能会被激发更多地投入到对领导对组织忠诚之中，并将忠诚看作是一个道德的人必须遵循的基本为人原则。

（2）维持道德声望。对领导行为的道德化解释会促进社会学习过程，激发下属价值观一致的行为，以维持自己积极的道德声望。维持道德声望既是对道德声望的管理，也是对他人关注的方式。之所以称之为他人关注是因为维持道德声望是聚焦于组织文化的道德基础。具体来说，领导者被道德化解释的行为会激发下属投入到价值观一致的行为之中，以维持一个道德的声望，这种道德声望是作为一个道德的人的对外形象。实际上，个体总期望被他人从正面进行评价，特别是有关道德的问题更是希望得到他人的肯定（Ellemers et al.，2008）。组织文化可以作为组织道德标准的一个重要信息来源（Ostroff et al.，2003）。当组织文化赞同关心/伤害道德基础时，个体可能会在工作中更多地投入到帮助行为之中，以与组织文化道德标准保持一致，进而维护自己的道德声望。可见，组织文化道德基础可以激发个体投入到相应的道德相关行为之中。实际上，根据社会学习理论，下属可以通过观察领导者如何行动以及领导者会奖励什么样的行为进行学习。当领导者行为表现与组织文化保持一致时，领导者在下属眼中将会更加有吸引力，并且可能成为下属的角色榜样，进而影响下属的动机和行为。

总之，道德标准之所以被知觉为重要，一方面是出于个人的自我概念，另一方面也是因为社会规范或者自我展望的动机。因此，对伦理型领导进行道德解释也可能出于上述两种动机——道德自我关注和道德声望。下属对领导行为的道德化解释对于下属价值观一致行为的内在动机效应机制包括道德自我关注与道德声望维持这两个独特的过程。通过自我关注路径（Self - Focused Path），下属投入到价值观一致行为是为了维持自己的道德关注，而通过他人关注路径（Other - Focused Path），下属投入到价值观的一致行为是为了维持积极的道德声望。可以说，两种不同的动机分别出于向内的自我关注和向外的他人关注。这两种动机路径机制均可以有效地解释下属为何会对领导行为进行道德解释，并且为何该行为会影响下属的行为。不过，虽然道德自我关注与道德声望维持的内在与外在机制可以分别解释上述问题，但是这两种机制也存在一定的不足。在自我关注路径中，下属可能仅仅出于自我视角以价值观一致方式行动，缺乏对组织层次因素的考虑。在他人关注路径中，下属可能只是在组织要求下以价值观一致方式行动。看起来自我关注与他人关注的行为动机似乎是彼此对立的两极。但是，最近的研究表明，自我关注与他人关注动机是可以共存的。De Dreu 和 Mayer（2009）指出，自我关注与他人关注动机是独立的，并不是一个问题的两个极端，也不是非此即彼的关系。Grant 和 Mayer（2009）研究发现，当个体有着较高的内在驱动亲社会动机以及较高的外在驱动声望动机时，会更加投入到亲社会行为之中。可见，内在驱动与外在驱动动机，或者说自我关注与他人关注动机可以协同发挥作用，对个体的行为产生更大的影响力。例如，当下属的道德基础与组织文化的道德基础相一致时，下属对伦理型领导行为的道德解释最可能激发其投入到价值观一致的行为之中。

相比道德自我关注，即关注于自己的道德，道德声望管理则面向外的，关注于自己在他人心目中的道德形象。根据伦理型领导的两个支柱模型，伦理型领导的内涵包括道德内化与道德外显，伦理型领导知觉的两种动机在一定程度上也可以用此来解释。道德自我关注可能更多的是重视道德内化，而道德声望维持与管理则更多的是重视道德外显。道德内化与道德外显均有着其独自的作用。道德内化有助于个体自觉主动地投入伦理相关行为，道德外显也有利于个体的道德行为刺激。正是由于维持道德自我关注以及维持道德声望这两种动机，下属才会被激发以价值观一致的方式去行动。其中一致的价值观是指与领导道德行动背后的价值观相符合。如当下属知觉到领导富于同情心的行动后会被激发亲社会行为，知觉到领导的忠诚行为会被激发亲组织行为。具体来说，下属的伦理型领导知觉会引发其表现出价值观一致的行为，只是由于不同的伦理型领导行为背后的价值观内涵有所不同而可能会针对性地激发下属不同的伦理行为。如表达关心或者富于同情心的行为会激发相应的关心行为。

第五节　结论、管理启示及未来研究展望

一、结论

在有关组织领导理论的研究中，不少学者都提出了要重视领导者的伦理

道德，如变革型领导要提高下属的道德意识（Bass and Steidlmeier，1999）、家长式领导要负责提高职场的道德水平（Cheng et al.，2004）、服务型领导要将表现伦理行为作为领导的一个核心构成（Liden et al.，2008）、真诚型领导要具有透明和伦理的行为模式（Avolio et al.，2009）。可见，领导的伦理道德表现及对组织的伦理道德管理均受到众多领导理论研究者的关注和强调。随着相关研究的进一步推进，有学者指出，不同领导风格均将伦理行为表现作为其核心的一个构成已经不足以理解和推进相关研究，而需要将以伦理行为为基础的一种独特的领导风格进行专门研究。伦理型领导即是在这样的背景下提出的。伦理型领导作为一种独特的领导风格，有其独特的内涵与界定。Brown、Trevino 和 Harrison Brown（2005）界定伦理型领导是指通过个人行动和人际关系展现规范恰当的行为，并且通过双向沟通和强化等措施促进下属相关行为的表现。实证结果表明，伦理型领导与下属的亲社会行为等组织期望结果显著相关（Brown and Mitchell，2010）。不过，随着研究的推进，又有学者指出，伦理型领导行为并非总能达到预期的积极效果，一个重要的原因就是缺乏基于下属中心视角的探讨。下属会对伦理型领导行为进行道德解释，产生相应的伦理型领导知觉。不同的下属由于具有不同的道德基础，从而可能对同一伦理型领导行为产生不同的知觉。为此，基于下属中心观探讨伦理型领导知觉有其特殊的意义，可以更深入地理解和指导伦理型领导的影响效应。伦理型领导知觉是下属对于领导行为在道德上是否正确的知觉。这种知觉产生于下属对领导行为的道德解释。

道德基础理论是个体对他人的行为进行道德解释的一个重要理论。道德基础理论认为，人类道德主要包括六个独立的领域，即关心与伤害、公平与欺骗、忠诚与背叛、尊严与堕落、权威与破坏、自由与压迫。在组织情境中，下属对领导行为的道德解释也常常基于上述道德基础。具体来说，这些道德基础的来源主要包括下属自身以及所在组织的组织文化。不同的个体因其不同的道德基础可能对于同一领导行为产生不同的道德解释；而同一个体如在不同组织中，因其不同的组织文化也可能对同一领导行为产生不同的道德解释。可见，个体与组织文化均可能影响下属对于领导行为的道德解释，从而产生与解释相对应的伦理型领导知觉。下属产生的伦理型领导知觉会对其态度和行为产生重要的影响。这种影响效应有两条内在路径：第一，维持道德自我关注；第二，维持道德声望。首先，道德自我关注是自我视角，聚焦于下属自身的道德。下属对领导行为进行道德解释，激活了下属自己的价值观，促使其采取与价值观一致的行为，以提高自我价值感。其次，维持道德声望是他人关注视角的，聚焦于组织文化的道德基础。个体被激发投入到价值观一致的行为之中，是为了对外被认为是一个道德的人形象。可以说，下属对伦理型领导知觉，产生了对领导行为的道德解释，进而可以从下属自我价值感提升以及对外道德声望提高两条路径促进下属自觉主动地投入到积极的行为之中。当下属的道德基础与组织文化的道德基础相一致时，自我关注路径与他人关注路径将可以产生协同作用，共同强化下属的价值观一致行为。

二、管理启示

领导常常被期望成为道德的指向标（Bass，2008）。Solomon（1992）指出，领导必须是有道德的，要有强烈的道德感。可以说，领导身上的这一道德引领责任不容小觑。在组织情境中，领导者不仅要关注组织战略发展以及任务目标的未完成，还需要重视组织伦理道德氛围的管理，而其中领导者的道德示范与道德管理作用起着重要的影响作用。组织领导的研究中有不少相关的观点，如 Bass 和 Steidlmeier（1999）发现，变革型领导要提升下属的道德意识。Chen 等（2004）对于家长式领导研究中认为，提高职场中的道德水平是领导义不容辞的职责。Liden、Wayne、Zhao 和 Henderson（2008）在探讨服务型领导内涵的时候，就明确提出要将伦理道德表现作为服务型领导的一个核心构成成分。Avolio 等（2009）对于真诚型领导的研究也指出，领导者需要注重伦理行为表现以及作为伦理角色榜样的作用。Trevino、Hartman 和 Brown（2000）则直接提出了伦理型领导的概念，认为伦理型领导对于组织有着重要的影响作用。他们认为伦理型领导既是道德的人，又是道德的管理者，即伦理型领导一方面要注重自身的伦理道德行为示范，另一方面则要通过管理措施引领员工的伦理道德相关行为。具体来说，Trevino 等认为，伦理型领导者既是变革型领导又是交易型领导，要通过个人魅力和愿景设置激发和鼓动下属伦理道德行为表现，还要通过制定奖励和惩罚制度强化下属的伦理道德相关行为。综上可见，组织中的领导者需要而且也应该承担起组织伦理道德氛围营造以及下属伦理道德行为激发的职责，即要表现出更多的伦理型领导行为，包括自身的伦理道德行为示范以及下属的伦理道德行为激发。不过，伦理型领导行为与下属的伦理道德相关行为并不是直接对待关系。相关的研究也表明，上述两者间的关系并不确定。基于此，有学者提出，应该从下属中心视角出发，探讨伦理型领导知觉问题。因为下属的伦理型领导知觉对其态度和行为的影响作用会更为直接。

有研究指出，领导其实是一种社会建构的过程。由于下属的受教育程度、人格特征以及所处的文化背景差异导致了不同下属对于同一领导的社会建构与解释会有所不同，甚至会完全对立。为此基于下属视角探究伦理型领导知觉有其必要性，可以在管理实践中更好地指导与发挥伦理型领导的价值。实际上，伦理型领导知觉是下属对于领导行为的道德解释结果。有研究指出，对于特定行为的道德解释并不是完全一样的。具体来说，道德解释可能因人因时因地而异。基于此可能存在的影响，组织管理者需要高度关注。一方面，组织需要发展伦理型领导；另一方面，为提升伦理型领导的积极影响价值，组织管理者还需要重视下属对于伦理型领导行为的道德解释，而道德解释具有很大的变异性。为此，组织管理者还需要引导下属对伦理型领导行为的道德解释。唯有如此，伦理型领导行为才可能有效激发下属的伦理型领导知觉，从而促进下属投入到伦理相关行为表现之中。为此，本书提出了如图9－1所示的伦理型领导知觉的发展模型。

首先，伦理型领导对于组织和个体的积极影响效应还要通过引发下属的伦理型领导知觉来实现。虽然有研究指出，组织的伦理型领导行为有助于下属的积极伦理相关行为的激发，同时也能够营造组织伦理相关氛围，进而对个体和组织均发挥积极影响作用。但是也有学者指出，伦理型领导并非神话，不要过高地估计伦理型领导的作用，并提出伦理型领导与下属的积极伦理行为并无直接显著相关。实际上，基于下属中心观，伦理型领导对下属的影响还要通过下属对领导行为的归因与解释才能发挥。也正是基于此，组织伦理型领导者不仅要关注自身的伦理型领导行为表现，还需要换位思考，关注行为对于下属知觉的影响，即下属的伦理型领导知觉。Fehr、Yam 和 Dang（2015）指出，伦理型领导可以通过以下行为促进下属伦理型领导知觉，如支持下属的福祉、公平地对待下属、表现出对集体的忠诚、维护身体和精神上的清白、维护秩序、培养下属的自主。

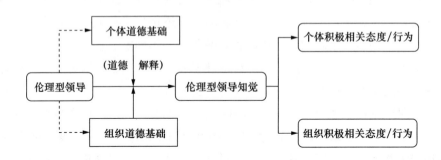

图 9 - 1　伦理型领导知觉的发展模型

　　其次，伦理型领导是否能够引起下属的伦理型领导知觉还受到个体和组织文化的道德基础的影响。正如上面所说的，伦理型领导并非一定能够产生积极影响，除非下属知觉认可这一伦理行为。为此，下属的伦理型领导知觉对于发挥伦理型领导的积极影响作用具有重要意义。下属对于伦理型领导行为会进行相应的道德解释，从而形成对应的伦理型领导知觉。在对领导行为进行道德解释时，个体的道德基础和组织的道德基础起着重要的影响作用，可以说在很大程度上决定了下属的道德解释方向。如上述所说的在伦理型领导行为中支持下属的福祉实际上是属于道德基础中的关心/伤害领域是因为个体或者组织的道德基础可能有不同的偏好。对于偏好关心/伤害道德基础的个体而言，关心下属福祉的伦理型领导行为表现可能可以被下属道德解释为伦理相关表现，从而提高下属的伦理型领导知觉。但是对于偏好其他道德基础（如对集体的忠诚道德基础）的个体而言，关心下属福祉的伦理型领导行为表现可能并不会引起下属进行相应的道德化解释，从而对于提升下属的伦理型领导知觉作用甚微。

　　再次，值得指出的是，有学者认为，领导对于下属和组织的道德也可以产生直接的影响作用（Schein，2010；Bass，2008）。领导可以鼓励下属采纳新的道德基础，也可以影响组织文化的道德基础。由于伦理型领导行为表现会通过下属的道德解释来产生相对应的伦理型领导知觉，进而才可能发挥伦理型领导对于下属和组织的积极影响效应。为此，组织领导者在注重推广和发展组织伦理型领导的同时，还需要注重对下属伦理型领导知觉的主动影响。换句话说，领导者并不只是被动地在做出伦理型领导行为后就等待下属的解释与知觉，而是可以在一定程度上发挥主动作用。具体而言，组织领导者可以针对下属和组织当前的道德基础偏好，在表现伦理型领导行为时有所针对，即适应下属和组织当前的道德基础偏好。而之外，更为主动地影响则是通过正式与非正式控制手段激发员工和组织产生期望的道德基础偏好，包括正式的奖惩制度以及非正式的沟通和潜移默化的熏陶等。

最后，下属对于伦理型领导的道德解释或者伦理型领导知觉对于下属行为会产生重要影响，并进而可能影响到组织层次相关结果。虽然价值观是抽象的，但是下属用以对伦理型领导行为进行道德解释背后的道德基础均包含了一组相互关联的价值观（Graham et al. , 2013）。这些价值观会引导人们的注意方向和行动表现，鼓励人们更多地投入某些行为而尽力回避其他的一些行为（Verplanken and Holland, 2002）。伦理型领导知觉之所以会影响下属的行为表现是因为下属对于伦理型领导行为的道德解释会激发下属投入到价值观一致的行为之中（Value – consistent Behavior），即反映一组特定价值观的行为。如当下属道德化解释领导富于关心的行为时，他们也会被激发投入到关心他人的行为之中，表现出更多的个人指向和组织指出的组织公民行为。不过，伦理型领导的上述关心他人的行为因为针对的是关心/伤害道德基础领域，所以激发员工的也是相应领域的行为，而不会是其他道德基础领域的行为，如较少可能是忠诚/背叛道德基础领域的行为表现。具体来说，领导者被道德化解释的行为对于下属行为的影响会依赖于该领导者行为反映出的内在价值观，即特定的伦理型领导行为会激发下属投入到反映相应价值观的行为。据此，伦理型领导要想激发下属积极的态度与行为，还需要针对性地考虑所期望的行为类型，并通过自身相应类型的伦理相关行为表现加以激发，从而促进下属表现出价值观一致的行为。根据价值激活理论，领导者可以向下属传递出自己的伦理相关行为表现与下属的道德自我关注是密切相关的观念，从而对个体的态度和行为产生影响。Torelli 和 Kaikati（2009）指出，背景因素可以强化也可以削弱个体道德准则对行为的影响力。当个体的道德标准被情境激活时，个体最有可能以一种反映其道德标准的方式行动。领导行为即是其中的一个重要背景因素。如果领导行为在认知上激活了个体的道德标准，个体将会更主动地投入到符合该道德标准的行为之中。

三、未来研究展望

（1）伦理型领导内涵的细化研究。自从伦理型领导作为一种独特的领导构念提出以来，主要的研究聚焦于探讨伦理型领导的影响效应研究，即组织背景中伦理型领导对于组织和个体有什么积极的影响以及内在的作用机制是什么。但是对于伦理型领导本身的研究却相对缺乏。如有研究指出，伦理型领导的特征是诚实、可信、公平、利他等。但是为何仅限于这些特征，究竟伦理型领导的内涵是什么，伦理型领导展现的规范恰当的行为应该包括哪些内容等，值得未来学者进一步深入研究。

（2）激发下属的伦理型领导知觉的领导行为研究。虽然伦理型领导的影响效应有许多实证研究支持，但是究竟领导的哪些行为更能激发下属的伦理型领导知觉仍然是不明确的。未来研究可以深入探讨下属伦理型领导知觉的关键影响因素，从而更有效地指导领导实践。

（3）伦理型领导行为与下属伦理型领导知觉的关系机制研究。伦理型领导行为表现包括自身的伦理展现，也包括对下属道德伦理引导的管理行为。虽然伦理型领导对于员工行为表现有着积极的影响作用，但是这种积极影响需要基于下属对伦理型领导行为的知觉。因此，要想发挥伦理型领导行为的积极影响作用，还需要注意伦理型领导行为与下属伦理型领导知觉的关系及内在作用机制。

（4）伦理型领导知觉对下属态度与行为的影响机制研究。基于下属中心观，下属的伦理型领导知觉是激发其投入到相关的积极态度与行为的重要影响因素。但是下属的伦理型领导知觉是否直接提升其积极的态度与行为，其中可能存在什么样的边界条件或者伦理型领导知觉与下属积极行为间的中介关系机制是什么？这些问题仍然不明确，还需要未来学者进一步实证探讨。如伦理型领导知觉与下属的亲组织行为之间的关系是否可能受到下属的道德身份突出性的调节影响，值得实验检验。通过对伦理型领导知觉与下属态度和行为的边界条件及中介机制的探讨，可以更深入细致地把握伦理型领导知觉的效应机制，一方面，促进相关理论研究的深入发展；另一方面，可以更有针对性地指导管理实践，更好发挥组织伦理型领导的应有价值。

（5）伦理型领导对个体和组织道德基础影响机制研究。虽然有研究者指出，组织领导者可以对组织和个体的道德基础产生影响，但也有研究指出，个体的道德观念是相对稳定的，较少能够通过组织社会化和外部影响得以改变（Verplanken and Holland，2002）。与之相对的，组织文化也可能是保持相对稳定的，组织的道德观念一般而言也难以有剧烈的变化（Zucker，1991）。针对上述相对而言有些矛盾的观点，组织领导者究竟能否影响个体和组织的道德基础，如有影响，其内在的作用机制和可能的边界条件是什么，值得进一步深入探讨。

第十章　员工政治技能对其主观职业成功的影响机制研究

当前，中国社会正向着多元化和包容性的方向发展，这种社会变化给组织中员工之间的合作增加了难度。个体职业和组织的绩效要想在复杂多变的社会环境中得到提高，就需要员工在组织中建立自己良好的个人声誉，并且要积极维护组织中彼此建立的友谊，建立和保持组织中积极、和谐的职场氛围。在以往的关于员工政治技能与其主观职业成功之间关系的研究表明，员工政治技能对其主观职业成功有较强的预测作用。但是关于政治技能具体所包含的四个维度是否会对员工的主观职业成功有预测作用的研究还相对匮乏。因此，在本书中将探讨员工政治技能及其所包含的具体维度对其主观职业成功的影响，分别引入两个中介变量即个人声誉和职场友谊。本书结论不仅有助于拓展政治技能的研究范围，促进职业成功向细致化即主观职业成功方向的探索，也有助于改进企业管理方法，通过提供多种方式来提高组织中员工的政治技能，积极发展职场友谊氛围，深入了解员工的个性，采取积极措施完善组织管理，为员工提高个人声誉提供支持，以此来激励员工提高工作满意度实现员工主观职业成功。

第一节　问题提出

随着社会竞争的日益加剧，企业面临着瞬息万变的市场环境，保持企业的活力与竞争力是企业生存和发展得以制胜的法宝。这不仅依靠企业中管理层的领导，更离不开企业中基层员工们的不懈努力。因为基层员工大多数工作在一线岗位，他们更了解市场的变化和需求，了解客户的需求，可以为企业发展收集一手资料。这就为企业的管理者提出了一个新的要求即要重视企业中的员工，尤其是要重视开发和使用企业员工的人力资本价值。同样，企业也要创造条件吸引和扩大自身的人力资本的价值，原因在于当个体加入企业时不仅考虑工资薪酬、职位晋升等因素，更多的是关注是否可以获得职业成长和成功。对于个体来说，获得职业成功不能只是增加工资，还要实现个人价值，提高社会地位，赢得他人的尊重和认可。在组织中，员工自我价值的实现不仅关系到其自身职业的发展，还对员工在选择加入什么样的组织有着极大的影响力（Cappelii，2000），这些都影响到员工所在组织的产出、绩效以及成功（Ng，Sorensen and Feldman，2005）。而在温饱已不成基本问题的当今社会，员工自身价值的实现以及工作的满意度成为其衡量职业成功的关注点，因而在组织管理的领域中，研究员工个体的行为和态度与其职业成功尤其是以工作满意度等为主要衡量标准的主观职业成功之间的关系尤为重要（李燕萍、涂乙冬，2011）。

员工如何发展友谊、处理人际关系成为他们在职场中生存和发展的一个考验，尤其体现在当今社会中（Shellenbarger，2000）。随着组织行为学等学科的兴起，职场友谊在组织中将得到越来越多的关注（孙健敏、焦海涛，2012）。因而，在职场的众多关系中，职场友谊会对组织中员工的职业成功有着重要的作用。

中国社会文化受传统儒家思想的影响，长期以来在组织中形成了一系列高权力距离、集体主义倾向等现象。在组织中，这些现象主要是以"关系""办公室政治"等形式体现出来。在这种情形下，组织往往很容易产生一些非正式性的"差序格局"，组织中的员工也会自觉或不自觉的划分为"圈内人"和"圈外人"（王建斌，2012）。但在组织中相对于"圈外人"来说，那些属于"圈内人"的员工往往更容易获得较高的评价，得到更多的授权，更容易产生更高的绩效，在职场中的关系也会更为和谐，从而可以较容易地获得更多的职位晋升和职业发展机会（郭如良、刘曼，2013）。因此，人们为了在组织中获得成功，有时会采用一些政治策略或者采取一定的行为，这些策略或者行为可能会帮助自己得到成功，（如获得领导的赏识、同事的认可等），也可能会失败。Pfeffer（1981）给出了解释，他认为每个人在组织中的政治技能水平存在差异，这样就会产生不同的政治行为结果，个体要想取得职业的成功，就必须具备一项技能，这项技能就是政治技能（Pfeffer，1981）。早前学者们的相关研究探讨，为探讨员工获得职业成功开辟了新的研究思路。

同样，在组织的人力资源管理中，会有这样一个问题出现，即当组织中有新员工加入后，最初时他们会与组织中的领导、同事之间的关系体现出是一般的工作关系，但随着新员工不断融入组织，他们会在组织中与周围的人建立较高的质量关系，此时这种关系体现的不仅是工作关系，也包括私人关系。在新员工的职业发展方面这些较高质量的工作关系和私人关系就会提供很大的帮助，相反新员工就会缺少自己在职业成功方面来自于组织中的帮助。那么员工的个人声誉就可以很好地解释这其中的原因。对于员工来说，其个人声誉可以看作是一种无形资源，因为员工的个人声誉可以给员工带来组织内部或外部的资源，如可以赢得他人的信任、建立与他人良好的人际关系、获得社会认可、取得自己的职业成功等（施丽芳等，2012）。其原因在于它具有一定的缓解功能（Ferris et al.，2003；Hochwarter et al.，2007；Zinko et al.，2012）。当出现不确定性时，个体可能会不愿意投入，这会阻碍个体的发展。与此同时，个人声誉就能够体现出其自身的价值，即它会帮助一方预测另一方的未来行为，帮助减少不确定性，进而帮助个体做出未来的决策。因此，个人声誉在预测个体在未来行为方面可以给予一定的帮助（Ferris et al.，2003）。即有着较高个人声誉的个体会帮助减少他人对自身不确定性的预测，以此来提高自身的价值。

基于以上分析，本书将从个体视角出发，探讨员工政治技能对其主观职业成功的作用机制，并分别研究个人声誉和职场友谊的中介作用。本书主要内容有两个方面：一是围绕员工政治技能对其主观职业成功影响方面展开。本书的结果变量是主观职业成功，分别探讨政治技能及其各个维度作为前因变量对主观职业成功所产生的影响。二是分析个人声誉和职场友谊这两个中介变量在员工政治技能与其主观职业成功之间的影响。本书主要希望达到以下三个目的：一是结合政治技能、职场友谊、个人声誉以及主观职业成功等相关理论文献综述，建立它们之间的理论模型。二是结合数据具体探讨员工的政治技能对其主观职业成功的影响：检验政治技能和个人声誉、政治技能和职场友谊、政治技能和主观职业成功、职场友谊和主观职业成功、个人声誉和主观职业成功之间的相关关系；研究在组织中职场友谊和员工的个人声誉分别在员工的政治技能与其主观职业成功之间的中介作用。三是根据本书研究结果，为企业具体的管理实践提供相关建议，如为员工建立积极和谐的职场氛围，通过培训提高员工政治技能等。

总的来说，本书具有以下的理论意义与实践意义。就理论意义而言，尽管相关研究已经证实员工政治技能会对其职业成功起到一定的积极作用，但是具体到主观职业成功方面的研究还是比较少的。因此，本书把政治技能作为前因变量，把主观职业成功作为结果变量，把职场友谊和个人声誉分别作为中介变量，探讨员工个体的政治技能对其主观职业成功的影响，不仅对拓展政治技能的相关研究范围有一定的积极作用，同时对丰富主观职业成功影响因素的研究理论以及促进相关理论的发展也会起到一定的积极作用。就实践意义而言，通过本书的相关分析和探讨，对企业中人力资源管理实践可以提出相关的建议。组织的领导者可以通过招聘具有较高政治技能的员工、增加员工培训机会来提高组织中员工的政治技能，也可以通过各种途径来为员工发展培养良好的声誉，建立良好的组织氛围和积极的职场友谊，提高组织中员工的积极性和工作满意度，促进员工主观职业成功。因而，本书的相关研究结论，对组织的管理实践方面会有一定的指导意义。

第二节 文献综述与假设提出

一、核心概念界定与测量

(一) 政治技能

组织是一个具有政治特点的环境，这种政治特性在组织的方方面面都有体现。组织政治体现在微观和宏观两个方面，宏观方面主要是以社会学角度来研究有限的资源所引起的利益群体矛盾的解决过程，在微观方面主要是研究个体的政治行为（王利平、金淑霞，2009）。在组织中，对员工来说，要想获得职业成功除了需要自身努力工作以外，还需要具备一定的政治技能。

"政治技能"一词最早出现在 Preffer 的《组织中的政治学》中，在这本著作中他首次提出"政治技能"（Political Skill）这一概念，他认为组织行为的分析需要从政治视角出发，同时个体在组织中取得成功、获得认可所需具备的一项技能就是较高的政治技能，即组织中的员工要想有更大的发展，政治技能这一因素发挥着不可或缺的作用（Pfeffer，1981）。Mintzberg（1983）进一步研究指出，政治技能起到产生影响或改变现实的作用，是通过协商、操纵、说服等方式或手段来实现的。Ferris 等（2005）认为政治技能是指在组织中员工个体可以有效地理解他人，在理解的基础上，运用自己所获得的知识来影响他人，最终达到实现个人或者组织目标的一种能力，本书采用此定义。组织中员工个体具有较高水平的政治技能，通常会通过其自身所具有社会机敏性和人际交往等能力，随时调整自己的行为。具有较高政治技能的员工个体会给他人带去安全舒适和自信的感觉，可以吸引他人。

当前，我国对政治技能的研究探讨还处于初级阶段，高记等（2008）认为个体通过自己的行为来影响他人并且实现其目标的能力就是政治技能，它在其工作绩效、态度等方面都会起到积极的作用。

政治技术的测量包括单维度结构量表和多维度结构量表，具体介绍如下：

（1）单维度结构量表。Ferris 等（1999）最早提出政治技能的测量并开发单维度政治技能量表（Political Skill Inventory），包含 6 个题项。但是该量表只是反映出政治技能自身所具有的一些特性，这些特性与其他社会技能没有很大的相关性。

（2）多维度结构量表。Ferris 等（2005）在以后的研究中对政治技能进行了更加细化的研究和探讨。他们提出包含 18 个题项四个维度的政治技能，四个维度具体是社会机敏性（Social Astuteness）、人际影响力（Interpersonal Influence）、交际网络能力（Networking Ability）和外显真诚（Apparent Sincerity）。该量表具有良好的信效度。社会机敏性体现的是组织中的个体是一个机敏的观察者，它会对社会交往有清晰的了解，并且可以对自己以及他人的行为做出精准的解释；人际影响力体现的是个体的风格，是个体平易近人、令人信服、能够对周围的人有着强大影响力；交际网络能力体现的是个体的能力，体现在组织中个体的识别和发展多种关系、人际网络等方面；外显真诚体现的是组织中个体可以给予他人真诚、信任等方面的感知，即个体在他人面前表现出的高度的诚实、真诚以及赢得他人信赖的感知（Ferris et al.，2005），本书也采用此维度的划分。

对政治技能的探讨，我国学者也进行了相关的研究，并且依据我国具体的国情开发了相关量表。柳恒超（2008）等结合国内外相关研究成果，将政治技能划分为具有中国特色的五个维度，即处事圆滑、关系经营、人际敏锐、表现真诚和面子和谐，并编制了相关量表。蒋斌（2009）等在心理学相关实证研究方法的帮助下，编制了政治技巧的相关量表并具体划分为四个方面即人际影响力、组织协调力、关系拓展力和政治敏锐性。

国内学者通常采用的是 Ferris 等（2005）的 18 题项的测量量表，本书也采用该量表。

（二）主观职业成功

职业成功（Career Success）主要体现的是组织中个体的人生价值，并对组织的成长发展有着重要影响，基于此，它受到多方面的重视。国外学者 Thorndike（1934）在其著作《预测职业成功》中认为，职业成功是可以体现个体在组织中职业发展的位置、取得的薪金以及个体对本身职业的满意度，它主要通过内在和外在两个方面来体现。组织环境的不断变化以及人力资本重视程度的不断加深，个体职业生涯逐渐成功进入研究者的视野。Seibert 等（1999）认为，在职场中，个体不断奋斗的结果体现的就是职业生涯的成功，其中主要体现在工作的经历中，个体会通过不断努力奋斗累积和得到积极的心理层面的感受并取得相关工作的成就。

职业生涯成功主要体现在主观职业生涯和客观职业生涯两个方面。其中，主观职业生涯成功地通过个体心理内部的感受来体现，是对自己职业各个方面积极的心理感知和评价，即在工作过程中员工个体所产生的积极的心理感受；而客观职业生涯则是从外部的、可以看得见的视角、指标来衡量个人职业生涯发展的情况，即个体在组织中所获得的工作经历与工作相关的成果和成就，如工资薪酬、职位晋升等（Judge et al.，1995）。

按照相关研究得出，主观职业成功是组织中个体对其职业的主观判断和满意度；客观职业成功指的是可观察到、可量化、可核实的相关工作成果或成就，如薪水和晋升历史等（London et al.，1982；Bray et al.，1980），本书采用此定义。尽管两者有适度的正向关联性（Bray et al.，1980；Judge et al.，

1994），但它们并未重叠，例如，个体可能满意于客观职业成功但是在主观上并不满意他们所取得的职业成就（Korman, et al., 1981）。因此，在组织中从主观和客观这两方面来评价员工的职业成功显得尤为重要。

关于主观职业成功的测量量表，Greenhaus 等（1990）开发的量表应用最多，也有在此之上添加工作满意度、生活满意度等因素。本书的样本是组织内的个体，他们的薪金和职位晋升因素是不能反映其真正的职业成功，因此又参考 Eby 等（2003）的量表来测量主观职业成功，并将主观职业成功定义为是个体在工作经历中不断积累的积极心理感受（Greenhaus et al., 1990）。

（三）职场友谊

对职场友谊（Workplace Friendship）学者们做出了不同的界定。如根据其特征给出定义：Wright（1984）认为，它是一种人际关系，这种人际关系体现的是员工之间自愿的、非约束等方面的关系；Berman（2002）指出，它是以信任、承诺、喜欢、共同的兴趣和价值观、互惠和利益共享等为特征的、非排他的、自愿的职场关系。根据其形成原因和作用给出定义：Morrison 等（2004）认为它是一种以愉悦和满足为目的，并不是为了完成某一项特定任务而存在的亲密关系；Sias 和 Avdeyeva（2003）认为它是一种职场关系，主要体现在职场中的信息传递、职位晋升等；我国台湾学者梁进龙（2006）认为，它体现的是一种感知，这种感知主要体现员工对组织中的人际关系的感知，这种感知主要体现的是组织中所拥有的承诺、信赖、共同兴趣、价值观等的人际关系和友好程度，在这些方面职场友谊会给予一定的支持。

本书采用 Berman 等（2002）对职场友谊的定义，即指组织中员工在工作中与同事之间形成的一种自发的、非正式的、亲密的人际关系。

Nielsen 等（2000）认为，职场友谊强度主要的作用是体现员工之间的关系以及维持彼此之间关系的难易程度。此后，职场友谊成为一个包含职场友谊机会和职场友谊强度两个维度的变量。孙健敏和焦海涛（2012）在结合我国文化背景下进行研究，也证实了职场友谊是包含职场友谊机会和职场友谊程度的变量。

综上所述，Nielsen（2000）的职场友谊量表在国内外的职场友谊研究中应用广泛，这些研究或者直接使用该量表，或是在该量表的基础上进行针对性的改进。因此本书也采用该量表。

（四）个人声誉

随着历史的不断发展，声誉也就随之产生，声誉是一种信号，这种信号主要是反映主体的信息质量并因声誉机制不断在公众中传播，这些主体包含集体和个人，当主体体现的是集体时就是集体声誉，体现的是个人时就是个人声誉。而本书主要研究个人声誉。

学者们对个人声誉的定义有着不同的理解，如 Rosen、Doby 和 Kaplan 等指出，个人声誉体现的是对个体性格的综合评价，这些评价来自于公众，或者说是对某个个体所进行的信息搜集的成果，这些体现出来的是对个体的声誉的客观评价（Rosen and Cochran，1990；Doby and Kaplan，1995）；但是有些学者认为个体声誉的评价应该是主观的，如 Tsui 等（1984）认为基于主观评价的个人声誉是在基于对被评价人的主观印象以及所做出的某些期望，在这些主观因素下所形成的对个体的观点，Herbig 等认为要评价个体的声誉需要结合个体的个性特征和以往的表现（Herbig et al.，1994；Krep and Milgrom，1982）。个人声誉反映的是群体感知，这种群体感知是来自于与主体有着社会关系的人（Raub and Weesie，1990；Cremer et al.，2009）。本书认为在组织中，个人声誉主要反映的是组织中的其他成员对个体的评价、感知和印象，这些评价因素包含个体在组织中的工作能力、完成情况、合作行为以及互助等（Ferris et al.，2003），本书采用此定义。个人声誉是要经过很长时间才能形成的一个因素，其包含三个方面，即个体的特征与成果、个体过去的真实行为以及在社会交往的过程中他人对个体形成的感知（Zinko et al.，2012）。组织中的员工越重视其自身的个人声誉，他们就会在其所处的组织中认真观察其他成员对自己的态度、评价和印象，以此来建立、评估和维护自己在组织中的个人声誉。

本书对个人声誉的测量主要运用的是 Carson 等（2006）单维度量表。其中，所包含的题项例如"在组织中，绩效和协作这两个方面哪个员工表现最好是得到了公认的"，"在组织中，我和组织中的成员都密切关注着自己的个人声誉"等。本书又借鉴我国学者对银行信贷部门工作人员进行的访谈时所形成的两个题项，如"在组织中，我很重视团队的成员对我工作能力等方面的评价""在组织中，我的个人声誉会影响我的意见在团队决策过程中的所占的分量"（施丽芳等，2012）。

二、员工政治技能对主观职业成功的影响

国内外学者对政治技能的研究主要表现为两个方面：一方面，把它看作前因变量，以此来探讨其对个体或组织等层面所产生的影响；另一方面，把它看作调节变量，以此来研究分析其在相关变量之间所起到的作用。把政治技能作为前因变量来进行相关分析，发现其影响在个体的工作绩效、职业成功与工作满意度等方面有所体现。具体来看：

（1）在工作绩效方面，Blickle 等（2011）认为，政治技能比自我监控、情绪智力、自我效能等对工作绩效的预测能力更强；Wei 等（2012）认为，在政治技能对工作绩效的影响中网络资源起到中介作用；Andrews 等（2009）认为，在政治技能与工作绩效之间组织公正显示负向调节的作用，Blickle 等（2012）认为，政治技能对工作绩效有显著正向影响。

（2）在职业成功与工作满意度等方面，Todd 等（2009）认为，政治技能对个体的晋升、工作满意度、生活满意度以及对外部工作机会的感知力等方面会有正向影响；柳恒超等（2012）认为，组织中政治技能与个体的工作满意度之间呈线性发展关系，即在组织中组织的政治技能会对个体的工作压力有缓解作用，以此来提高组织中个体对工作的满意度，促使其在职业方面有所发展。

刘军、吴隆增和徐浚（2010）等通过研究发现，政治技能可以通过提高组织中个体的个人声誉，维护员工个体的权利，以此来促进组织中员工的职业发展。政治技能作为调节变量的实证研究包括：Perrewe 等（2004）认为，在角色冲突与压力源之间政治技能有负向调节作用；Harris 等（2007）认为，在印象管理与员工工作绩效之间政治技能有正向调节作用；刘军、吴隆增和林雨（2009）认为，在组织中员工的政治技能会在下属逢迎行为与辱虐管理之间有着负向调节的作用；冯明和李聪（2010）等认为，政治技能在印象管理与员工职业成功之间有正向调节影响；谢俊、汪林和褚小平（2013）认为，政治技能在 SSG 和反馈寻求行为之间有正向调节影响。

国内外的学者们对职业成功的影响因素进行了相关探讨分析，主要集中

在以下几个方面：

（1）个体层面。学者们对职业成功的研究体现在个体层面即主要是以人口统计学变量、人力资本变量和个性等因素来研究对员工个体职业生涯成功所产生的影响。Judge 等（2002）认为，由于女性因其对职业成功的期待较低，所以在其职业满意度方面显示的就会高于男性；Ng 等（2005）发现，个体在组织中的工作时数、投入、受教育程度、政治知识与技能等都会对其职业的满意度具有积极的预测作用；Wayne 等（1999）认为，组织的年限与个体的薪酬、晋升对职业满意度均有负向影响，但是，培训会对个体的职业满意度有正向影响。实证研究的结果显示，员工个体的工作动机这一变量可以对其主观职业成功起到预测的作用（Greenhaus et al.，1990；Eby et al.，2003；Judge et al.，2002；Ng et al.，2005；Wayn et al.，1999；Seibert et al.，2001）。Seibert 等（1999）认为，主动性的人格会对员工职业成功有预测作用，外向性的特性会对员工的薪酬和职业满意度有正向作用，神经质的特性会对员工的职业满意度有负向影响，亲和性的人格对职业满意度有负向影响，开放性的人格与员工的薪酬之间有负向影响。Seibert 和 Kraimer（2001）认为，具有主动性人格的员工会借助于创造、自身的政治知识和职业主动性等来提高薪酬、获取晋升以及提高工作满意度。除此以外，Boudreau 等（2001）通过其研究的结果分析发现，尽责性的这一人格特质与员工的客观职业成功之间没有显著的相关关系，但是，它对员工的主观职业成功有负向影响，而亲和性的人格与员工的客观职业成功之间有负向影响。

（2）组织层面。组织支持在组织中是影响个体职业发展的一个重要因素。在组织中，组织可以向员工提供帮助来促进员工的职业成功，其中，包括职业支持（如来自于组织中高层的指导）、主管支持和来自于组织资源的支持等，这些支持都会因组织的大小而不同。Ng 等（2005）通过研究结果分析发现，员工的职业支持、主管支持、培训和组织资源与其薪酬有正向影响，同时，除了来自于组织资源外，另外三个组织支持的变量与员工的职业满意度具有显著的正向相关关系。Wayne 等（1999）认为，主管支持对员工的职业成功有正向影响；王震和孙健敏（2012）发现组织支持对员工的职业成功有显著影响，并且员工的自我评价对其职业成功有显著的正向影响。另外，导师制（Mentoring）员工的职业成功也会产生影响。相关研究的数据分析结果显示，在组织中，拥有更多指导关系的员工，他们在其岗位薪资和职业满意度方面有着更为积极的感知，这表明组织中导师的支持、反馈对员工个人工作满意度的提高和职业生涯的成功等方面有着重要的影响（Chao et al.，1992）。

（3）社会层面。对职业成功的社会层面的考察，主要借助于社会网络即主要通过社会资本和社会交际网络这两个层面来体现。Podolny 等（1997）通过研究发现，组织中员工的非正式网络的联系越来越多，这也为员工带来较多的社会资源，从而有助于提高员工职位的晋升。Burt（1997）通过研究发现，社会资本在提高个体的行动效率方面起着积极的作用，社会资本体现的是在相同的人力资本条件下，员工要达到职业生涯成功所必须具备的核心要素之一。Seibert 等（2001）认为，社会资本会对职业成功产生重要的影响，即社会网络中的资源、信息会影响组织中员工的职业成功。周小虎、刘冰洁、吴雪娜和贾苗苗（2009）认为，员工的导师网络效益会在其社会资本和职业成功中起中介作用，即员工导师网络中的社会资本通过其效益对员工职业满意度等产生影响。

根据以上分析，从个体和组织层面来分析职业成功的研究较为充足，但从社会层面的研究则显得不足。而组织中本就有政治环境，尤其是在我国特有的环境中，因而政治技能对职业成功会有重要影响。但目前学者们从政治技能视角来探讨职业成功的研究相对较少，由于注重工作满意度的80、90后逐渐进入职场，对职业成功的研究尤其是对主观职业成功的研究显得尤为重要。

在职场中，人们追求的职业成功，也是他们规划人生和提高生命质量的动力。它不仅是人们进行职业研究的起点，也是人们在职场中进行职业追求的目标和终点（王忠军、龙立荣，2009）。职业成功体现在客观和主观两个方面，客观职业成功所体现的是社会上群体对它的普遍看法（Judge et al.，1995），而主观职业成功所体现的是组织中员工对自己职业的积极心理评价，这些评价因素主要是通过员工自己的工作经历和职业发展来体现的（Ng et al.，2005）。

员工要想获得主观职业成功仅仅依靠专业知识和智慧是不够的，还需要一定的政治技能。学者们经过研究发现，在组织中员工要想较容易地应对复杂多变的情况，并以此来获得成功，需要具备的技能之一就是员工的政治技能。分析原因，其一，员工的工作态度和工作行为会受到政治技能的积极影响，使员工可以对上级评定自己工作绩效有积极预测，而且拥有较高政治技能的员工可以比较容易获得他人的信任，且在职场中员工可以向他人展现自己良好的形象；其二，高政治技能水平的个体可以减少他人对自己的消极态度和行为，使自己获得较多的利益，从而进一步取得个体的成功（王忠军等，2011）。具有中等水平政治技能的员工在职场中会产生最高的满意度和最低的工作紧张，原因在于拥有较高政治技能的个体不仅能降低因为角色冲突而产生的紧张、焦躁等消极情绪的影响，而且还因为员工对环境有着较好的控制度来减轻工作所产生的压力。除此以外，拥有较高水平政治技能的个体会因其自身所具有的较高的社交敏锐性、人际影响力、关系网络能力和真诚表现等为自身获取职场发展机会，赢得职业发展等，并且他们也能在相应的组织情景中与领导建立和维持良好的关系，经过员工不断的努力，会成为领导的"圈内人"而有可能获得较多的资源、较好的发展机会。

综上可知，政治技能和职业成功尤其是主观职业成功之间有一定的关系，且基于上述文献和推论，提出以下假设：

H1：员工政治技能对其主观职业成功有正向影响；

H1a：员工社会机敏性对其主观职业成功有正向影响；

H1b：员工人际影响力对其主观职业成功有正向影响；

H1c：员工网络能力对其主观职业成功有正向影响；

H1d：员工外显真诚对其主观职业成功有正向影响。

三、政治技能对职场友谊的影响

在组织中，职场友谊对员工的影响主要是通过员工的工作态度和行为来体现的。Hackman（1975）等认为，友谊机会对组织中员工的工作绩效（如工作质量、应对问题的速度等）和工作的满意度有着重要的影响。Barsade（2002）等研究认为，就长期影响而言，积极的情感会对组织中的工作有影响，可以提高组织中员工彼此合作的可能性，减少不必要的冲突，从而提高组织中员工的工作绩效，同样地，也会增加组织中员工的工作经验。Morrison（2004）研究发现，职场友谊会对员工的工作满意度、组织承诺有正向影响，而对离职倾向有负向影响。Song 等（2008）研究发现，职场友谊机会和职场友谊强度会在不同的组织中有不同的表现，但都会对员工的工作态度有积极的影响。

综上可知，以往的学者在研究职场友谊时主要是对离职倾向、生活满意度、主观幸福感、组织承诺、员工的工作绩效等方面的研究，但是对员工的职业成功尤其是主观职业成功这一方面的研究相对较少，因此，本书的研究是聚焦在职场友谊与员工的主观职业成功之间的关系。

职场友谊体现的是一种工作特色，其具有自愿、平等、互惠等特征，且对组织中员工的态度、行为等会有影响（张晓舟，2014）。在组织中员工所拥有的政治技能水平的高低对其获取和利用组织稀缺资源有着直接的影响。因为正是员工的政治技能水平的高低决定着员工是否会在组织中的"办公室政治游戏"中取得成功（Sias et al.，2012）。拥有较高政治技能水平的员工因其在组织中实施政治行为时既要保护自己利益，又要减少危害他人利益，就会积极、主动地与他人互动交流，会与他人主动分享自己获得的价值的信息和知识，从而可以帮助员工个体获得来自于他人对自己的好感，并且对员工个体建立良好的组织和社会关系有积极作用。

在职场中，拥有较高水平政治技能的员工比较容易获得较多的发展机会，进而有利于员工在职场中取得成功。当这类员工处于较高质量员工关系时，可以敏锐发觉其中的职场机会，进一步激励自己不断努力取得职业成功（Mollenhorst et al.，2014）。组织中员工会对组织内部同事之间的关系拥有乐观、自信的认识，从而激发个体希望用良好的工作绩效来回报自己所在的组织，同时个体也会看重自己在其他人面前主动表现出积极向上的行为，也会更主动地分享自己拥有的资源，促进组织内部形成良好的职场工作氛围，与同事、上下级之间建立比较积极的职场友谊。相反，拥有较低政治技能的员工，相比较来说不太擅长敏锐地捕捉到自己所拥有的关系网络所带来的资源，因而虽然组织中员工面临较好的关系，也担心因不适当的分享行为而对他人不利，从而破坏组织中自己原来的良好关系，因此可能会减弱职场的友谊。

综上所述，个体较高的政治技能，能促使组织中的员工个体更具自信、积极地建立职场的友谊，职场友谊也会更加和谐。鉴于此，本书提出如下假设：

H2：员工政治技能对职场友谊有正向影响；

H2a：员工社会机敏性对职场友谊有正向影响；

H2b：员工人际影响力对职场友谊有正向影响；

H2c：员工网络能力对职场友谊有正向影响；

H2d：员工外显真诚对职场友谊有正向影响。

四、职场友谊的中介作用

职场友谊这一变量借助于组织中员工之间的交流、信赖以及合作等方面来对其工作态度和行为产生影响。首先，个体在职场中拥有良好的职场友谊，有利于员工获得职场晋升，获得来自于组织中的情感支持，并且可以提高组织中合作机会，取得更多的工作绩效（尹奎等，2015）。其次，良好的职场友谊氛围会给组织中的员工带来更多的信息共享和工作指导，这有助于提高个人的能力，提高其工作的绩效（金辉，2014）。再次，职场友谊会在工作压力方面起到作用，并借助于组织中的支持和资源来帮助完成工作。最后，职场友谊的质量也与组织中员工的工作满意度有关。有研究结果显示，拥有良好职场友谊的个体更容易提高自己的工作满意度，积极履行组织承诺，也会降低组织中的离职倾向等（Guenter et al.，2014）。在组织中职场友谊还对个体的绩效有着正向的预测能力。具有较高水平政治技能的员工可以更容易地赢得信赖，帮助他们更容易建立职场中的友谊网络。拥有较高水平的政治技能的员工，可以更加容易地理解他人，并对自己的人际影响力有着重要的影响。有相关研究的结果显示，在组织中员工拥有较好的网络资源，有助于提高员工识别人际网络关系的能力，并且可以较容易地与他人建立社会网络，而这些能力又是员工获得他人赏识实现成功所必须具备的资源（Chesney et al.，2014）。具有较高水平的政治技能的个体，通常会有较好的社会关系网络，因而会比其他员工获得更多的沟通和合作等机会，这些都对员工积攒相关的资源起到积极的作用。因此，具有较高水平政治技能的员工可以借助于较佳的人际关系获得职业成功，因为他们可以在友谊关系网络中获得较多的支持，提高工作满意度。所以可以得出以下两点推论：其一，拥有较高水平的政治技能的个体，可以提高自己在职场中友谊机会和质量；其二，拥有较高政治技能的个体也能通过职场友谊来促进自己职业成功。

综上可知，基于以上的文献和推论，提出如下假设：

H3：职场友谊对员工主观职业成功有正向影响。

H4：职场友谊在员工政治技能和主观职业成功的关系中具有中介效应；

H4a：职场友谊在员工社会机敏性和主观职业成功的关系中有中介效应；

H4b：职场友谊在员工人际影响力和主观职业成功的关系中有中介效应；

H4c：职场友谊在员工网络能力和主观职业成功的关系中有中介效应；

H4d：职场友谊在员工外显真诚和主观职业成功的关系中有中介效应。

五、政治技能对个人声誉的影响

随着经济社会的不断发展，个人声誉也越来越受到人们的关注，个体在组织中也会主动采取积极的行动来构建和维护自己的个人声誉，在这个过程中，个体也会不断地获得和积累更多的、额外的知识和资源，使员工在处理问题的能力方面也会得到很大的提升。此外，个人声誉的关注使得个体会更加在意可能会对声誉造成消极影响的因素，因而会增强个体对不确定因素的容忍度。早期研究指出，员工关注个人声誉会促使他们加强与其他组织成员的合作（Fehr and Ernst，2004；Cremer et al.，2003；Van Vugt et al.，2007）。个人声誉还具有一定的约束功能，可以使员工意识到，在组织中需要加强合作，减少消极行为，否则将会带来利益损失（Van Vugt et al.，2007）。这也会对组织有着积极的影响，因为这会增加组织合作的可能性。除此以外，员工为了提高自己的个人声誉，会在组织中表现得更加积极，这样就可能会使个体在组织中表现更多的甚至额外的付出来完成工作，从而提高自己和组织的工作绩效。

员工在组织中影响力的来源之一就是其自身的个人声誉，原因在于个人声誉是一种有价值的、无形的资源，它可以给员工带来尊重、权力、社会地位等资源（施丽芳等，2012）。拥有良好的个人声誉的员工会提高其自主性和胜任力等方面的能力，进而提高员工的主动性。较佳的个人声誉可以获得较多的额外知识和竞争优势，从而增加个体的影响力。在组织中，具有较高水平政治技能的员工通常会有良好的个人声誉，同样他们也可以直接获取组织中某些资源。Ferris（2007）等认为，拥有较高水平政治技能的员工会体现出其自身所拥有的能力，这会对组织中员工的职业成功产生重要的影响。政治技能较高的员工，他们会拥有较高的社会机敏性，可以较为敏锐地观察自身所处的周围环境，能够灵敏地观察别人的喜好和意图，并随之对自己的行为作出相应的改变来赢得他人的接纳。高婧（2013）等认为，拥有较高政治技能的员工会拥有较高的人际影响力，而员工也会通过这些人际影响力来不断提升自己的个人声誉。在职场中，员工的声誉就像是他们个人的口碑，职场中员工拥有良好的口碑就会得到额外的收益，而拥有较高水平政治技能的员工可以让人们忽略其身体条件不太好的因素，使其获得支持、谅解和关心。

因此，本书提出如下假设：

H5：员工政治技能对个人声誉有正向影响；

H5a：员工社会机敏性对个人声誉有正向影响；

H5b：员工人际影响力对个人声誉有正向影响；

H5c：员工网络能力对个人声誉有正向影响；

H5d：员工外显真诚对个人声誉有正向影响。

六、个人声誉的中介作用

在组织中，员工的个人声誉对其自身的成长发展有影响。拥有良好个人声誉的员工在组织中会获得他人更多的信任和认可，并对其个人和组织的绩效以及组织中员工的职业成功都会产生重要的影响，因此在组织中，员工要格外注重自己的个人声誉，并为建立和维护自己良好的个人声誉而做出不懈的努力。

Hochwarter（2007）等通过研究发现，个人声誉对员工的工作压力具有一定的缓解功能，可以给员工带来积极的影响，对组织中员工的主观职业有积极的促进作用。组织中员工的个人声誉价值的体现主要是因为它可以在多大程度上帮助他人对员工个体未来的行为进行预判（Ferris et al.，2003）。也就是说，组织中员工的个人声誉会帮助其他人减少对员工自身行为不确定性的感知，为员工提供绩效等方面的资源，也会在组织中为员工建立一个良好的职场氛围，提高个体工作的满意度，从而对员工实现其主观职业成功有着积极作用。De Cremer（2009）等认为，员工的个人声誉可以反映出在社会互动关系中，其他人对个体行为或者特征的群体感知，个人声誉反映的也是在过去时间里人们对员工个体的一些特征或行为的印象。Zinko（2012）等认为，组织中员工的个人声誉，反映的是其他组织中的成员对员工自身的工作能力、完成情况、合作行为以及对他人的帮助行为等方面的感知、评价和印象。刘军和宋继文（2008）等认为，拥有较佳个人声誉的员工，其自身的机敏性会提高，可以为其工作获得更多的资源，对员工的职业成功有着重要的影响。员工注重自己的个人声誉，就会有意识地去反思自己过去的行为，建立和维护自己的个人声誉，减少他人对自己不确定性的感知，提高他人对自己不确定性的容忍度，增强对工作的满意度，从而促进个体的主观职业成功。因此，本书提出如下假设：

H6：个人声誉对员工主观职业成功有正向影响。

H7：个人声誉在员工政治技能和主观职业成功的关系中有中介效应；

H7a：个人声誉在员工社会机敏性和主观职业成功的关系中有中介效应；

H7b：个人声誉在员工人际影响力和主观职业成功的关系中有中介效应；

H7c：个人声誉在员工网络能力和主观职业成功的关系中有中介效应；

H7d：个人声誉在员工外显真诚和主观职业成功的关系中有中介效应。

在相关理论综述和研究假设的基础上，本书认为政治技能及其各维度与员工主观职业成功显著正相关，且职场友谊、个人声誉在两者之间分别起着中介作用。模型如图 10－1 所示。

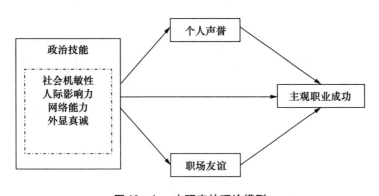

图 10－1　本研究的理论模型

第三节　研究方法

一、研究对象与程序

本书通过问卷调查法收集样本数据。样本数据来自河北、河南、山东、山西等地的员工，并且告知被调查者不会对他们本人以及他们所在的单位产生不利影响，本次调查结果仅用于科学研究，对他们所填写的信息绝对保密。通过发放问卷和借助于问卷星这一软件进行样本数据的收集。

通过对收回的问卷进行统一整理，一共发放 630 份问卷，剔除空白和无意义问卷最终确认 574 份有效问卷。运用 SPSS21.0 分析样本数据，基本信息如表 10 - 1 所示。

表 10 - 1　员工的人口统计学信息

属性	组别	样本数（人）	百分比（%）
性别	男	206	35.9
	女	368	64.1
年龄	30 岁及以下	304	53.0
	30~40 岁	182	31.7
	40~50 岁	65	11.3
	50 岁以上	23	4.0
受教育程度	大专及以下	340	59.2
	本科	201	35.0
	硕士及以上	33	5.8
工作年限	1 年以下	132	23.0
	1~5 年	229	39.9
	6~10 年	100	17.4
	10 年以上	113	19.7

属性	组别	样本数（人）	百分比（%）
工作性质	生产	130	22.7
	业务	65	11.3
	工程	46	8.0
	管理	117	20.4
	后勤	31	5.4
	其他	185	32.2

由表 10-1 可知，所调查的样本体现在性别方面，男性 206 人，女性 368 人，分别占 35.9% 和 64.1%；在年龄方面，30 岁及以下的员工 304 人，占 53.0%，30~40 岁的员工有 182 人，占 31.7%，40~50 岁的员工有 65 人，占 11.3%，50 岁以上的员工有 23 人，占 4.0%；在受教育程度方面，大专及以下的员工有 340 人，占总体样本量的 59.2%，本科学历的员工有 201 人，占总体样本量的 35.0%，硕士及以上学历的员工有 33 人，占总体样本量的 5.8%；从工作年限来看，1 年以下的员工有 132 人，占 23.0%，1~5 年的员工有 229 人，占 39.9%，6~10 年的员工有 100 人，占 17.4%，10 年以上的员工有 113 人，占 19.7%；从所从事工作的性质来看，从事生产行业的员工有 130 人，占 22.7%，从事业务行业的员工有 65 人，占 11.3%，从事工程的员工有 46 人，占 8.0%，从事管理的员工有 117 人，占 20.4%，从事后勤的员工有 31 人，占 5.4%，从事其他行业的员工有 185 人，占 32.2%。

二、测量工具

本书变量：政治技能、主观职业成功、个人声誉及职场友谊。本书量表均采用国内外成熟量表，并采用李克特 5 点计分法，即 1 代表"非常不同意"，5 代表"非常同意"。

（一）政治技能

运用 Ferris 等（2005）开发的量表对政治技能进行测量，包含社会机敏性、人际影响力、网络能力和外显真诚四个维度共 18 个题项，是学术界应用最多的量表，例如，"在工作中，我很擅长与组织中有影响力的人建立关系"（刘军等，2008）。

（二）主观职业成功

本书的样本为员工，以薪酬和职位晋升等为考评标准的客观职业成功是不能准确地反映员工职业成功的，但是，以员工工作满意度等为考评标准的主观职业成功可以更好地反映员工职业成功，因此本书采用的是 Eby 等（2003）的感知内部市场竞争力和感知外部市场竞争力量表及 Greenhaus 等（1990）的职业满意度测量组织中员工个体的职业成功，该量表测试的结果显示其具有很好的信度和效度，是当今学者们探讨研究员工的主观职业成功最为常用的测量量表，例如"在职场中，我对自己职业中所发展的新技能感到满意"。

（三）个人声誉

本书的研究是从 Carson 等（2006）开发的单维度的量表中，选择并采用了两个题项并略作修正，如"在组织中，绩效和协作这两个方面哪个员工表现最好是得到了公认的""在组织中，我和组织中的成员都密切关注着自己的个人声誉"。本书又进行相关文献梳理，运用了我国学者对银行信贷部门工作人员进行访谈时所形成的两个题项，如在"组织中，我很重视团队的成员对我工作能力等方面的评价""在组织中，我的个人声誉会影响我的意见在团队决策过程中所占的分量"。结果显示，该量表表现出良好的信度和效度（施丽芳等，2012）。

（四）职场友谊

职场友谊问卷采用 Nielsen（2000）的测量量表，包含友谊机会和友谊质量两个维度，分别用六个题目进行测量，这是当前学术界对职场友谊最常用的量表，例如"我喜欢我的工作一部分原因是可以在工作中看见我的同事"。

（五）控制变量

员工可能会因性别不同而对组织工作的政治环境有不同的感知，年龄可能会对员工行为产生影响，受教育程度是反映个体知识储备的变量，工作的年限会反映个体的职场经验等。总之，以上几个变量可能会影响个体对组织中工作环境的感受，进而影响到他们对工作的投入。因此，在本书分析数据过程中，把性别、年龄、受教育程度以及工作年限作为控制变量，并对其进行虚拟化处理，即男性设为"1"，女性设为"2"；年龄分四个层次：30 岁及以下、31～40 岁、40～50 岁、50 岁以上；受教育程度分三个层次：大专及以下、本科、硕士及以上；工作年限分四个层次：1 年以下、1～5 年、6～10 年和 10 年以上。

第四节　假设检验

一、量表的信度和效度检验

本书采用国内外的成熟量表，为了进一步确保样本数据在本书的可靠性和有效性，在本书研究中需要检验所运用量表的信效度。

（一）量表的信度检验

本书通过信度来考查数据稳定性和可靠程度，并且借助于 Cronbach's α 作为考查的系数，α 值越大表明量表信度越好。本书借助 SPSS21.0 进行信度检验。

（1）政治技能的信度检验。政治技能及其各维度的信度值如表 10－2 所示。

表 10－2　政治技能信度

变量	维度	项数	Cronbach's α	Cronbach's α
政治技能	社会机敏性	5	0.787	0.915
	人际影响力	4	0.808	
	网络能力	6	0.826	
	外显真诚	3	0.769	

由表 10－2 可知，政治技能量表的信度值为 0.915，而其各维度的信度值依次为 0.787、0.808，0.826，0.769。测量结果都是高于 0.7，说明本书政治技能量表信度较好。

（2）主观职业成功的信度检验。主观职业成功的信度值如表 10－3 所示。

表 10 - 3　主观职业成功信度

变量	维度	项数	Cronbach's α
主观职业成功	单维度	8	0.873

由表 10 - 3 可知，主观职业成功量表的信度值为 0.873，测量结果高于 0.8，说明本书的主观职业成功量表具有非常好的信度。

（3）职场友谊的信度检验。职场友谊的信度值如表 10 - 4 所示。

表 10 - 4　职场友谊信度

变量	维度	项数	Cronbach's α	Cronbach's α
职场友谊	友谊机会	6	0.845	0.881
	友谊强度	6	0.764	

由表 10 - 4 可知，职场友谊量表的信度值为 0.881，其所包含的两个维度的信度值依次为 0.845、0.764，但是删除 WF12（我觉得没有一个同事是真正的朋友）时友谊强度的信度结果显示得就会更高，Cronbach's α 值达到 0.814，因此删除 WF12。测量结果高于 0.7，说明其信度较高，并且友谊机会和友谊强度的 α 系数分别为 0.845 和 0.764，都低于职场友谊的 α 系数 0.881，说明其有较好的同构性。

（4）个人声誉的信度检验。个人声誉的信度值如表 10 - 5 所示。

表 10 - 5　个人声誉信度

变量	维度	项数	Cronbach's α
个人声誉	单维度	4	0.791

由表 10 - 5 可知，该量表信度值为 0.791，测量结果大于 0.7，说明本书的个人声誉量表具有非常好的信度。

（二）量表的效度检验

本书使用 AMOS21.0 对模型进行验证性因子分析，通过 χ^2/df、RMR、RMSEA、GFI、CFI、IFI 等指标来衡量其效度，据相关标准，当 χ^2/df 值在 1 ~ 3 之间，RMR 小于 0.08，RMSEA 小于 0.08，GFI、CFI、IFI 值都高于

0.9 时，说明假设模型的拟合很理想（温忠麟、侯杰态，2004）。

（1）政治技能的验证性因子分析。数据显示各类测量指标都满足相关参照标准的要求（$\chi^2/\text{df} = 1.854$、RMR $= 0.040$、RMSEA $= 0.030$。GFI $= 0.957$、CFI $= 0.974$、IFI $= 0.974$），表明该量表效度较佳，如图 10 - 2 和表 10 - 6 所示。

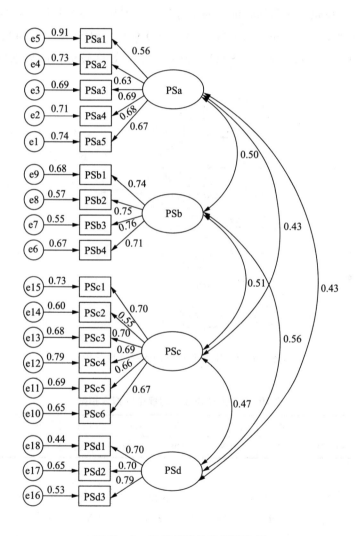

图 10 - 2　政治技能的验证性分析

表 10 - 6　政治技能模型的拟合指数

评价指标	χ^2	Df	χ^2/df	RMR	GFI	CFI	IFI	RMSEA
四因子	233.606	126	1.854	0.040	0.957	0.974	0.974	0.030
单因子	367.183	126	2.914	0.054	0.929	0.941	0.941	0.058

（2）主观职业成功的验证性因子分析。数据显示各类测量指标均满足参照标准的要求（$\chi^2/df = 2.025$、RMR = 0.029、RMSEA = 0.042、GFI = 0.988、CFI = 0.992、IFI = 0.992），说明该量表效度较佳，结果如图 10 - 3 和表 10 - 7 所示。

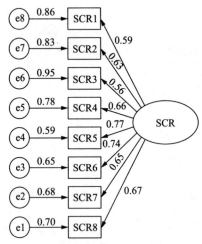

图 10 - 3　主观职业成功的验证性分析

表 10 - 7　主观职业成功模型的拟合指数

评价指标	χ^2	Df	χ^2/df	RMR	GFI	CFI	IFI	RMSEA
模型指标	30.374	15	2.025	0.029	0.988	0.992	0.992	0.042

（3）职场友谊的验证性因子分析。数据结果显示各类测量指标均满足参照标准的要求（$\chi^2/df = 2.018$、RMR = 0.046、RMSEA = 0.042、GFI = 0.976、CFI = 0.984、IFI = 0.984），表明该量表效度较佳，结果如图 10 - 4 和表 10 - 8 所示。

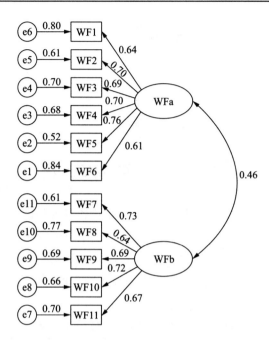

图 10 - 4　职场友谊的验证性因子分析

表 10 - 8　职场友谊模型的拟合指数

评价指标	χ^2	Df	χ^2/df	RMR	GFI	CFI	IFI	RMSEA
二因子	80.719	40	2.018	0.046	0.976	0.984	0.984	0.042
单因子	117.026	40	2.926	0.044	0.963	0.970	0.970	0.058

（4）个人声誉的验证性因子分析。数据结果表明各类指标都满足参照标准的要求（$\chi^2/df = 1.679$、$RMR = 0.016$、$RMSEA = 0.034$、$GFI = 0.997$、$CFI = 0.998$、$IFI = 0.998$），说明该量表效度较佳，结果如图 10 - 5 和表 10 - 9 所示。

表 10 - 9　个人声誉模型的拟合指数

评价指标	χ^2	Df	χ^2/df	RMR	GFI	CFI	IFI	RMSEA
模型指数	3.358	2	1.679	0.016	0.997	0.998	0.998	0.034

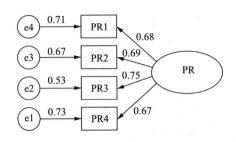

图 10 – 5　个人声誉的验证性因子分析

（5）理论模型的验证性因子分析。为了检验各变量的区分效度，本书做了进一步比较，结果如表 10 – 10 所示。与另外六个模型相比，七因子模型的拟合度最为理想（$\chi^2/df = 2.025$、$RER = 0.049$、$RMSEA = 0.042$、$GFI = 0.877$、$CFI = 0.929$、$IFI = 0.929$），说明在本书中各变量之间具有的区分度较好。

表 10 – 10　理论模型的验证性因子分析结果

模型	χ^2	Df	χ^2/df	RMR	GFI	CFI	IFI	RMSEA
七因子	1534.906	758	2.025	0.049	0.877	0.929	0.929	0.042
六因子	1815.252	764	2.376	0.056	0.849	0.904	0.904	0.049
五因子	1902.118	769	2.473	0.058	0.845	0.896	0.897	0.051
四因子	2036.702	773	2.636	0.061	0.832	0.884	0.885	0.053
三因子	2120.630	776	2.733	0.063	0.826	0.877	0.877	0.055
二因子	2483.992	778	3.193	0.069	0.787	0.844	0.844	0.062
单因子	2943.145	779	3.778	0.76	0.740	0.802	0.803	0.070

注：政治技能 PS、社会机敏性 PSa、人际影响 PSb、网络能力 PSc、外显真诚 PSd、主观职业成功 SCR、职场友谊 WF、个人声誉 PR；"＋"代表因子合并；六因子：PSa、PSb、PSc＋PSd、SCR、WF、PR；五因子：PSa、PSb＋PSc＋PSd、SCR、WF、PR；四因子：PS、SCR、WF、PR；三因子：PS、WF＋PR、SCR；二因子：PS、PR＋WF＋SCR；单因子：PS＋SCR＋WF＋PR。

二、描述性统计分析

这部分的内容主要是对政治技能及其所包含的四个维度、主观职业成功、职场友谊以及个人声誉进行描述性统计分析，政治技能均值为 3.3367，其四个维度均值分别为 3.3143、3.4865、3.1879、3.4721，表明本书的被试样本具有较高水平的政治技能，主观职业成功的均值为 3.4225，职场友谊的均值为 3.5724，个人声誉的均值为 3.4947，结果如表 10 – 11 所示。

表 10 – 11 各变量描述性统计分析结果

变量	均值	标准差
政治技能	3.3367	1.1613
社会机敏性	3.3143	1.1582
人际影响	3.4865	1.1387
网络能力	3.1879	1.1666
外显真诚	3.4721	1.1467
主观职业成功	3.4225	1.1636
职场友谊	3.5724	1.1334
个人声誉	3.4947	1.1449

三、相关性分析

本部分研究政治技能及其四个维度、主观职业成功、职场友谊、个人声誉这些变量之间的相关性，结果如表 10 – 12 所示。

表 10 – 12 各变量相关性分析

变量	PS	PSa	PSb	PSc	PSd	SCR	WF	PR
PS	1							
PSa	0.834**	1						
PSb	0.891**	0.689**	1					
PSc	0.865**	0.576**	0.686**	1				
PSd	0.728**	0.472**	0.614**	0.513**	1			
SCR	0.741**	0.576**	0.642**	0.672**	0.573**	1		
WF	0.690**	0.563**	0.583**	0.564**	0.623**	0.672**	1	
PR	0.702**	0.580**	0.598**	0.567**	0.628**	0.697**	0.749**	1

注：政治技能 PS、社会机敏性 PSa、人际影响 PSb、网络能力 PSc、外显真诚 PSd、主观职业成功 SCR、职场友谊 WF、个人声誉 PR；** 表示 $p < 0.01$。

由表 10 - 12 可知，政治技能对其主观职业成功有显著正向作用（r = 0.741，p < 0.01），且政治技能的各个维度与其主观职业成功之间具有显著正相关（r = 0.576，p < 0.01；r = 0.642，p < 0.01；r = 0.672，p < 0.01；r = 0.573，p < 0.01），政治技能与职场友谊显著正相关（r = 0.690，p < 0.01），职场友谊对主观职业成功有显著正相关（r = 0.672，p < 0.01），政治技能与个人声誉显著正相关（r = 0.702，p < 0.01），个人声誉与主观职业成功显著正相关（r = 0.697，p < 0.01）。

四、回归分析

（一）政治技能对主观职业成功的影响

本小节主要研究员工的政治技能对其主观职业成功的影响，把人口统计学变量作为控制变量，政治技能以及其包含的各个维度作为前因变量，员工主观职业成功作为结果变量对相关数据分别进行层级回归分析，如表 10 - 13 所示。

表 10 - 13　政治技能及其各维度对主观职业成功的回归分析

变量	主观职业成功					
	M1	M2	M3	M4	M5	M6
控制变量						
性别	0.071	0.021	0.010	0.051	0.064	0.015
年龄	0.015	0.060	0.054	0.034	0.046	0.051
受教育程度	0.016	0.003	- 0.010	0.001	0.015	0.030
工作年限	0.103 *	- 0.017	0.009	0.001	0.063	- 0.013
自变量						
政治技能		0.740 ***				
社会机敏性			0.573 ***			
人际影响力				0.639 ***		
网络能力					0.670 ***	
外显真诚						0.573 ***
F 值	2.370	140.017	57.261	81.009	98.274	56.308
R^2	0.016	0.552	0.335	0.416	0.464	0.331
调整后 R^2	0.009	0.548	0.329	0.411	0.459	0.326
Sig	0.051	0.000	0.000	0.000	0.000	0.000

注：* 表示 p < 0.05，*** 表示 p < 0.001。

由表 10 – 13 可知，把控制变量放入 M1 中，仅工作年限对主观职业成功有显著影响（$p < 0.05$），R^2 为 0.016；加入政治技能，主观职业成功对政治技能有显著影响（M2，$\beta = 0.740$，$p < 0.001$），R^2 为 0.552，则政治技能对主观职业成功有显著正向影响，验证了 H1；同理由 M3 ~ M6 可知，主观职业成功对社会机敏性、人际影响力、网络能力和外显真诚均有显著影响（M3，$\beta = 0.573$，$P < 0.001$；M4，$\beta = 0.639$，$P < 0.001$；M5，$\beta = 0.670$，$P < 0.001$；M6，$\beta = 0.573$，$P < 0.001$），R^2 分别为 0.335、0.416、0.464、0.331，表明员工的政治技能所包含的四个维度分别对员工主观职业成功起显著正向影响，验证了 H1a，H1b，H1c，H1d。

（二）政治技能对职场友谊的影响

本部分主要关注员工的政治技能对组织中职场友谊的影响，把人口统计学变量作为控制变量，员工的政治技能以及其所包含的各个维度作为自变量，职场友谊作为结果变量进行回归分析，结果如表 10 – 14 所示。

表 10 – 14　政治技能及其各个维度对职场友谊的回归分析

变量	职场友谊					
	M1	M2	M3	M4	M5	M6
控制变量						
性别	0.066	0.021	0.008	0.048	0.061	0.007
年龄	− 0.048	− 0.006	− 0.010	− 0.030	− 0.022	− 0.009
受教育程度	0.010	− 0.001	− 0.015	− 0.003	0.009	0.025
工作年限	0.182 ***	0.072	0.092 *	0.092 *	0.149 ***	0.059
自变量						
政治技能		0.680 ***				
社会机敏性			0.552 ***			
人际影响力				0.571 ***		
网络能力					0.558 ***	
外显真诚						0.614 ***
F 值	4.261	105.081	54.662	60.630	58.433	72.914
R^2	0.029	0.481	0.325	0.348	0.340	0.391
调整后 R^2	0.022	0.476	0.319	0.342	0.334	0.386
Sig	0.002	0.000	0.000	0.000	0.000	0.000

注：* 表示 $p < 0.05$，*** 表示 $p < 0.001$。

由表 10 - 14 可知，把控制变量加入 M1 中，只有工作年限这一因素对职场友谊有显著影响（$p < 0.001$），R^2 为 0.029；再加入政治技能这一变量时，职场友谊对政治技能有显著影响（M2，$\beta = 0.680$，$p < 0.001$），R^2 为 0.481，这表明在组织中个体的政治技能对职场友谊有显著正向影响，验证了 H2；同理，在 M3 ~ M6 中，职场友谊对政治技能的四个维度即社会机敏性、人际影响力、网络能力和外显真诚都有显著影响（M3，$\beta = 0.552$，$P < 0.001$；M4，$\beta = 0.571$，$P < 0.001$；M5，$\beta = 0.558$，$P < 0.001$；M6，$\beta = 0.614$，$P < 0.001$）且 R^2 分别为 0.325、0.348、0.340、0.391，表明员工个体的政治技能所包含的社会机敏性、人际影响力、网络能力和外显真诚四个维度均对组织中的职场友谊具有显著的正向影响，验证了 H2a，H2b，H2c，H2d。

（三）职场友谊对主观职业成功的影响

本小节探讨的是职场友谊对主观职业成功的影响，首先，引入个体人口统计学变量作为控制变量；其次，把组织中的职场友谊看作自变量，把员工的主观职业成功看作结果变量进行层级回归分析，结果如表 10 - 15 所示。

表 10 - 15　职场友谊对主观职业成功的回归分析

变量	主观职业成功	
	M1	M2
控制变量		
性别	0.071	0.026
年龄	0.015	0.047
受教育程度	0.016	0.009
工作年限	0.103 *	− 0.020
自变量		
职场友谊		0.671 ***
F 值	2.370	94.189
R^2	0.016	0.453
调整后 R^2	0.009	0.448
Sig	0.051	0.000

注：* 表示 $p < 0.05$，*** 表示 $p < 0.001$。

由表 10 - 15 可知，把控制变量加入 M1 中，只有工作年限这一因素对主观职业成功有显著影响（$p < 0.05$），R^2 为 0.016；当再加上职场友谊时，主观职业成功对职场友谊有显著影响（M2，$\beta = 0.671$，$p < 0.001$），R^2 为 0.453，这表明组织中的职场友谊对员工的主观职业成功有显著的正向影响，验证了 H3。

（四）政治技能对个人声誉的影响

本部分研究员工政治技能对个人声誉的影响，首先，引入控制变量；其次，把政治技能以及其所包含的各个维度看作自变量，员工的个人声誉看作结果变量来分别进行层级回归分析，结果如表 10 - 16 所示。

表 10 - 16　政治技能及其各个维度对个人声誉的回归分析

变量	个人声誉					
	M1	M2	M3	M4	M5	M6
控制变量						
性别	0.048	0.002	- 0.012	0.030	0.043	- 0.013
年龄	- 0.063	- 0.020	- 0.024	- 0.045	- 0.036	- 0.024
受教育程度	- 0.001	- 0.013	- 0.027	- 0.015	- 0.002	0.014
工作年限	0.146 **	0.032	0.051	0.051	0.112 **	0.019
自变量						
政治技能		0.698 ***				
社会机敏性			0.576 ***			
人际影响力				0.593 ***		
网络能力					0.562 ***	
外显真诚						0.628 ***
F 值	2.444	110.534	58.217	64.130	56.534	74.404
R^2	0.017	0.493	0.339	0.361	0.332	0.396
调整后 R^2	0.010	0.489	0.333	0.355	0.326	0.390
Sig	0.046	0.000	0.000	0.000	0.000	0.000

注：** 表示 $p < 0.01$，*** 表示 $p < 0.001$。

由表 10 - 16 可知，把控制变量加入 M1 中，只有工作年限这一因素对个人声誉有显著影响（p < 0.01），R^2 为 0.017；在加入员工政治技能时，政治技能对个人声誉有显著影响（M2，β = 0.698，p < 0.001），R^2 为 0.493，则表明政治技能对个人声誉起到显著正向作用，验证了 H5；由 M3 ~ M6 的数据得知，员工的政治技能所包含的四个维度对员工的个人声誉均有显著影响（M3，β = 0.576，P < 0.001；M4，β = 0.593，P < 0.001；M5，β = 0.562，P < 0.001；M6，β = 0.628，P < 0.001）且 R^2 分别为 0.339、0.361、0.332、0.396，这表明员工的政治技能所包含的社会机敏性、人际影响力、网络能力、外显真诚四个维度对员工个体的个人声誉均具有显著的正向影响，验证了 H5a，H5b，H5c，H5d。

（五）个人声誉对主观职业成功的影响

本小节探讨的是个人声誉对主观职业成功的影响，首先引入员工人口统计学变量作为控制变量，其次把员工的个人声誉看作分析的前因变量，员工的主观职业成功看作结果变量进行层级回归分析，结果如表 10 - 17 所示。

表 10 - 17　个人声誉对主观职业成功的回归分析

变量	主观职业成功	
	M1	M2
控制变量		
性别	0.071	0.037
年龄	0.015	0.058
受教育程度	0.016	0.017
工作年限	0.103 *	0.002
自变量		
个人声誉		0.694 ***
F 值	2.370	109.376
R^2	0.016	0.491
调整后 R^2	0.009	0.486
Sig	0.051	0.000

注：* 表示 p < 0.05，*** 表示 p < 0.001。

由表 10 - 17 可知，把控制变量加入 M1，只有工作年限这一因素对主观职业成功起显著作用（p < 0.05），R^2 为 0.016；在加入个人声誉时，主观职业成功对个人声誉有显著影响（M2，β = 0.694，p < 0.001），R^2 为 0.491，说明个人声誉对主观职业成功有显著正向影响，验证了 H6。

（六）职场友谊、个人声誉在政治技能与主观职业成功之间的中介效应检验

本书进一步研究组织中的职场友谊与员工的个人声誉分别在员工的政治技能与其主观职业成功之间所起到的中介作用，并根据 Baron 和 Kenny（1986）等相关中介效应的检验方法进行分析。

首先，应该检验组织中的职场友谊这一变量在员工的政治技能及其所包含的各维度与其主观职业成功之间所起到的中介影响。把控制变量和政治技能这一自变量加入 M1，把职场友谊作为结果变量，做回归分析来探究职场友谊对政治技能的影响。其次，同时把控制变量和政治技能这一自变量加入 M2 中，把员工的主观职业成功作为结果变量，做回归分析来探索组织中的员工的主观职业成功对其自身所拥有的政治技能的影响。再次，同时把控制变量和职场友谊这一中介变量加入 M3，把主观职业成功作为结果变量，做回归分析来探索主观职业成功对职场友谊产生的影响。最后，同时把控制变量、政治技能这一自变量和职场友谊这一中介变量加入 M4，把员工的主观职业成功作为结果变量，做回归分析来探索员工主观职业成功对政治技能和职场友谊产生的影响。同理，按照以上分析的步骤来检验组织中的职场友谊在员工个体的政治技能所包含的各维度与其主观职业成功之间的中介效应。层级回归分析的结果如表 10 – 18、表 10 – 19 和表 10 – 20 所示。

表 10 – 18　职场友谊在政治技能各维度与主观职业成功之间的中介效应检验（一）

变量	职场友谊	主观职业成功		
	M1	M2	M3	M4
控制变量				
性别	0.021	0.021	0.026	0.015
年龄	− 0.006	0.060	0.047	0.062
受教育程度	− 0.001	0.003	0.009	0.004
工作年限	0.072	− 0.017	− 0.020	− 0.039

续表

变量	职场友谊	主观职业成功		
	M1	M2	M3	M4
自变量				
政治技能	0.680 ***	0.740 ***		0.532 ***
中介变量				
职场友谊			0.671 ***	0.307 ***
F 值	105.081	140.017	94.189	142.388
R²	0.481	0.552	0.453	0.601
调整后 R²	0.476	0.548	0.448	0.597
Sig	0.000	0.000	0.000	0.000

注: *** 表示 $p < 0.001$。

由表 10 – 18 可知，M1 中，组织中的职场友谊对员工的政治技能有显著正向相关的影响（M1，$\beta = 0.680$，$p < 0.001$）；M2 中，员工的主观职业成功对其政治技能有显著正向相关的影响（M2，$\beta = 0.740$，$p < 0.001$）；M3 中，员工的主观职业成功对组织中的职场友谊有显著正向相关的影响（M3，$\beta = 0.671$，$p < 0.001$）；M4 中，同时把自变量和中介变量加入时，主观职业成功对政治技能和职场友谊有显著正向相关的影响（M4，$\beta = 0.532$，$p < 0.001$；M4，$\beta = 0.307$，$p < 0.001$），M4 中主观职业成功对政治技能的回归系数比 M2 降低，但是，仍有显著的影响，则职场友谊在员工政治技能对其主观职业成功之间起到的是部分中介的作用，验证了 H4。

表 10 – 19 职场友谊在政治技能各维度与主观职业成功之间的中介效应检验（二）

变量	职场友谊	主观职业成功			职场友谊	主观职业成功	
	M1	M2	M3	M4	M5	M6	M7
控制变量							
性别	0.008	0.010	0.026	0.006	0.048	0.051	0.029
年龄	− 0.010	0.054	0.047	0.059	− 0.030	0.034	0.048
受教育程度	− 0.015	− 0.010	0.009	− 0.003	− 0.003	0.001	0.002

续表

变量	职场友谊	主观职业成功			职场友谊	主观职业成功	
	M1	M2	M3	M4	M5	M6	M7
工作年限	0.092*	0.009	−0.020	−0.038	0.092*	0.001	−0.040
自变量							
社会机敏性	0.552***	0.573***		0.292***			
人际影响					0.571***	0.639***	0.382***
中介变量							
职场友谊			0.671***	0.510***			0.451***
F值	54.662	57.261	94.189	98.622	60.630	81.009	115.041
R²	0.325	0.335	0.453	0.511	0.348	0.416	0.549
调整后R²	0.319	0.329	0.448	0.505	0.342	0.411	0.544
Sig	0.000	0.000	0.000	0.000	0.000	0.000	0.000

注：* 表示 $p < 0.05$，*** 表示 $p < 0.001$。

由表 10 − 19 可知，在 M1 和 M5 中，职场友谊这一变量对社会机敏性和人际影响有显著影响（M1，$\beta = 0.552$，$p < 0.001$；M5，$\beta = 0.571$，$p < 0.001$）；在 M2 和 M6 中，主观职业成功对社会机敏性和人际影响有显著影响（M2，$\beta = 0.573$，$p < 0.001$；M6，$\beta = 0.639$，$p < 0.001$）；在 M3 中，员工的主观职业成功对组织中的职场友谊有显著影响（M3，$\beta = 0.671$，$p < 0.001$）；在 M4 中，同时把社会机敏性和职场友谊加入时，主观职业成功对社会机敏性和职场友谊有显著影响（M4，$\beta = 0.292$，$p < 0.001$；M4，$\beta = 0.510$，$p < 0.001$），在 M4 中主观职业成功对社会机敏性的系数比 M2 降低，但仍有显著影响，则说明职场友谊在社会机敏性与主观职业成功之间起到部分中介作用，H4a 得到验证；在 M7 中，同时把人际影响和职场友谊加入时，主观职业成功对人际影响和职场友谊有显著影响（M7，$\beta = 0.382$，$p < 0.001$；M7，$\beta = 0.451$，$p < 0.001$），在 M7 中主观职业成功对人际影响的回归系数比 M6 降低，但仍有显著影响，则说明职场友谊在人际影响与主观职业成功之间起到部分中介作用，验证了 H4b。

表 10 - 20　职场友谊在政治技能各维度与主观职业成功之间的中介效应检验（三）

变量	职场友谊	主观职业成功			职场友谊	主观职业成功	
	M1	M2	M3	M4	M5	M6	M7
控制变量							
性别	0.061	0.064	0.026	0.039	0.007	0.015	0.012
年龄	- 0.022	0.046	0.047	0.055	- 0.009	0.051	0.055
受教育程度	0.009	0.015	0.009	0.011	0.025	0.030	0.017
工作年限	0.149 ***	0.063	- 0.020	0.000	0.059	- 0.013	- 0.043
自变量							
网络能力	0.558 ***	0.670 ***		0.434 ***			
外显真诚					0.614 ***	0.573 ***	0.257 ***
中介变量							
职场友谊			0.671 ***	0.422 ***			0.515 ***
F 值	58.433	98.274	94.189	131.203	72.914	56.308	91.875
R^2	0.340	0.464	0.453	0.581	0.391	0.331	0.493
调整后 R^2	0.334	0.459	0.448	0.577	0.386	0.326	0.488
Sig	0.000	0.000	0.000	0.000	0.000	0.000	0.000

注：*** 表示 $p < 0.001$。

由表 10 - 20 可知，首先，在 M1 中，组织中的职场友谊对员工的网络能力有显著的正向影响（M1，$\beta = 0.558$，$p < 0.001$）；在 M2 中，员工的主观职业成功对员工的网络能力有显著的正向影响（M2，$\beta = 0.670$，$p < 0.001$）；在 M3 中，员工的主观职业成功对组织中的职场友谊有显著的正向影响（M3，$\beta = 0.671$，$p < 0.001$）；在 M4 中，把自变量网络能力和中介变量职场友谊同时加入时，主观职业成功对网络能力和职场友谊均有显著的正向影响（M4，$\beta = 0.434$，$p < 0.001$；M4，$\beta = 0.422$，$p < 0.001$），在 M4 中主观职业成功对网络能力的回归系数比 M2 降低，但仍有显著的正向相关的影响，则说明职场友谊在网络能力与主观职业成功之间有部分中介影响，验证了 H4c；在 M7 中，把自变量外显真诚和中介变量职场友谊同时加入时，主观职业成功对外显真诚和职场友谊均有显著的正向影响（M7，$\beta = 0.257$，$p < 0.001$；M7，$\beta = 0.515$，$p < 0.001$），在 M7 中主观职业成功对外显真诚

的回归系数比 M6 降低，但仍有显著影响，则说明职场友谊在外显真诚与主观职业成功之间有部分中介效应，验证了 H4d。

其次，检验的是员工的个人声誉在员工个体的政治技能及其所包含的各个维度与员工的主观职业成功之间的中介效应。①在 M1 中，把控制变量和自变量员工的政治技能加入，以员工的个人声誉作为分析的因变量，来检验员工的个人声誉对其政治技能的影响；②在 M2 中，把控制变量和自变量员工的政治技能同时加入，以员工的主观职业成功作为分析的因变量，来检验员工的主观职业成功对其政治技能的影响；③同时把控制变量和中介变量个人声誉加入 M3 中，以主观职业成功作为因变量，做回归分析探索主观职业成功对个人声誉的影响，然后同时把控制变量、自变量政治技能和中介变量个人声誉加入 M4，以主观职业成功为因变量做回归分析，来探索主观职业成功对政治技能和个人声誉的影响。同理，按照以上分析的步骤来检验员工的个人声誉在其政治技能所包含的各个维度与其主观职业成功之间的中介效应。层级回归分析的结果如表 10 - 21、表 10 - 22 和表 10 - 23 所示。

表 10 - 21　个人声誉在政治技能各维度与主观职业成功之间的中介效应检验（一）

变量	个人声誉	主观职业成功		
	M1	M2	M3	M4
控制变量				
性别	0.002	0.021	0.037	0.021
年龄	-0.020	0.060	0.058	0.067
受教育程度	-0.013	0.003	0.017	0.008
工作年限	0.032	-0.017	0.002	-0.029
自变量				
政治技能	0.698 ***	0.740 ***		0.496 ***
中介变量				
个人声誉			0.694 ***	0.350 ***
F 值	110.534	140.017	109.376	150.531
R^2	0.493	0.552	0.491	0.614
调整后 R^2	0.489	0.548	0.486	0.610
Sig	0.000	0.000	0.000	0.000

注：*** 表示 $p < 0.001$。

由表 10 - 21 可知，在 M1 中，员工的政治技能对其个人声誉有显著正向影响（M1，β = 0.698，p < 0.001）；在 M2 中，员工的主观职业成功对其政治技能有显著的正向影响（M2，β = 0.740，p < 0.001）；在 M3 中，员工的主观职业成功对其个人声誉有显著的正向影响（M3，β = 0.694，p < 0.001）；在 M4 中，把自变量政治技能和中介变量个人声誉同时加入，主观职业成功对政治技能和个人声誉有显著的正向影响（M4，β = 0.496，p < 0.001；M4，β = 0.350，p < 0.001），在 M4 中主观职业成功对政治技能的回归系数比 M2 降低，但仍有显著的影响，则员工的个人声誉在政治技能和主观职业成功之间有部分中介效应，验证了 H7。

表 10 - 22　个人声誉在政治技能各维度与主观职业成功之间的中介效应检验（二）

变量	个人声誉	主观职业成功			个人声誉	主观职业成功	
	M1	M2	M3	M4	M5	M6	M7
控制变量							
性别	− 0.012	0.010	0.037	0.017	0.051	0.037	0.036
年龄	− 0.024	0.054	0.058	0.067	0.034	0.058	0.056
受教育程度	− 0.027	− 0.010	0.017	0.005	0.001	0.017	0.008
工作年限	0.051	0.009	0.002	− 0.019	0.001	0.002	− 0.024
自变量							
社会机敏性	0.576 ***	0.573 ***		0.258 ***			
人际影响					0.639 ***	0.694 ***	0.350 ***
中介变量							
个人声誉			0.694 ***	0.548 ***			0.488 ***
F 值	58.217	57.261	109.376	108.190	81.009	109.376	124.477
R^2	0.339	0.335	0.491	0.534	0.416	0.491	0.568
调整后 R^2	0.333	0.329	0.486	0.529	0.411	0.486	0.564
Sig	0.000	0.000	0.000	0.000	0.000	0.000	0.000

注：*** 表示 p < 0.001。

由表 10 - 22 可知，在 M1 中，员工的社会机敏性对其个人声誉有显著影响（M1，β = 0.576，p < 0.001）；在 M2 中，员工的社会机敏性对其主观职

业成功有显著影响（M2，β = 0.573，p < 0.001）；在 M3 中，员工的个人声誉对其主观职业成功有显著影响（M3，β = 0.694，p < 0.001）；在 M4 中，把自变量员工的社会机敏性和中介变量员工的个人声誉同时加入时，社会机敏性和个人声誉对主观职业成功均有显著影响（M4，β = 0.258，p < 0.001；M4，β = 0.548，p < 0.001），在 M4 中社会机敏性对主观职业成功的回归系数比 M2 降低，但仍有显著影响，则说明个人声誉在社会机敏性与主观职业成功之间存在部分中介效应，验证了 H7a；在 M5 中，员工的人际影响对其自身的个人声誉有显著影响（M5，β = 0.639，p < 0.001）；在 M6 中，员工的人际影响对其主观职业成功有显著影响（M6，β = 0.694，p < 0.001）；在 M7 中把自变量人际影响和中介变量个人声誉同时加入时，人际影响和个人声誉对主观职业成功均有显著影响（M7，β = 0.350，p < 0.001；M7，β = 0.488，p < 0.001），则说明员工的个人声誉在员工人际影响与其主观职业成功之间有部分中介效应，验证了 H7b。

表 10 - 23　个人声誉在政治技能各维度与主观职业成功之间的中介效应检验（三）

变量	个人声誉	主观职业成功			个人声誉	主观职业成功	
	M1	M2	M3	M4	M5	M6	M7
控制变量							
性别	0.043	0.064	0.037	0.044	-0.013	0.015	0.022
年龄	-0.036	0.046	0.058	0.063	-0.024	0.051	0.064
受教育程度	-0.002	0.015	0.017	0.016	0.014	0.030	0.022
工作年限	0.112 **	0.063	0.002	0.011	0.019	-0.013	-0.023
自变量							
网络能力	0.562 ***	0.670 ***		0.411 ***			
外显真诚					0.628 ***	0.573 ***	0.222 ***
中介变量							
个人声誉			0.694 ***	0.460 ***			0.558 ***
F 值	56.534	98.274	109.376	144.771	74.404	56.308	102.234
R²	0.332	0.464	0.491	0.605	0.396	0.331	0.520
调整后 R²	0.326	0.459	0.486	0.601	0.390	0.326	0.515
Sig	0.000	0.000	0.000	0.000	0.000	0.000	0.000

注：** 表示 p < 0.01，*** 表示 p < 0.001。

由表 10 – 23 可知, 在 M1 中, 网络能力对个人声誉有显著影响 (M1, $\beta = 0.562$, $p < 0.001$); 在 M2 中, 员工的网络能力对其主观职业成功有显著影响 (M2, $\beta = 0.670$, $p < 0.001$); 在 M3 中, 员工的个人声誉对其主观职业成功有显著影响 (M3, $\beta = 0.694$, $p < 0.001$); 在 M4 中, 把自变量员工的网络能力和中介变量员工的个人声誉同时加入时, 其主观职业成功对其网络能力和其个人声誉均有显著影响 (M4, $\beta = 0.411$, $p < 0.001$; M4, $\beta = 0.460$, $p < 0.001$), 在 M4 中主观职业成功对网络能力的回归系数比 M2 降低, 但仍有显著影响, 这说明个人声誉在网络能力与主观职业成功之间有部分中介效应, 验证了 H7c; 在 M5 中, 员工的外显真诚对其自身的个人声誉有显著影响 (M5, $\beta = 0.628$, $p < 0.001$); 在 M6 中, 员工外显真诚对其主观职业成功有显著影响 (M6, $\beta = 0.573$, $p < 0.001$); 在 M7 中把自变量外显真诚和中介变量个人声誉同时加入时, 外显真诚和个人声誉对主观职业成功均有显著影响 (M7, $\beta = 0.222$, $p < 0.001$; M7, $\beta = 0.558$, $p < 0.001$), 这说明员工个人声誉在外显真诚与其主观职业成功之间有部分中介效应, 验证了 H7d。

五、结果与分析

本书的研究假设与理论模型是在相关文献基础上提出的, 选取国内外成熟量表进行问卷设计并收集和分析所得到的数据, 最后验证研究假设。结果如表 10 – 24、表 10 – 25 和表 10 – 26 所示。

表 10 – 24 相关假设结果

假设	假设内容	结果
H1	员工政治技能对其主观职业成功有正向影响	支持
H1a	员工社会机敏性对主观职业成功有正向影响	支持
H1b	员工人际影响力对主观职业成功有正向影响	支持
H1c	员工网络能力对主观职业成功有正向影响	支持
H1d	员工外显真诚对主观职业成功有正向影响	支持
H2	员工政治技能对职场友谊有正向影响	支持
H2a	员工社会机敏性对职场友谊有正向影响	支持
H2b	员工人际能力对职场友谊有正向影响	支持

续表

假设	假设内容	结果
H2c	员工网络能力对职场友谊有正向影响	支持
H2d	员工外显真诚对职场友谊有正向影响	支持
H3	职场友谊对员工主观职业成功有正向影响	支持
H5	员工政治技能对个人声誉有正向影响	支持
H5a	员工社会机敏性对个人声誉有正向影响	支持
H5b	员工人际影响力对个人声誉有正向影响	支持
H5c	员工网络能力对个人声誉有正向影响	支持
H5d	员工外显真诚对个人声誉有正向影响	支持
H6	个人声誉对员工主观职业成功有正向影响	支持

表 10-25　职场友谊中介效应检验结果

假设	假设内容	结果	中介类型
H4	职场友谊在员工政治技能和主观职业成功的关系中有中介效应	支持	部分中介
H4a	职场友谊在员工社会机敏性和主观职业成功的关系中有中介效应	支持	部分中介
H4b	职场友谊在员工人际影响力和主观职业成功的关系中有中介效应	支持	部分中介
H4c	职场友谊在员工网络能力和主观职业成功的关系中有中介效应	支持	部分中介
H4d	职场友谊在员工外显真诚和主观职业成功的关系中有中介效应	支持	部分中介

表 10-26　个人声誉中介效应检验结果

假设	假设内容	结果	中介类型
H7	个人声誉在员工政治技能和主观职业成功的关系中有中介效应	支持	部分中介
H7a	个人声誉在员工社会机敏性与主观职业成功的关系中有中介效应	支持	部分中介
H7b	个人声誉在员工人际影响和主观职业成功的关系中有中介效应	支持	部分中介
H7c	个人声誉在员工网络能力和主观职业成功的关系中有中介效应	支持	部分中介
H7d	个人声誉在员工外显真诚和主观职业成功的关系中有中介效应	支持	部分中介

经过实证分析，本书发现：

（1）个体的政治技能以及其所具体包含的四个维度对主观职业成功有显著的正向影响。这是因为较高政治技能的员工可以为其获得更多的职场资源，有利于提高员工的工作满意度，促使其主观职业成功。

（2）员工政治技能及其所具体包含的四个维度对职场友谊和个人声誉均具有显著的正向影响，并且职场友谊和个人声誉分别对员工主观职业成功有显著正向影响。原因在于较高政治技能的员工可以较好地感知外部人员对自己过去行为的评价并且更在乎自己个人声誉的建立和维护，具有较高政治技能的员工可以在职场中更好地感知职场氛围，更积极地建立和维护以及利用职场友谊所带来的益处，这些都可以为自己获得更多的职场资源，提高自己对工作的满意度，促进主观职业成功。

（3）职场友谊和员工的个人声誉分别在员工政治技能及其所具体包含的四个维度与其主观职业成功之间起到部分中介作用。这是因为具有较高政治技能的员工可以通过职场友谊这一中介因子在职场中建立良好的友谊关系，而良好的职场友谊又可以为员工的职业成功发展带来一系列的资源，尤其是主观职业成功方面的资源；而具有较高政治技能的员工可以借助其自身拥有的良好个人声誉为自己在职场中赢得更多的资源，从而有助于其获得职业成功尤其是主观职业成功方面的资源。

第五节　研究结论、管理启示及未来研究展望

一、研究结论

由已有文献梳理可以看出，对于政治技能的研究国内外的学者们主要是把它看作一个整体来研究的，而且相关的研究主要探讨的是政治技能作为前因变量或者调节变量所起到的作用，但是，从政治技能所具体包含的各个维度来分析探讨其所起到的具体作用是相对缺乏的。另外，学者们研究员工的职业成功多是从客观和主观这两个方面来分析的：①少有研究具体来分析客观职业成功和主观职业成功分别带来的影响。以工作满意度等为衡量标准的主观职业成功又更能体现员工的价值，但是少有研究具体来分析员工的主观职业成功。②学者们在探讨分析员工政治技能与其职业成功之间关系时少有研究是同时把个人声誉和职场友谊纳入研究范围的，而个人声誉和职场友谊

是否会对员工的职业成功产生重要影响还需要进一步的检验。

本书研究的内容主要是探讨员工的政治技能对其主观职业成功的影响机制，特别是个人声誉和职场友谊的中介作用是在借鉴国内外相关研究的基础上进行的。运用问卷调查收集数据，并对相关假设进行检验，得到以下研究结果：

首先，员工政治技能及其各维度分别与主观职业成功呈显著正相关。较高政治技能水平的个体通过自己的优势获得有助于其实现职业成功的资源。并且政治技能较高的员工具有较高的识别线索和情绪，他们会选择适合的方式与上级、同事和下属建立良好的上下级、同级关系，而在这一过程中又会通过比较隐晦的方式获得有助于职业成功的资源，使员工在职场中处于有利的地位，有利于其实现主观职业成功。

其次，本书研究结果表明，对于职场中员工而言，职场友谊在员工政治技能及其各个维度和主观职业成功之间起着部分中介作用，即高政治技能的个体通过在职场中良好的职场友谊建立与上下级之间的关系，进而间接地影响其主观职业成功。这一结论既证实了职场友谊与员工的主观职业成功之间有显著正向影响，也有助于理解员工政治技能对主观职业成功所起到的作用。关系在组织中处处存在，企业要想获得成功，稳定而优秀的员工团队是必不可少的，而组织中的员工之间、上下级之间的人际关系对员工的工作态度、离职意愿都会产生影响。组织中积极的人际关系有助于员工间的知识、信息和技能等方面的分享，对实现组织和员工的工作目标有一定的指导意义，这些方面都会有助于提高组织中工作的满意度。良好的职场友谊有助于增强员工的心理安全感和依附感。通过在组织中建立与同事之间的友谊关系，不仅有助于增强员工间信任、依赖程度和对组织的归属感，进而对增强个体的组织忠诚有着积极的作用，还有助于发展人脉、积累资源，这都有利于减少组织中员工的离职成本，促使员工放弃跳槽的想法，在组织中保持工作的稳定，增加员工对组织的情感、信任和感知，从而有助于员工实现主观职业成功。

最后，本书研究结果表明，员工的个人声誉在员工政治技能及其各个维度和主观职业成功的关系中有部分中介效应。员工的个人声誉其本身具有一定的缓解功能，可以给组织中的员工带来积极的效应，在组织中和社会的关系网络中，它可以帮助其他人缓解对组织中的员工个体行为不确定的感知。较高个人声誉的员工在很大程度上可以帮助自己在未来的行为做出比较精准的预测，并且有助于减少其他个体对自己不确定的感知。在组织中，员工为了保持自己良好的个人声誉，缓解心理不确定性，员工往往会积极地约束可能会对自己产生消极影响的行为。本书认为，在职场中，员工的个人声誉有助于缓解自己和他人对自己不确定性的感知，建立良好的职场工作关系，而不确定感知的减少以及工作关系的建立则有助于员工获得较多的工作资源，增加员工与组织的信任感、满意感等，从而有助于员工在心理层面加深对工作的认同，提高积极性，更好地完成组织和个人绩效进而达到自己的主观职业成功。

本书的主要创新点：

（1）本书的相关研究采用的是理论研究和实证研究相结合的方法，探讨在组织中员工政治技能对其主观职业成功所产生的影响。在以往的相关研究中，大多关注的是政治技能对员工个体的影响，很少有研究以政治技能所包含的具体维度的视角来进行相关的探讨。本书不仅分析员工政治技能，还具体地分析政治技能所包含的四个维度来分析其与员工的主观职业成功之间的关系，可以更加清晰地研究员工的政治技能及其具体维度对员工主观职业成功产生的重要影响，并在组织的管理实践中根据具体情况为组织提供不同的管理建议。

（2）即使现在学术界中对政治技能的研究已经取得了不少成就，但在员工政治技能是如何影响其主观职业成功方面的研究相对欠缺。本书探索性地通过引入个人声誉、职场友谊两个变量来探索它们在员工政治技能对其主观职业成功这一效应中所起到的作用。有助于更好地理解员工个体对主观职业成功的影响，从而为企业管理者激发员工工作的积极性，提高员工个体对工作的满意度，为实现员工的主观职业成功等方面提供相应的建议。

二、管理启示

当今社会员工对组织的重要作用越来越受到人们的关注，而其主观职业成功在个体的发展中又占据重要位置，组织和个体都应该重视员工的主观职业成功。本书的管理启示如下：

对组织来说，首先，政治技能、职场友谊和个人声誉对员工主观职业成功都起到显著正向作用，组织应借助多种方式为组织中员工政治技能的培养和提高提供条件，领导要与组织中个体建立良好的关系。其次，组织中的职场友谊会对员工的主观职业成功产生显著的正向影响，并且在员工的政治技能与其主观职业成功之间起到部分中介作用。因此组织要为职场友谊的建立提供条件。如帮助员工扩大与组织中的其他同事交际的范围。调整管理模式，提高人性化、个性化管理，关注个体的心理期盼，增强对员工情感方面的关怀，为组织中个体的成长规划和职业发展提供一定的支持。增强协作关系，加强员工间的理解、支持，提高员工对组织的归属感。在组织中，要重视一线员工与组织管理人员的交流和人际关系，关注组织中个体之间的非正式交流。此外，员工的个人声誉对其主观职业成功之间具有显著的正向影响，并且在员工的政治技能与其主观职业成功之间起到部分中介作用。因此，组织必须关注员工的声誉机制的建立和评价，从组织层面引导、帮助员工重视其个人声誉。在组织中通过建立有效的个人声誉评价机制和奖励机制，对个人声誉较高的员工可以给予一定的物质奖励，在组织的职位晋升人事制度中，把员工的个人声誉加入考察的范围，让拥有较高个人声誉的员工可以获得更多的物质层面和精神层面的奖励与支持。但是，在个人声誉考核和评价过程中，要注意公平、合理、诚信考核，对于通过非伦理方式来提高自己个人声誉的个体要给予惩罚。

就个体而言，关系无处不在，职场中的友谊以及自己声誉又是在很大程度上影响着员工的主观职业成功，因此员工不仅要在职场中建立良好的工作关系，也要建立良好的私人关系。而无论是工作关系还是私人关系的建立无不体现着员工的政治技能，因此，员工还应该在工作和生活中积极提高自己的政治技能，发展和维护组织中的工作关系和私人关系，进而为自己获得更多的职场资源，提高工作主动性，增强工作的满意度，进而促进自己的主观职业成功。

三、研究不足与未来研究展望

本书的主要内容是探讨员工的政治技能及其所包含的维度对主观职业成功的影响，有益于加深对主观职业成功的理解。然而，本书的探讨仍然存在一些不足，在以后的研究中要予以关注。具体有三个方面：

首先，本书数据基本为同一时间点取得的，但员工的主观职业成功需要一定时间来实现。因此，以后的研究可以采取不同时间节点的纵向研究，来增强研究的说服力。

其次，本书的量表使用的是国外研究者开发的，其是否能适应我国情景还需要进一步研究。关于个人声誉的量表借鉴了西方测量量表中的两个题项，又根据已有的研究加入两个题项，这在研究中可能会给研究结论带来一些不确定性。因此各个变量在选择相关测量量表时应注意。

最后，本书数据的样本在选择上有一定的局限性，虽然本书的数据是来自全国不同的地域，但是数据的代表性在行业、地点和时间上仍然存在一定的局限性，而所调查的内容有时因其有一定的敏感性而存在没有反映客观事实的现象，可能会影响相关结果。因此，在以后的研究中，可以扩大样本的选择范围来进一步深入研究。

第十一章 团队成员交换及其影响效应机制研究述评

第一节 引言

随着互联网技术的快速发展以及知识经济时代的到来，企业置身于一个高度动态的不确定市场环境中，工作内容也从简单常规的个体任务向复杂多变的集体任务转换。由于团队能够提供和整合成员提供的多样性信息和资源，这样灵活的形式有利于组织完成复杂多变的不确定性任务，在很大程度上提高了组织的工作效率（Hoegl et al.，2001；Herman，2008），所以，今天的组织越来越依赖团队来创新和提高组织绩效（Mathieu，Maynard，Rapp and Gilson，2008）。梁润华（2012）认为团队的组织结构形式有两个显著的特征：一是团队成员对共同的目标的认同以及深入的理解；二是在完成共同目标的过程中团队成员之间一定要充分地了解彼此，以及在成员之间要有充分的沟通与交流等密切的互动关系。因此，每个个体在团队中发挥的作用愈加重要，进而团队中成员与成员的社会交换关系也就成为学术界和实务界研究的重点对象。

Graen 等（1975）基于社会交换理论，在有关新员工社会化的研究中提出了领导—成员交换理论（Leader - Member Exchange，LMX）。然而，Seers（1989）认为，LMX 理论只关注了组织中上下级之间的垂直关系，而忽略了同事之间的横向交换关系，他认为团队中成员之间的横向交换关系更能够对团队成员的态度、行为以及团队结果带来更为重要的影响，因此，学者将社会交换关系扩展到团队层面上，并从中提出了新的概念，即团队成员交换

(Team – Member Exchange，TMX)，并将其定义为"团队中的个体成员感知到的与团队内其他成员之间整体交换关系"。Seers 等（1995）认为在团队成员交换关系中，交换的资源质量在成员交换观点、沟通、协助以及支持方面都是一个很重要的衡量因素，并指出成员之间的交换关系建立在个人能力、利益以及其他成员需求的基础上，同时，强调关系的互惠性即个体交换的资源被团队中其他成员在积极对待时就有义务以同样积极的方式去对待他人。然而，由于个体成员之间在交换内容和过程不同时，致使 TMX 质量存在着差异。例如，低质量 TMX 的主要特征是团队成员交换信息资源只是为了完成团队领导分派的任务需要，而高质量的 TMX 除完成团队领导分派的工作任务之外，在团队成员之间还存在着如相互尊重、信任、把同事当作朋友一样对待等社会化情感的介入与交换。当团队中拥有高质量 TMX 时，表明成员更愿意为所在团队付出自己的努力，并获得来自团队相应的社会性回报；相反，当团队中拥有低质量 TMX 时，团队中的个体之间就会因为缺乏互相沟通、相互信任以及协作精神等，进而个体成员在团队收获的回报方面也相对较少。

Shore 等（2006）的研究指出，TMX 有着深层次的内涵和广泛的外延。孙锐和王乃静（2009）从 Seers 等的 TMX 的概念角度出发，他们认为 TMX 是衡量和评估团队中成员之间互助、共享资源、过程反馈以及同事之间互惠关系（即接收信息资源的成员会以心怀感恩的态度并以同样的方式向团队中其他成员提供自己的独特信息资源）的一种重要手段。

邹文篪和刘佳（2011）实证研究发现，团队成员之间交换的关系质量能够分别对团队和个人带来影响，如团队氛围、行为；成员个体的态度和行为，他们也与之前学者得出的结论相似（孙锐、王乃静，2009），一方面，都认为 TMX 是衡量团队中成员之间关系质量的一个重要因素，并且也越来越受到学术界和实务界的青睐，进而成为团队研究中的热点话题。另一方面，成员之间通过提供独特信息等互助行为不仅有利于加强成员的团队认同感，还可以衡量同事之间的工作关系以及整个团队的工作气氛（李山根、凌文辁，2011）。

第二节　TMX 的内涵、维度与测量

一、TMX 的内涵

Seers（1989）将 TMX 定义为"团队中的个体成员感知到的与团队内其他成员之间整体交换关系"，主要展示了团队中成员之间的工作关系质量以及互惠性交换两个特征，具体来讲，团队成员之间是否乐于相互沟通交流各自拥有的信息资源、对彼此在团队中所扮演的角色认可程度以及后期的绩效反馈程度。在随后的研究中，Seers 等（1995）在之前的研究基础上进一步将 TMX 界定为"成员与团队其他同事在沟通交流、信息分享、协助他人、获得他人的帮助等方面形成的互惠关系"。目前有关团队成员交换关系的研究，其概念几乎都是采用国外学者 Seers（1989）及 Seers 等（1995）的概念界定。

Tse 等（2008）基于 Seers（1989）和 Seers 等（1995）对 TMX 的理解，认为 TMX 是 LMX 理论的扩展，它涉及个人与其团队成员之间的关系，从而表明成员在团队中持续关系的有效性。具体而言，TMX 关注个人愿意协助其他成员，分享想法和反馈意见，并反过来向其他成员提供信息，从而获得其他成员的认可。

TMX 是在上下级交换的垂直关系基础上扩展到团队中个体与个体的横向交换关系。首先，孙锐和王乃静（2009）表明 TMX 是团队成员动态过程的重要部分；其次，在为 TMX 定义时强调团队是指正在执行工作任务的群体，并且团队成员之间具有互依性。基于以上的分析，将 TMX 定义为团队成员个体在完成工作任务过程中感知到的与团队中其他成员建立的交互关系。

邹文篪和刘佳（2011）通过梳理与分析团队成员在交换相关研究的过程中，对于 TMX 的定义也是根据 Seers（1995）的概念提出的，即 TMX 是指个体成员感知到的与团队中其他人的交换关系，成员对彼此在团队中扮演的角色及能力的认同程度，此外也可以作为成员之间互惠程度的评估。

于研等（2015）在探究团队成员交换中介人际信任与成员创新行为关系

的研究时，对于团队成员交换变量的定义采用的是 Seers 等（1995）的定义。谢义忠和吴萍（2017）基于社会交换理论提出 TMX 的定义，他们认为社会交换理论在本质上是一种团队成员之间基于互惠原则的双向的、相互交换的有形或无形的团队成员彼此互动关系，其中团队成员交换关系主要描述的是团队同事之间在知识、信息等资源方面的交换的关系。

二、TMX 的维度划分

李山根和凌文轮（2011）认为，TMX 包含着信息资源的获得以及与之相对应的付出两方面内容，其中获得是指成员感知到其他成员和自己可以坦诚沟通，共享各自拥有的知识、信息等资源；而与之相对应的付出是指个体也会坦诚、热情地与其他成员交流、分享独特的观点、信息，同样也会在他人繁忙或者烦恼时尽自己的能力帮助别人共同完成任务。团队中提供信息等资源的一方虽然不会立即得到某种奖励或回报，但是，对于接受和使用提供资源的另一方已经产生了积极的影响，如重视和使用交换的信息资源；在使用过程中心存感激并负有潜在的责任感，以同样的方式回报提供信息的成员，这样有助于提高团队互动的程度。

Tse 等（2008）通过定性分析后，基于团队成员交换的内容对其进行划分，包含以任务和关系为导向的两大类交换，其中，以任务为导向的交换是与完成任务相关的观点反馈、信息和知识交换、良好的工作沟通等；以关系为导向的交换是成员彼此之间的相互信任、关心、尊重和支持等。梁润华（2012）研究的问卷是按照心理学测量方法和原则进行编制，通过两次测试以及分别对回收问卷的数据进行探索性因子分析后，得到四个维度，分别是互惠互利、尊重认同、共同默契以及信息共享。基于梁润华的研究，可以发现 TMX 维度的划分包含行为和情感两个层面的交换，并不是单一的。

三、TMX 的测量工具

Seers（1989）首先提出了 TMX 有三个重要的测量内容，分别是团队成员交换变量中的交换二字（即团队中个体成员与其所在工作环境中的交换关系）、团队成员共同商议的频率（指团队为完成目标而集体开会的频率）和凝聚力（指团队个体与个体之间互相理解、信任彼此的程度以及整个团队的向心力）三个测量的维度，并开发了包含"在团队中我经常会给其他同事提出更好地解决问题的工作方法建议""我所在的团队中，其他同事也愿意帮助我一起完成团队领导分派给我的任务"等 18 个条目的量表。

Tse 等（2008）实证检验领导成员交换关系对团队成员交换的内在作用机制影响时，其中团队成员交换关系这个变量采用的是 Seers 等（1995）开发的量表。其中包含如"我在工作繁忙的情况下，团队中其他同事会经常主动帮助我""我愿意并且主动帮助团队里其他同事一起完成领导分给他的任务"等条目。

孙锐和王乃静（2009）在探究 TMX 与组织创新关系的研究中，主要通过问卷调查的方式以及主要来自于从事科技研发的企业员工为研究对象对假设进行了验证，其中有关 TMX 部分的量表是通过对研究样本以及研究情境的理解对 Seers 等（1995）开发的量表进行了修改。

Liao 等（2010）在验证 TMX 质量与自我效能感之间的关系时，TMX 质量采取的量表是根据 Seers 等（1995）开发的十项量表假设进行验证，量表分为两个维度：成员对团队的贡献以及成员从团队获得了什么。Liao（2010）考虑到 TMX 两维度之间的高度相关性，根据先前研究计算所有条目的平均值作为量表的分值。

黄河和吴培冠（2012）在团队成员交换关系对新员工社会化的影响研究中对于 TMX 变量采用了 Seers（1989）开发的量表进行测量，其中，量表主要包含如"团队中的其他同事愿意帮助我，共同完成上级分配给我的任务""在我工作很繁忙的时候，团队中的其他成员也会找我帮忙的"等 10 个题项。李雪（2013）在实证检验 TMX 与团队绩效关系的研究中，其 TMX 的量表采用的是李山根和凌文辁（2011）翻译的 Seers 中文版本的量表，内容主要包含"在团队中我经常向其他同事请教在工作中更为有效解决问题的方法""如果可以使得团队中其他成员工作更方便，我愿意灵活调整我的工作内容"等 10 个测量条目。

于妍等（2015）在研究团队成员交换在人际信任对成员创新行为关系的中介作用时，以长三角地区的企业为研究对象通过问卷调查的方式对各变量之间的关系进行验证，其中团队成员交换这个变量采取的是 Seers 等（1995）开发的量表，该量表的 Cronbach'α 值是 0.834，这表明量表的信度较好。

祁大伟和吴晓丹（2015）在探究团队成员交换对组织认同和员工离职意愿影响的实证研究中，团队成员交换采用的是张勉（2008）所用的问卷，各变量的一致性系数均在0.8以上，问卷的信效度水平良好，同时，系统测量了中国情境下组织内部社会网络的网络强度、范围和职级3个维度，细化了9个题项，并得到了验证。

谢义忠和吴萍（2017）通过问卷调查的方法实证验证了团队成员交换在变革型领导与员工工作场景中主观幸福感的中介作用，研究样本来源主要是上海、南京等地的企业中的员工，团队成员交换关系这个变量采用的是Seers（1989）开发的量表，该量表有着非常好的可靠性。

第三节　TMX 的理论基础

邹文篪和刘佳（2011）通过国内外有关TMX的文献梳理后认为TMX有角色理论、社会交换理论以及社会认同理论三个理论基础，接下来将从这三个视角对TMX进行解释。

首先，角色理论（Role Theory）。Graen 和 Scandura（1987）认为TMX与该理论中的角色谈判（Role Negotiation）内容有很大的相关性，在对于角色的谈判中会把团队中的个体成员以及团队领导一并设为自己的谈判对象。上级和同事都会向成员个体传达角色期待、角色获得、角色扮演以及角色例行化，当个体成员对其他同事的角色期待给予积极回应的时候，高质量的交换关系得以发展。

其次，社会交换理论。通常团队成员在社会交换过程中涉及工作信息资源和互惠性情感交换两方面。通过社会交换产生回报的义务，从而促进TMX发展。

最后，社会认同理论。当团队中个体成员发生自我概念的转变后，其今后的工作活动中也会将自我利益的出发点转变到关注集体的利益。正是出于对共同集体利益的关注，团队关系质量和凝聚力得以提升。

第四节 TMX 的影响因素

一、职场友谊 (Workplace Friendship)

友谊创造了成员之间的社交联系和情感联结，这使得团队成员体验人际关系的意义，包括 TMX (Duck and Pittman，1995)。职场友谊 (Workplace Friendship) 是员工通过选择而不是强迫来发展和维护独特的人际关系，他们愿意花时间和其他成员保持着除了同事这种正式角色以外的私人关系 (Sias，2005；Sias and Cahill，1998)。这种自愿的相互依赖性有助于如决策制定和影响分享等功能，并为团队成员提供了一个工具性的情绪支持系统。因此，友谊是团队成员支持和内在奖励的重要来源 (Sias and Cahill，1998)。

基于以上的分析，Tse 等 (2008) 认为，职场友谊会培养高品质的 TMX 关系，并且团队成员可以相互信任、相互尊重和分享利益，并将情感和工具支持视为增长和依赖的有效手段 (Berman et al.，2002)。这种激励力量鼓励员工参与并发展高质量的 TMX 的发展，因为他们把团队成员视为朋友而不是在工作中的正式同事。完善员工之间的正式和非正式的沟通渠道，为员工提供有效的沟通交流机制和平台，增强团队成员彼此互动的程度，进而提高团队成员之间交换的关系水平。

二、团队成员信任

于妍等 (2015) 的实证研究结果显示，团队成员之间越是彼此理解和信任，越是有利于提高团队成员之间的交换关系质量。Dirks 等 (2004) 认为，在团队中，人际信任主要特征是成员对于团队中其他同事的行为有信心，表明成员的一种积极的心理状态。团队成员间人际信任可以分为认知信任和情感信任，人际信任是团队成员之间沟通交流的基础，当成员之间彼此信任时，个体成员之间就会愿意分享交流各自拥有的信息，分享的信息不仅包括正式的与任务相关的信息，同时，也包括个人之间生活方面的情感交流

（Chan et al. , 2008），根据社会交换理论，相互信任的团队将会促进成员之间的信息和知识的交换（肖璐，2010；刘慧，2013）。

类似地，陈晓敏等（2015）通过问卷调查的方法也验证了人际信任对于团队成员交换具有促进作用。据此，在日后的管理实践中，团队领导者应该通过加强个体之间的理解、信任，减少成员之间破坏性关系冲突出现的风险，努力为成员创造高水平的团队信任氛围，这有助于成员之间高质量交换关系的形成。

三、冲突管理倾向

冲突现象是团队成员在日常工作中难以避免的，冲突管理倾向是指团队发生冲突时，其成员选择怎样的态度处理冲突。陈晓敏等（2015）在有关团队成员交换的研究中发现，冲突管理倾向也是团队成员交换变量的一个影响因素。具体而言，通过采用 Deutsch（1990）对于冲突管理类型的分类，选择合作性冲突管理和竞争性冲突管理两种处理方式进行研究分析。陈晓敏等以南京当地企业中的团队为研究样本，通过问卷调查的方式验证了冲突管理倾向是团队成员的一个重要因素。采用竞争性冲突处理方式的员工往往会为了满足私人利益，不考虑其他人的利益需要，从而不利于团队成员之间的信息沟通与互动，即团队成员交换的形成。

四、团队领导风格

Ko（2005）从团队领导风格角度验证哪种类型的领导风格更有利于团队成员交换关系的发生，研究发现，变革型领导注重提高下属对团队目标的参与度，鼓励个体平等看待自身与团队利益，引领员工内化团队目标并为团队努力付出，激发员工的创造力，增加员工对团队的归属感、认同感与团队满意度（段锦云、黄彩云，2014），因此变革型的领导风格更有利于高质量的团队成员交换关系的发生。类似的研究还有，谢义忠和吴萍（2017）的实证研究也发现，变革型领导更有利于团队成员交换。具体来讲，变幻莫测的外部市场环境要求企业的管理者不能以高度集权的独裁形式进行企业管理工作，而应该采用更为适应多变的环境、尊重成员个体的需要以及鼓励其自我价值实现的领导方式。在众多管理领导的风格中，变革型领导方式更能体现上述的特点，即引导员工将集体利益放在个人利益之上。

概括而言，影响 TMX 发展的因素有许多，如职场友谊、团队成员信任、冲突管理倾向、团队成员特征以及团队领导风格等。另外，Alge 等（2003）通过实验的方法发现团队成员合作的时间因素（成员之间过去合作过的时间长短、成员之间未来可能一起合作的时间长短）以及团队成员工作的沟通方式（面对面交流、远程办公）两个因素也是形成 TMX 关系的影响因素，具体地说，成员之间过去有过合作以及未来可能再在一起合作的团队会发生高水平的 TMX，而在沟通方式中的面对面交流更有助于 TMX 关系的发生，其他以电脑为媒介的交流则与 TMX 无相关性。可见，团队可以通过多种方式促进 TMX 的发展。但是，上述多种影响因素会如何协同发生影响，对 TMX 的作用机制如何等，还需要进一步深入研究。

第五节 TMX 的影响效应机制

一、TMX 个体层面的结果变量

（一）TMX 与个体工作绩效

黄河和吴培冠（2012）认为，新员工进入企业后的首要任务就是学习并胜任新工作角色，因此，将任务掌握和角色清晰作为新员工社会化的近端结果，并探讨了 TMX 与其之间的影响关系，研究对象来源于一家医药公司刚刚入职的销售人员，通过问卷调查的方法验证了 TMX 与新员工社会化的近端和远端结果都带有显著的影响，验证结果显示新员工与其所在的团队成员具有高质量的 TMX 时，新员工会从团队其他同事那里获得更多的关于工作方面的信息和资源（Bravo，2003）。此外，高质量的 TMX 关系还有利于提高新员工对团队的认同感、信赖感，更加积极地为团队付出，提高个人的工作绩效。

Cyrstal 等（2017）通过整合社会交换理论与社会资本理论，从一种全新视角，即资源权变框架（Aresource Contingency Framework）出发，探讨 TMX 与个体绩效之间的关系。该理论认为，只有在以下两种情况下 TMX 才有利于提高个体绩效，第一，团队成员提供的资源质量高。因为强大的 TMX 关系使得团队成员有义务利用团队其他同事提供的资源，然而，当团队同事提供的资源质量确实高时，就会提高绩效。第二，领导在交换关系中向员工提供的资源质量并不高。正如之前所述，强大的 TMX 关系强调员工使用来自于团队同事提供的资源，当领导提供的资源质量不高时，使得团队成员提供资源的义务保护成员不去采用领导的低质量资源。如果领导提供的资源质量高，员工为了尊重和维持与团队同事的和谐关系可能不会利用领导的高质量资源，因而也就不会提高个体工作绩效，这一点在集权以及等级结构严谨的团队中更为重要，因为成员由于领导的地位与权力等优势，会使得成员认为领导掌握着独一无二的信息资源或者专业的工作知识（Wilson et al.，2010）。

（二）TMX 与成员的自我效能感

社会认知理论强调自我效能是驱动员工在各种情况下行为的关键认知机制（Bandura，1997）。在这个理论的基础上，Liao 等（2010）认为与团队主管和团队成员之间持续的交流关系可能会影响个人对自己能力的自我判断（Tierney and Farmer，2002）。

Bandura（1982）提出了建立自我效能感的四个主要的信息来源，一是亲身经历的经验（Mastery Experience），指个人过去成功的任务成就；二是他人的肯定（Social Persuasion），指从他人口头说服来证实个人完成任务的能力；三是生理状态的好坏（Physiological State），指与执行任务有关的个人厌恶的身体和情绪唤起（如焦虑、恐惧和疲劳）；四是观察学习获得的经验（Vicarious Experience），是指通过观察和学习社会模式获得经验，特别是观察和学习与他们相似的人。良好的 TMX 有助于个体更多地得到他人的肯定、观察他人的经验等，从而促进成员自我效能感的提升。

目前有关团队的研究表明，在一个团队中的个体之间会分享很多相似之处，因为他们彼此之间有着共同的目标、与任务相关的工作以及获得类似的组织资源（Tse et al.，2008），基于上述团队成员之间的共有特点，结果是员工更倾向于选择团队成员作为观察和学习的社会模型，这将有助于他们的角色定位以及形成有效的自我信念（Ford Seers，2006），高质量的 TMX 使得团队成员之间得到充分的互动，注意自己的工作行为，表达思维方式，因此，高质量的 TMX 关系可能会获得管理工作需求最有效的技能和策略，最终培养员工的个体自我效能感。

（三）TMX 与员工组织公民行为

从社会交换理论视角出发，有学者认为 TMX 与组织公民行为都属于社会交换的范畴，目前的研究也有力地证实了 TMX 与组织公民行为之间的正相关影响（Murillo，2006）。Kamder 等（2007）结合了个人特质理论和社会交换理论的研究，结果表明，TMX 能显著地影响个体帮助同事的行为，并且在个人特质与帮助同事行为之间发挥着调节的作用，当 TMX 水平较低时，两者之间的关系会更加积极。

（四）TMX 与员工离职意愿

从社会支持理论视角出发，Chiaburu 等（2008）通过有关领导和同事对 72 篇员工影响的文献梳理分析后发现，团队中具有高质量 TMX 的员工往往能够从团队其他成员那里获得更多的资源支持，对于成员的角色定位、工作满意度以及离职意愿都会带来显著的影响，并且这些支持不会因为领导的存在而降低。祁大伟和吴晓丹（2015）基于信息论视角，认为来自团队同事的信息共享是降低员工流失率的重要解决方法之一，员工的社会网络可以从信息交流和情感交流两个方面影响个体行为，因为当一个个体加入到一个群体中时，它的行为必然会影响到群体中其他个体，因此具有高离职倾向的个体会影响到群体中与其关系好的个体，因为团队内部的社会网络包含正式和非正式两种关系的信息交流与传递（Gibbons，2004），基于以上分析提出，团队成员交换与员工离职意愿之间存在着负相关关系的假设，并通过构建结构方程模型检验假设，结果得到验证。

（五）TMX 对员工创新行为

TMX 的质量越高，团队个体之间越愿意持理解、尊重、比较客观的态度进行交流、合作、分享信息资源等，这样的频繁互动有助于成员之间形成高水平的团队承诺，同时，由于团队氛围融洽，成员提出的观点也可以被其他成员理性接受和对待，所以为了实现共同的团队目标，团队成员会积极献言献策，提出新想法和新观点，在进行具有高水平的、建设性的争辩期间会产生创新性行为（于妍等，2015）。

二、TMX 集体层面的结果变量

（一）TMX 与团队绩效的关系

团队过程（如 TMX）是影响团队结果的重要因素，李雪（2013）通过实证性分析将 TMX 分为团队贡献和团队收获两个维度，探究这两个维度对团队绩效所产生的影响，通过回归分析的研究工具后，结果显示，TMX 对团队绩效产生积极的正向影响，这表明反映团队成员之间互动过程的重要变量可以通过影响团队中个体的态度、行为和工作绩效进而对团队整体的工作产出产生影响。在工作过程中，成员之间不仅进行任务信息的相互交换，同时也进行着情感方面的交换。团队成员通过交往互动提供了任务相关的支持和反馈以及情感上的认可和帮助，不但使团队实现了较高的任务绩效，同时通过影响个体的周边行为也实现了较高的周边绩效。

（二）TMX 与组织气氛感知

从社会支持理论的角度出发，该理论认为，团队中个体成员的社会支持感以及成员对工作满意度和团队绩效都会产生显著的影响，其中，团队中的个体成员感知到的社会支持感通常来源于成员之间的情感互动和共享的信息资源，因为情感互动和共享的信息资源可以帮助员工接触社会并获得安全感（Onne，2005）。David 和 Thomas 等对社会支持做出更具体的界定，即认为狭义的社会支持就是指团队内成员之间的互动以及向彼此提供支持的信息资源的工作行为和组织情景。高质量的 TMX 将有利于团队成员之间的相互尊重、理解与信任、关爱以及产生互惠的心理，由此形成的社会支持将会增强员工的团队承诺、团队的认同感，以及自我成就感。在高质量 TMX 下，个体之间可以通过开放自由式的讨论，借鉴彼此的学习成果和交流经验来开发创意，有助于提出创新性的想法，同时在密切的互动过程中成员也易于获得创新所需的知识、信息资源，进而推动组织员工投入到创新性的活动中去（孙锐、王乃静，2008）。由于团队成员的创新相关因素的获取，一方面，来源于其团队领导外；另一方面，团队同事之间相互交换的各种信息资源也是很重要的影响因素。

（三）TMX 与组织创新

Vakulov 等（1994）研究提出个体参与团队创新的过程，其实是一种角色认定的过程，这种过程会导致团队核心成员之间和团队内部是否相互信任、相互理解以及相互协作的工作关系质量。高质量的团队交换会加强成员之间的互动，增强成员彼此的信任感、相互协作以及对团队的认同感，而这些对于组织创新都是不可或缺的重要因素。Amabile（1996）也曾指出，团队成员之间高水平互动将会有利于创新。与此同时，在高质量的团队互动水平下，成员之间会形成良性竞争，并可以从彼此交换过程中获得额外的社会资源，进而利于创意分享与反馈（Campbell，2000）。

孙锐和王乃静（2009）认为团队的社会情境因素是推动或阻碍组织创新的关键要素，然而作为团队社会情境因素之一的团队成员交换关系，有必要探究其是如何影响组织创新的。以科技创新或研发设计的企业员工为研究对象对其进行问卷调查，采用回归分析的方法对收集的有效数据进行处理后，回归结果显示团队成员交换对员工创新行为会产生显著的积极影响（$\beta =0.538$，$\rho =0.001$）。具体地讲，团队成员交换关系是基于团队成员在工作互动中提出的，TMX 用来描述团队成员与其他团队同事的互惠性交往关系，而这将有助于团队更好地创新。

三、TMX 的中介作用

Alge、Wiethoff 和 Klein（2003）将 TMX 作为解释团队发展的时间范围（Team Temporal Scope）和沟通媒介（Communication Media）对团队决策有效性产生影响的中介变量。研究结果显示，以前有过合作经历并且未来可能继续合作的员工、成员之间沟通采用面对面交流更容易在团队中产生高水平的 TMX 关系，并进而影响团队决策。

Murillo 和 Steelman（2004）分析了 TMX 在信息反馈环境（Feedback Environment）与组织公民行为之间的中介作用。Murillo（2006）研究发现，团队成员间相互的期待（Expectation）、感知到的相似性（Perceived Similarity）、喜爱（Liking）、反馈环境和团队信任（Team Trust）对中介变量 TMX 产生影响，以及 TMX 对集体效能（Collective Efficacy）和团队工作绩效（Team Work Performance）产生影响。

于妍等（2015）在探讨人际信任对员工创新行为的关系时通过实证检验了团队成员交换在两者之间的中介作用，回归结果显示，在控制住单位性质等控制变量的影响后，将人际信任和 TMX 同时放入解释方程后发现，认知信任和情感信任的回归系数分别由 0.423、0.301 降低到 0.299、0.159，情感信任的显著度也由 $\rho = 0.001$ 变为 $\rho = 0.01$，因此，TMX 在人际信任与员工创新行为关系之间起到了部分中介作用。基于此，在管理实践中，管理者应该注重团队成员之间的交换关系，努力为团队成员创造和谐、开放、自由的工作氛围，这样才有助于加强成员之间的互动，如成员之间愿意互相尊重、客观地分享各自拥有的独特的信息，提出更多新颖的想法和建议，增强员工的创新性行为。

谢义忠和吴萍（2017）等通过对上海、南京等地的企业员工做问卷调查后发现，TMX 在变革型领导与员工工作投入之间的关系中发挥着部分中介作用。具体而言，变革型领导强调将集体利益置于个人利益之上，基于共同愿景进行团队建构，这使得员工逐渐地由"我"的自我概念向"我们"转换，从而促进高质量 TMX 的形成。因此，在管理实践中，应该注意：第一，组织应重视开展面向提升管理者变革型领导力的开发活动，引导员工将个人利益与团队利益融合，促进领导"德行垂范"为员工谋福祉。第二，组织应重视工作场所中良好社会交换关系的营建，切实提升 TMX 质量和组织支持水平，以促进员工的主观幸福。

第六节　结论、管理启示与未来研究展望

一、结论

为了全面地、完整地了解 TMX，本书梳理了大量的国内外关于 TMX 的文献。TMX 是基于领导成员交换理论扩展的，TMX 描述了团队个体与其他团队个体间的互益的平级交互关系。TMX 的质量高，有助于培养团队成员的合作意识，成员之间的信赖感、责任感也会随之提高，进而会减少团队内冲突，提高团队绩效。

二、管理启示

（1）可以有针对性地向企业或管理者提出团队管理方面的建议和措施

（如对同事之间的交换关系进行培训、指导个体如何在团队中自我表达和发表观点等）。这些措施不但可以很好地帮助个体员工协调各自付出的努力，提高在团队内部的工作质量，还有益于同事之间和谐融洽的工作关系的建立，从而有助于营造良好的团队氛围，成功地建立自我管理型团队。

（2）科技创新是一个国家兴旺发达的不竭动力，尤其在当今科技快速发展的一体化经济中，谁推动了创新，谁就站在了市场发展的制高点。如何推动企业创新，提高组织的创新绩效是学术界与组织关注的热点话题。基于高质量 TMX 的团队互动是组织创新不可或缺的重要因素。因此，建议企业领导者在未来能够重视团队成员之间的沟通互动，为团队成员提供良好的开放的工作环境，提高 TMX，从而为组织努力付出。

三、未来研究展望

（1）TMX 是在领导成员交换理论基础上，从个体层面扩展到团队层面的重要变量，目前多数研究只是基于社会交换理论探讨团队成员交换或领导成员交换某一个变量对团队或组织的影响，然而，TMX 是在领导成员交换理论基础上，从个体层面扩展到团队层面的重要变量，两者之间有着重要的关联性，未来可以探讨两者对团队或组织的交互影响，以便更好地、深入地理解工作场所交换理论。

（2）深入探究 TMX 的纵向发展过程，现有研究多集中于 TMX 对团队或组织结果的影响上，很少有关注理论基础、形成过程等系统的理论研究。

（3）基于团队成员交换文献的梳理与总结，我们知道高质量的 TMX 有益于团队组织，然而，如何提高团队成员交换关系的质量的问题，无论是对于学术界还是实务界都是未来值得探究的重要课题。

第十二章　辱虐管理与员工沉默行为关系的实证研究

如今信息化时代，竞争日益激烈，高新技术不断革新，在企业中存在员工沉默的现象，这样的现象将会影响领导层决策的质量，一旦出现决策质量问题，企业运营的风险就会受到影响甚至损失，有研究表明辱虐管理是影响员工沉默行为的重要情境因素，但是对于辱虐管理如何影响不同维度的员工沉默行为还相对匮乏，因此本书细化探讨两者之间的影响具有相应的价值。

第一节　问题提出

目前经济的发展，信息社会时代的变革，对于企业来说，无时无刻都面临着机遇与挑战，每个企业都想在机遇与挑战中生存下来，然而能够把握机遇面对挑战最关键的因素在于决策的及时性与准确性。企业的经营与运转会遇到一系列的问题，企业中会出现员工沉默的现象，就是员工自己本身有想法，发现企业经营运转所出现的问题或潜在的问题却没有提出来，这样的现象将会影响领导层决策的质量。

"雄辩是银，沉默是金""多言招悔"等谚语都体现了沉默行为这一现象。Frazier 和 Fainshmidt（2012）提出在企业或组织中，领导层高质量的决策不仅取决于领导的战略眼光，也取决于下属员工积极打破自身的沉默行为所提供的建议，员工打破自身的沉默行为是组织或企业成功的关键驱动因素之一。McClean、Detert 和 Burris（2013）认为，当员工考虑打破沉默时，他们会仔细地评估自己所付出的成本和获得的效益，如果提出建议的行为将导致负面后果，那么员工更有可能保持沉默，如他们担心提出建议，这些建议可能破坏组织的现状或者挑战到权力持有者，那么他们可能要承担失去工作的风险。目前，让员工敢于自由表达他们的思想，更好更有效地让员工的声音能参与到企业或组织的协商中已经成为企业发展中不可或缺的环节之一。

在研究影响沉默行为的前因变量时，叶佳佳（2016）提出辱虐领导的管理风格会使得员工的沉默行为产生的倾向比较高，辱虐管理作为一个突出的工作压力源威胁下属，会影响员工对工作的投入程度，对于员工造成的影响是消极的，会使得员工消极地应对这种管理方式。在企业或组织中，员工希望在工作中得到上级的公平对待，但是当上级领导对员工产生辱虐行为时，会使得员工产生巨大压力，缺乏安全感，影响员工不敢提出意见，因为担心建言挑战到上级的权威，自己的建言会得到上司的另眼相待，很可能会被上司施加更多的辱虐，而在上司更多的辱虐管理下，员工会越来越多地产生沉默行为（Mitchell et al.，2012）。辱虐管理本质上或多或少地具有破坏属性，经常充满敌意、粗鲁、公开批评，这些对于单位员工的不公平对待都会导致员工保持沉默行为。不过 Brinsfield（2014）强调辱虐管理不包括上级对下级的有敌意的肢体接触。李锐等（2011）也论证了辱虐管理正向影响下属的沉默行为。资源保存理论（Conservation of Resources，COR）提出：人们试图减少自己的资源流失，他们会储备保存更多必要的资源，防止面临的下一个威胁资源损失或枯竭。因为资源是有价值的，个人从根本上寻求并创造资源剩余，避免价值资源流失导致他们个人的损失，因此在受到压力情况下，员工会维持自身资源的保存，从事被动行为。国内研究员工沉默行为的期刊论文中，大部分文章是将员工沉默行为作为单维度来研究，很少有文章在 COR 理论的视角上细化地探索辱虐管理这一领导风格对于不同维度员工沉默行为的影响，本书将细化地研究辱虐管理对不同维度员工沉默行为的影响，是理论的创新点之一。

对于员工沉默行为是基于领导风格（威权领导、参与型领导等）、组织环境（组织氛围、组织公平、组织承诺等）、个人特征及文化价值观（传统性、集体主义倾向等）进行研究的（孙健民，2013；张戍凡等，2013）。在中国社会历史发展中，员工都希望自己有稳定工作，希望在企业工作能有安全感，能够可持续地发展，但是当上级领导采取辱虐行为的时候，会破坏员工的工作安全感，会使得员工担心在企业是否能够长远地发展下去，因此本书将工作安全感作为一个重要的考察变量。"关系"在中国文化情境下具有特殊意义，值得我们重视，在中国背景下，"关系"这个特定的因素，尤其是在企业内，上级与下属之间的关系会直接影响到员工的工作感受（周浩、龙立荣，2012）。在做辱虐管理对员工工作感受的影响研究，上级与下属之间关系是一个不可或缺的考察因素。同时，本书在前人研究的基础上，通过研究梳理 COR 理论（杨玉龙等，2014），选择工作安全感以及上下级关系作为中介变量和调节变量，尝试以辱虐管理为前因变量，考察辱虐管理对员工沉默行为的影响作用，在特定的情境下，员工沉默行为这一现象受到个体因素以及关系因素影响，因此，本书在 COR 理论基础上，研究分析工作安全感在辱虐管理与不同维度的员工沉默行为的中介作用以及上下级关系在辱虐管理和工作安全感之间的调节作用。

目前，以沉默行为为主题的相关文献成果越来越多，已有的部分研究中存在着从单一角度出发，研究前因变量辱虐管理影响结果变量员工沉默，只是将结果变量员工沉默作为单维度变量来研究，范围相对狭窄，难以较全面地从全局揭示辱虐管理对沉默行为及其不同维度影响效应的本质。辱虐管理影响员工沉默的过程同其他领导影响个人的案例类似，影响机制一般比较复杂，原因在于对结果变量员工沉默行为的影响一般是受到多方面影响，而在研究中，如果为了较为深入地发掘主效应的研究，需要考虑到加入可能影响结果的中间变量，通常可以采用中介模型来解释，同时本书探究上下级关系调节自变量辱虐管理与中介变量工作安全感的影响效用。本书的目的在于将结果变量沉默行为分为不同维度，首先，研究自变量辱虐管理对结果变量员工沉默及其不同维度的影响；其次，分析工作安全感在辱虐管理与不同维度的员工沉默行为的中介作用；再次，分析上下级关系在自变量辱虐管理和中介变量工作安全感之间的调节作用，通过 SPSS21.0 验证相关假设；最后，总结并提出以后对于沉默行为研究的展望。具体研究内容如下：第一，本书主要通过梳理辱虐管理、沉默行为各个维度、工作安全感、上下级关系的文献，将结果变量沉默行为分为不同维度，研究自变量辱虐管理对结果变量员工沉默及其不同维度的影响，并通过实证研究验证主效应的作用。第二，在 COR 理论的基础上，通过实证研究来探索并验证个体层面的中介变量——工作安全感在辱虐管理与员工沉默行为及其不同维度的中介作用。第三，在中国文化背景下引出上下级关系作为调节变量，然后分析上下级关系在自变量辱虐管理和中介变量工作安全感之间的调节作用，并通过 SPSS21.0 进行验证。

本书有如下的理论意义与实践意义。就理论意义来说，辱虐行为一直被视为一个重大的社会问题，需要更多的研究来进一步探讨辱虐管理的影响。目前研究辱虐管理与沉默行为的研究还不是特别多，Wu 和 Hu（2013）在国外核心期刊发表提出辱虐管理与员工情绪智力之间的影响，验证了辱虐管理对员工情绪智力有负向影响，从领导理论过渡到员工沉默行为的研究不多，本书探讨个体层面的领导行为对员工沉默的影响，辱虐管理这种风格使得员工的工作安全感降低，进而促使员工产生沉默，这一实证检验对于辱虐管理理论也有一定的贡献。辱虐管理作为一种企业中冷暴力问题的领导理论，吸引了众多学者和管理者的目光，通过研究毒性领导问题来提高员工工作安全感改善员工的沉默，本书研究完善了这部分理论的实证研究。在个体因素方面，前人研究探讨了风格型领导对沉默行为的影响因素，也有学者研究了高工作安全感对工作绩效的影响（于维娜，2015），本书引入工作安全感丰富了个体因素层面沉默行为的研究理论。Wilkinson 等（2013）研究探讨了上下属之间的关系影响员工的工作投入进而对员工沉默行为产生影响，他们也更有可能倾向触发沉默行为。在中国本土文化中，上级与下级之间的关系也是不可或缺的一个因素，上下级关系会影响到员工的工作安全感。本书的理论贡献主要有以下几点：首先，本书将辱虐管理纳入研究框架，确证了毒性领导风格对于下属沉默行为及其不同维度的影响作用。其次，在 COR 理论的基础上引入工作安全感作为中介变量，从下属角度验证了工作安全感在辱虐管理作用于员工沉默行为过程中存在的重要影响，并且验证工作安全感中介了沉默行为的三个不同维度，从而确定了辱虐管理效用发挥的中介条件。最后，引入上下级关系作为调节变量，进一步提出了高质量的上下级关系降低员工在辱虐管理风格下感知到的工作不安全感。

就实践意义来说，打破员工的沉默，激励员工表达他们的想法，说出组织存在的问题或潜在问题的看法，是企业管理者们最关心的问题之一。打破沉默意味着思想的自由交流，为了能够对于员工沉默这一现象给予企业一些建设性建议，本书基于个体层面因素与关系层面因素，提出管理者应尽量以积极和正面的方式对待自己的下属，尽量给予正面的评价与反馈，鼓励下属提出组织发展、改进工作、提高效率的建议，领导平易近人的工作作风更容易增加下属工作安全感倾向，进而也不会抑制员工的建言，有效改善员工沉默现象。通过营造良好的企业氛围多开展集体活动，提高领导与同事之间相处的融洽程度，使得企业重视自身的组织文化建设，尤其是建立一个关心员工、注重员工发展的组织文化，让员工在良好的上下级关系情景下，减弱员工的工作不安全感以此能够最大限度地畅所欲言。

第二节　文献综述与模型构建

一、核心概念界定与测量

（一）辱虐管理

辱虐管理这个名词是 Ashforth 于 1994 年在其文章中最先提出的（Mawritz et al.，2012）。近年来，国内外科研人员投入了大量的精力关注于个人持有特权的领导在组织内实施的破坏行为，特别是辱虐管理，在过去的十年中辱虐管理的研究迅速成长（Aryee et al.，2007）。Tepper（2007）提出辱虐管理是指"下属对其主管恶意的言语和行为持续的显示程度，如嘲笑、贬低或大喊大叫，排除身体接触"。在某种程度上同一单位内的员工可能有共同经历过被主管公开的辱虐，因此，Mawritz 等（2012）也将辱虐管理定义为在某种程度上，主管实施对单位成员的集体恶意行为的现象。Burton、Hoobler 和 Scheuer（2012）提出上级的辱虐行为是为了组织绩效的提高以及企业目标任务的完成而采取伤害下属的行为。辱虐管理具有持续性，管理者对于下属管理的行为不只是一次发生的行为，而是持续打消下属积极性的行为（Burton et al.，2012）。在本书中，我们选择 Tepper 辱虐管理（Abusive Supervision）的定义。

辱虐管理不同于破坏性领导，破坏性领导是为了阻碍下属的能力保持积极的人际关系、工作成功和良好信誉的监督行为。然而，主管破坏和辱虐管理的区别在于破坏性主管的意图，意味着工作关系的干扰，并承担特定的结果。Hershcovis（2011）认为，破坏性的领导作为领导行为破坏组织的有效性，削弱下属的幸福感。对于辱虐管理来说，破坏性领导是一个广义的概念。此外，Mayer（2012）提出职场欺凌与虐待，是对所有组织成员的敌对行动，工作场所攻击包括个人在组织内的任何层次水平的攻击行为。事实上，大多数工作场所攻击研究的重点是员工积极的行动，但很少有研究探讨攻击行为的管理。

对于测量辱虐管理的量表，前人认可最多的是由 Tepper 提出的 15 个条目，并且目前的研究多数都选择 Tepper 的量表，Tepper（2008）所编写的成熟量表包括"我的领导在众人面前给予下属负面的评价"等 15 个条目，具有良好的信度值。因此，本书借鉴此量表。

（二）沉默行为

沉默行为根据关注的层面不同，定义有所差异。Morrison 和 Milliken（2000）给出沉默行为的定义是"员工有意识地保留潜在的重要信息和建议"的集体文化现象，他们认为，在一个沉默文化组织中，由于认为自己提出的建议可能被忽视，员工放弃阐述自身的想法，不说真话，因为害怕负面影响。Van Dyne（2003）提出员工沉默现象已成为现代组织人事管理中的一个基本普遍的问题，并且将沉默行为定义为故意隐瞒信息、想法以及对组织的改进意见，不包括无意识的沉默。Pinder（2003）也给出员工沉默的定义，员工可以改变或纠正在组织方面出现的问题的影响，但是却拒绝以任何形式真正表达自己个人的行为认知和情感评估。Detert 等（2013）表示，在组织中员工保持沉默是很常见的一种现象，当面对问题是否提出建议时，员工往往选择沉默，员工自觉地拒绝提出那些可能对潜在的问题有重要意义的建议，会对组织绩效产生严重的影响。Mitchell（2013）研究发现，员工沉默是员工能够改变现状，却隐瞒表达的行为，由于对未知风险的恐惧而导致保留自身意见，员工沉默是主动的、有意识的、有目的的，鉴于我们强调员工个人层面（即为什么员工选择沉默，这些行为是对于个人而言的），所以本书选择的是 Van Dyne 的定义。

Van Dyne（2003）基于员工的三种动机（脱离动机、自我保护动机和利他合作主义动机）提出将员工沉默行为分为三个不同的维度：默许性沉默（表示被动的行为）、防御性沉默（表示主动的行为）与亲社会性沉默（主动行为），默许性沉默的员工特征包括在脱离组织的动机上，消极地不提出自己建议的行为；防御性沉默的员工在未知风险的恐惧的动机上，积极地防御保护自己，防止出错而不提出意见；亲社会性沉默的员工是指员工都具有利他动机，在利他动机的基础上，员工会站在照顾他人利益的立场上进而保留自己的观点。国内学者也有提出漠视性沉默这一不同的维度（Lin et al.，2013），类似于 Van Dyne 的三个维度。本书在研究中，将采用 Van Dyne 对员工沉默行为的三分法。Van Dyne 开发了不同维度员工沉默行为的量表，其中测量默许性沉默有四个条目如"领导不会更改一些决定，说了也没有意义"，测量防御性沉默有四个条目如"没有必要去得罪领导和同事，对企业存在的问题还是不说为好"，测量亲社会性沉默也有四个条目如"我不愿意提出伤害同事的意见""为了组织的建设着想，对于存在的问题，我不会提出"（1＝非常不认同，5＝非常认同）（Pinder et al.，2011）。

（三）工作安全感

工作安全感可以被定义为员工在组织内感受到在不久的将来不会面临非自愿失业的情况，在企业的工作是可以长久稳定持续的，工作安全感是员工一种积极的动力源（Weipeng Lin et al.，2013）。对于大多数人来说，任何与工作相关的可能会影响工作持续性的因素都会影响员工的工作安全感。工作不安全感的含义是员工认为组织或管理者违反了某些原则，体验到自己受到不公平待遇影响自己工作前景的感知。从员工的角度来看，不公平的看法和由此产生的公平判断的假设会产生相对应的安全感知。工作不安全感是值得关注的：这种感知给员工缔造了一个无形的压力源，对个人和组织管理产生深远的负面影响（Schumacher et al.，2016）。

工作安全感量表是 Cheng 和 Chan（2008）在前人的量表基础上进行了改编，由 7 个条目构成。

（四）上下级关系

人与人之间建立关系可能不完全限制在工作环境中，特别是工作关系可能跨越到了个人领域，工作和个人领域关系是中国关系的重要组成部分。在中国，"关系"是一个关键的社会网络形式，定义了个人的地位，"关系"在中国是指双方形成基于特殊性的联系，如亲属关系或社会网络关系。中国员工与主管培养"关系"，通过这些非正式的和非工作活动，如馈赠礼品、家庭访问并解决处理的个人问题。虽然互惠规范带动促进员工与主管"关系",但在中国的高权力距离的文化情境下,双方仍处于不平等的社会地位,上级在双方的"关系"中拥有领导主动权。有研究提出了以工作为中心建立的良好关系可以进一步促进员工的工作忠诚度,通过调查,领导借助以工作为中心的人际关系的影响,将重要的、有价值的信息传达给有"关系"员工为其获得竞升或者其他有利机会,进一步促进员工与上级之间的关系。因此,除了以工作为中心的关系,工作之外的人际关系也会影响员工的行为(Cheng and Chan,2008;李云,2015)。

上下级关系包括工作上的关系,作为上级提供工作相关事务的建议,上下级关系也可能涉及个人的成分,但是在诸如个人职业发展的问题、对个人利益的保护披露、优先级和愿望等方面由于上下级特殊的关系建立与保护"关系"会影响到员工的未来前景。在中国社会背景下,上下级关系是指上级和下属之间的工作关系同时也包括工作之外的人际关系。上下级关系具有三个属性:情感性、工具性、义务性。情感性是指上级和下属员工之间的情感分享;工具性是指在日常来往的过程中,双方相互获得各自想要的资源;义务性是指员工在工作中应该服从上级的指令,上级在工作中也扮演着支配者的角色。"关系"在中国社会起着独特的意义,企业员工不仅重视同级与同级之间的关系,也重视与领导之间的关系即上级与下级之间的人际关系,上下级关系也是基于一种连带作用,不仅与工作上的互动相关,也与工作之外的其他因素相关,如责任与权力的互动等(刘彧彧,2011)。

为了探索和研究上下级关系对领导层面、员工个体层面和组织层面的影响,以及其产生的作用机制,学者们开发了上下级关系的测量问卷(Sue - Chan et al.,2012),被采用最广泛的由 Law 开发的 6 项量表,具体条目包括"逢年过节,我会主动拜访上级"等。

二、理论基础——COR 理论

Hobfoll(1989)提出 COR 理论:人们试图减少自己的资源流失,他们会储存更多必要的资源,防止面临的下一个威胁或损失资源枯竭,每个资源的流失都会容易导致自身能源的消耗,尤其是那些缺乏资源的人是最容易进一步受到能源消耗的威胁(Law et al.,2000)。COR 理论认为,个体将感受到资源有威胁或丢失的风险，或当投入的资源不会导致预期收益，个体会主动保存资源。工作压力可能对个人资源的威胁，可能因此引发个体的能源缺乏，情感和情感资源被工作的形式应变消耗。因此，持续暴露于工作的不安全感最终会磨损员工所需的资源来应付这种压力，员工倾向于把更多的资源储备起来，如增加沉默，不愿打破沉默。

工作是一种宝贵的资源，可以满足不同的需求，如收入、家庭以外的社会交往，能够安排自己的时间和个体发展和社会。因此，根据员工面对潜在的工作损失，COR 理论认为，员工会调动更多的资源，例如，认知资源（即预期失业的经济和社会后果）和情感资源（即保持克制的愤怒）来应对潜在的工作损失。额外的精力消耗会导致更多的能源消耗和增加情绪耗竭。研究证实了工作不安全感与压力紧张之间的作用机制，表明工作安全感感知低的员工面临更高水平的压力和体验，会有更高水平的能量消耗，以节省并保存自身的资源，员工倾向于保存自己的建议资源。综上所述，员工的工作安全感在 COR 理论的视角下，会维持自身资源的保存。

COR 理论有两个视角保存资源和投入资源，值得注意的是这两个方面相互影响。COR 理论可以解释高质量的上下级关系激励员工做出额外的努力，当一个主管成功加强员工的自尊以及"关系"时，员工可能会付出资源来实现高挑战的目标，从而获得个人意义价值上的提升，促使高资源的回报（如增加自己建立信心，在他们的工作场所拥有更多的资源）。

COR 理论解释了上级与下级有效的工作行为之间的关系，认为员工发挥其效益是由于领导与下属之间存在的特定关系。为什么有些员工积极努力来代表他们的组织工作，这是因为员工将自己的一部分资源投入给企业希望获得或增加其他形式的资源。企业为了保证正常的管理能够有效地运行，获得员工的信心和保证下属改善必要的工作，也会将企业组织的资源传达给员工。

三、辱虐管理对沉默行为的影响

辱虐管理是学者们关注学术研究的重要课题，对于这个课题的研究有利于企业对管理工作的关注。辱虐管理的结果变量受到多数学者的关注。对于辱虐管理结果变量的研究，许勤、席猛、赵曙明（2015）提出，辱虐管理会导致员工产生职场偏差行为。Burton（2011）发现，在研究中，辱虐管理与下属的特性（如自尊和个人情绪）以及情境因素（如组织规范）有一定的关系。员工个体因素的差异，可能会影响不同员工对辱虐管理的反应，高自尊员工表现出消极应对主管辱虐的强烈意愿反应，然而，低自尊员工会抱有无所谓的心态应对主管的辱虐行为。研究结果还表明，在组织规范的情景下，领导会适当地减少辱虐行为；相反，在组织不规范情境下，领导辱虐行为产生的倾向就比较高。Toker 和 Biron（2012）研究发现，员工认为上司辱虐行为会影响员工对组织定向偏差，导致组织的管理方式不人性化。

辱虐管理抑制了员工对组织的承诺信心，增加员工的心理困扰，进一步带来员工—家庭的冲突、导致员工的反生产行为，甚至是离职倾向（Mary et al. , 2013；Restubog et al. , 2011；Webster et al. , 2011；Burton et al. , 2011；Carlson et al. , 2012）。到目前为止，对辱虐管理的研究大部分是针对员工的个人层面进行的。Martinko 和 Harvey（2013）提出，非针对性的成员会对主管辱虐产生负面反应，虽然不是个人受到的虐待，但由于主管对其他组织成员的破坏行为，这些员工可能会触发消极的情感如内疚，甚至愤怒。Carlson（2011）提出，主管使用悲观或敌意言语行为会使产生质量低的上下级关系，辱虐感知以及辱虐行为更容易发生。Whitman、Halbesleben 和 Shanine（2013）提出主管的性格或行为特征，如领导的独裁式领导风格和情商（EI），对管理有预测效果。Wang 和 Chen（2013）认为，从组织外部组织情景来看，辱虐管理对高集体主义倾向的员工影响更显著。显然，前人的研究集中将员工的表现、偏差行为、工作困扰、家庭的幸福作为结果变量，也有其他少数研究集中在下属的反馈行为。

此外，Tepper（2008）对辱虐管理的实证研究表明，辱虐管理会增加企业的成本，因为辱虐管理会导致员工旷工的比率增加，企业营业外支出、法律费用等其他开销增加。Martinko 等（2012）提出，辱虐管理会导致下属的工作困扰，会导致下属心理产生情绪衰竭、焦虑、抑郁、紧张的工作气氛；破坏了员工的工作态度，影响工作绩效。大多数的实证研究都集中在上司的辱虐行为对下属行为负面的影响，只有少数研究调查了下属的工作安全感。领导者的领导过程影响其追随者的情绪反应，有研究表明下属的情绪反应与领导的辱虐行为呈负向影响，因此，不同的下属如何调节自己的情绪应对辱虐管理也是企业管理者应该考虑到的。McAllister（2013）指出，发挥积极的应对辱虐管理措施，而不是直接面对主管在破坏下属的工作关系风险。Hu（2012）发现，主管的辱虐行为直接归结于组织内部。辱虐下属会造成下属更高的心理困扰，工作紧张，情绪耗竭。此外，研究表明，员工通过减少他们的组织承诺来回应辱虐领导的管理，同时也会增加组织偏差。有明确的检查预测主管滥用的研究主要集中在情境因素，如组织不公正、心理契约违背（Jian et al.，2012；Kiewitz et al.，2012；Lian et al.，2012）。

有调查发现，70%的员工惧怕说出工作中存在的问题，而另一项调查结果表明，85%的专业管理人员提出最近员工没有提出任何建议（Morrison et al.，2014）。员工选择不在他们的组织中提出或谈论重要的问题，这是常见的。实证研究发现了许多因素会影响员工沉默行为，包括主动性人格和责任心、工作态度和看法，如工作满意度、领导成员交换；环境因素，如组织氛围（Lian et al.，2012）。在领导因素方面，段锦云（2012）在核心期刊中提出，家长式领导的德行维度会使得员工减少沉默行为。在文化因素方面，李锐等（2012）认为，高传统性的员工倾向于保持沉默行为，高集体主义的员工也倾向于更具有保持沉默行为。在个人因素方面，周浩和龙立荣（2013）认为，自我效能感强的员工会减少沉默行为，工作不安全感强的员工更容易产生沉默行为。员工沉默会产生消极的影响，表现在疲软、腐败、员工士气低落，甚至是事故，但员工沉默行为在特定情况下也会对企业产生正向影响，如通过沉默避免直接的矛盾冲突。到目前为止，只有少数研究关注员工对潜在的重要问题保持沉默的正向影响。此外，当员工具有强烈的组织认同或忠诚感时，员工认可企业组织中的公平正义，他们会选择减少沉默，因此，员工打破沉默有效表达的前提是确保自己不会受到负面的影响（Liu et al.，2012）。

Morrison（2014）提出了一个新的模型，提出开放的辱虐管理会增加员工的沉默行为，员工心理的低权力感也促使了员工产生沉默。因为员工在一定程度上的隐蔽性是高质量的人际关系的本质，因此员工保持经常性的沉默（保留自己的想法、信息和意见）且在不同情境下保持沉默的动机也不一样。员工工作参与度对团队成员的激励越高，越能减少团队的沉默行为（Wang et al.，2012）。员工的情感依恋高可以减少员工的沉默行为产生，员工的工作投入高也会减少员工的沉默行为（Xiaqi et al.，2012；Xu et al.，2012）。

Tepper（2008）提出，员工的沉默是常见的且对企业有严重的影响。当企业或组织需要纠正问题时，他们的上司可能没有意识到问题的存在是因为员工没有及时提出建议信息，因此，员工的沉默行为也受到领导因素的影响，Martinko（2013）认为，下属会消极应对辱虐管理，因为管理者对下属的敌意行为，违反了员工个人基本需要受到尊重的原则，员工下属感知到他们受到不公正的对待，进而，下属反馈出消极的行为应对这种管理方式。关系公正的原则表明，被监管者认为以尊重的方式被对待是公平的，因为下属重视自身的社会地位；在一个充满敌意的管理下或上级以不尊重的方式管理下，下属认为是不公平的，因为这样的行为使下属边缘化，员工会感到被排除在工作之外，对工作没有积极性，所以，员工对于公司或组织所存在的问题会保持沉默。

上司在辱虐管理过程中，下属会消极应对，即使发现公司出现问题，也不愿意主动提出，消极应对会导致员工产生默许性沉默；Toker 等（2012）提出，当下属认为主管的管理方式是不公平的，他们并且不太可能采取主动的行为。当主管采取辱虐管理时，下属担心自己建言会被认为是反角色行为，不仅上级领导对建议不感兴趣，还更有可能遭到更多的辱虐行为，并且会恶化自己与领导者的关系，影响自己的工作前景，这体现在员工对说出的问题的顾虑，提出激进的建议行为通常被视为更大的风险，在这种情况下员工会产生积极的保留自己观点的倾向，产生防御性沉默行为。也就是当组织出现问题时，员工也不愿意去挑战上级的权威选择即保持沉默，使得员工产生更倾向于保住饭碗的意愿，以便保护自身的利益。在辱虐管理的方式下，当公司的问题涉及其他人的利益时，员工具有利他倾向，在主动提出建议之前员工会考虑表达有关问题的必要性，不愿意提出建议而导致损害同事或其他人的利益，员工保留意见产生亲社会性沉默。因此，本书提出以下假设：

H1：辱虐管理与员工沉默行为呈显著正相关；

H1a：辱虐管理与默许性沉默呈显著正相关；

H1b：辱虐管理与防御性沉默行为呈显著正相关；

H1c：辱虐管理与亲社会性沉默呈显著正相关。

四、工作安全感的中介作用

组织在不同阶段发生的变化，如组织的变革、领导者的更换，都会影响员工的态度和行为（Ashford et al.，1989）。员工在关注组织的福利和他们自身为组织创造的利益相比，如果员工获取的福利较高，员工更容易感知到在企业中高水平的工作保障。员工的工作安全感很容易受到不同阶段情境氛围的影响，如管理风格的严厉会威胁到员工的工作安全感（Vander et al.，2013）。因此，企业人力部门组织了解和探索如何应对员工工作的安全感的对策，是管理部门的一个研究方向。

朱朴义等（2014）提出员工内部可雇佣性通过增加员工的工作安全感，提高员工积极的态度。当员工认为自己受到不公平的对待时，心理上会产生不平衡，不公平也会触发离散的情绪反应和与情感态度（Schreurs et al.，2012），基于相关的经验证据，解释员工工作不安全感也来自于自身感知到的无法持续性，而且安全感的判断也会影响员工在组织内的行动（Vander et al.，2011）。

国外对工作安全感的研究是比较多的，在国内对工作安全感的研究相对较少（Schreurs et al.，2010）。在中国集体主义的文化中，人们特别重视人际关系的和谐，渴望在工作单位与同事相互连接。因此，在中国组织内的工作安全保障是非常重要的。如果对员工的工作安全性有不好的看法，他们可能会担心失去的不仅是他们的工资，还有他们的同事，甚至还有他们的社会地位关系。在这种情况下，中国员工可能会对工作态度和工作表现出更多的负面影响（Staufenbiel et al.，2010）。如上所述，工作保障在中国的组织环境中尤其值得关注。

员工感知的高水平的工作保障，更易确定自己就业的连续性、可预测性和未来性。以前的研究达成共识发现，白领们感觉自己的工作没有安全感或不太愿意成为组织的领导者，证实了工作的安全感直接关系到一个组织的会员发展，并且对企业绩效产生一定的效应影响（金涛，2013）。具体来说，人们认为高水平的工作保障会认为该组织关心员工的职业发展，并将组织作为一个负责任的有益的企业。先前的研究已经表明，沟通是作为员工感知工作保障的重要因素之一，组织管理者向下属传达组织的价值观和需求，尊重和感激员工的劳动和贡献，会影响员工对工作的感知。一旦员工感知到组织的工作安全感，他们可能满足组织的需要，并推进组织目标。他们完成受自身职责并且也会付出职责之外的一些行为，这些行为是有利于组织的成功的。即这种识别受角色内行为和角色外行为的影响。员工在企业内，工作安全感是员工是否认同组织的一个因素（Vander et al.，2014），员工需要工作安全感，缺乏工作安全感的企业会导致未来的不可预知性。

工作安全感被定义为员工在组织内感受到将来不会面临非自愿失业的情况，在企业的工作是可以长久稳定持续的。社会交换理论认为，雇主与雇员之间通过一系列的相互交流来发展社会交换关系，这些交易所产生的交互模式，产生相互期望的权利和义务（Staufenbiel and Konig，2010）。员工将偿还或回报一个有利的工作环境，更具体地说，当为雇主员工提供一个合理的安全工作，员工会向雇主交换工作安全的忠诚和努力；然而，如果企业管理者无法为员工提供高质量的工作保障，往往导致社会交换关系的失衡，下属认为是不公平的，因此，触发下属工作安全感感知降低的动机（Selenko and Batinic，2013）。基于社会交换理论，员工愿意积极主动地提高自己的成绩来回报雇主所提供的持续的稳定工作（Schreurs et al.，2010），相反，工作安全感将会妨碍个人的工作表现，尤其是在辱虐风格管理下，员工担心，无法承受工作压力，可能会产生退出在企业工作的想法，如保持沉默，说明了辱虐管理正向影响了员工沉默。

在工作环境中，员工在受到威胁的情况下，会担心自己付出时间和精力得不到回报。金涛（2013）认为，个体所感受到的工作安全感在一定程度上取决于上司对他们的影响，因此，员工工作安全感的高低在很大程度上取决于领导者的风格。辱虐管理是管理者利用自己的权力对下属采取具有敌对性的言语攻击，辱虐管理的领导者通过不乐于接受员工的不同看法来弥补自身的不足，同时，当领导者遇到不同意见时，对于员工提出的不同意见持封闭和不接纳的立场，在辱虐领导的风格管理下，在 COR 理论的基础上，辱虐管理带来的压力可能对个人资源产生损耗，可能导致员工资源缺乏，员工工作安全感资源在管理的压力下持续消耗，工作安全感降低（朱朴义、胡蓓，2014），这些都说明辱虐管理对于工作安全感有着负向影响。

沉默行为是员工自我保护意识的体现。员工在组织中出现沉默行为，领导需要具备一定的情景触发员工的沉默行为动机，而员工的工作安全感是触发员工产生沉默倾向的动机之一（Morrison and Milliken，2000）。当每个员工打破沉默时，员工会考虑是否会获得不同程度的评价，是否会带来风险，如果进言不当或者进言挑战了上司的权威，那么员工就会担心自己的工作可能不保，员工对这样的风险是特别敏感的，员工会倾向于保留自己的看法进而避免打破沉默带来的风险。如果上级非常善于纳谏，类似于古代唐太宗对于魏征那样，那么员工感受到在组织中拥有的工作安全感知就比较高，会降低员工打破沉默所带来的忧虑。但是，根据 COR 理论在工作中持续存在的不安全感最终会磨损员工所需的资源来应付这种压力，使得员工更倾向于把资源储备起来，如增加沉默、不愿打破沉默。周浩等（2013）也有实证研究得出结论，由于工作安全感较低的员工不愿意对组织积极地进言献策而是倾向于保持沉默，因此，工作安全感知会影响员工沉默行为，总之，工作安全感知的强与弱都会增加或减少员工沉默行为的发生。

领导有权决定对进言者进行惩罚或奖励，领导的管理方式被下属用来作为评估个人进言行为是否会给他个人带来危险的影响因素（Milliken，2003），辱虐领导的管理方式一般不愿意听取不同的意见及建议，这就促发了员工的工作不安全感，使得员工保持沉默。从本质上来看，辱虐领导这种威严性是造成员工压力的来源，无形地加大了员工的心理压力和工作压力，导致员工的工作安全感降低，在这种情况下员工鉴于领导的权威，认为即使自己提出观点，领导也不会采纳，员工倾向于消极地保留自己的看法，这属于默许性沉默。当下属体验到领导对自己是嘲讽的、敌对的、持续的态度时，员工觉得这样的领导是不可敬的，其工作安全感知必然会下降，从而影响到员工做出沉默行为。当员工工作安全感降低时，员工会主动保留自己的意见，下属会感觉到在这样的领导管理下，自身所做的行为即使是正确的也有风险，担心遭到领导者或管理者的报复，主动保留自己提建议的想法，这样的沉默属于防御性的沉默。组织中员工为改善企业绩效做贡献进言，员工具有利他主义，员工提出建议的时候会考虑是否有利于其他人，是否会给同事带来不好的影响，担心打破沉默员工会给他人带来不良影响，也为保存自己的资源，会选择保持沉默，这种沉默属于亲社会性沉默。因此，工作安全感在辱虐管理与员工沉默行为中，介导了沉默行为及其各个维度。简言之，辱虐管理使得员工在工作中产生工作不安全感并最终影响到员工沉默行为及其三个不同维度。由此，提出以下假设：

H2：工作安全感在辱虐管理与员工沉默行为关系中起着中介作用；

H2a：工作安全感在辱虐管理与员工默许性沉默关系中起着中介作用；

H2b：工作安全感在辱虐管理与员工防御性沉默关系中起着中介作用；

H2c：工作安全感在辱虐管理与员工亲社会性沉默关系中起着中介作用。

五、上下级关系的调节作用

在学者们的研究中上下级关系大多被作为中介变量和调节变量，也有少数文献中的上下级关系被作为结果变量或前因变量来研究。Zhang 和 Wang（2013）在外文期刊中探讨了在关系取向的文化背景下组织中上下级关系的实质，表明上司与员工之间良好的关系会起到激励员工的工作态度和行为的作用。此外，杨玉龙等（2014）也证明，员工在良好的上下级关系情境下会积极地参与并投入工作，甚至会产生角色外绩效比较高；相反，在质量较差的上下级关系情境下，员工参与并投入工作的积极性不高，产生的角色外绩效也比较低。有学者也表明，良好的上下属之间的工作关系以及工作外关系，可以减少员工的工作压力，并能激发员工的职业动机，引起员工个人学习的意愿，促进员工自身绩效的达成（Hu et al. , 2013）。"关系"是在中国的人际交往中和谐的一个极其重要的因素之一。在法律和正式规则下，中国的文化背景特定的人际关系可以作为有效的润滑剂，促成目标的达成。中国社会的特点是员工职业晋升会受到主管个人特权的强烈影响。主管与下属拥有良好的人际关系，双方可以收获不同的潜在效益。潜在的效益包括双方高质量的信任，员工获得职业上的晋升、工资的增长机会。此外，当一个中国员工与上司建立和发展高质量的"关系"时，表明这位员工的承诺忠诚于主管以及组织，主管将更认可他或她作为一个团队的成员，认可员工的组织认同感；相反，当员工与上司建立和发展低质量的"关系"时，意味着员工对其主管有负面的价值，员工可能会受到上司的排挤，在组织中由于员工与主管的特殊关系，员工不会受到重视。当员工看到一个机会时，并认为当局或主管鼓励他们这样做实现高性能的目标，相信他/她能实现目标，一旦员工的自我一致性被激活，员工就会对组织做出贡献。此外，"关系"是另一种形式的社会信息，进一步传达给员工对自己的社会地位的人对他们工作的权威。领导和员工之间的交流评价会转化为组织对员工的了解。上级会有更高的地位和权力分配给员工宝贵的资源，这些资源分配是否合理会影响下属员工的情绪。

从个人和环境因素来看，在员工之间有突出地位的主管愿意与下属发展工作环境之外的个人关系，这对下属来说是一个强有力的信号，员工不仅在工作中作为领导的一名下属，在工作之外的还是上司重要的社交个体，这种包含工作和生活的关系为双方提供了一个更全面的信息，这种协同效应对下属感知自己的重要性和能力将大大加强，当上司传达组织工作任务时，员工更愿意承担。此外，具体来说，在员工与他们的上级具有较强的"关系"情况下，对下属工作安全感的正向影响强于员工与上级具有较弱"关系"的情况。上下级关系最初的概念是作为一个基于工作交流线性的关系。在权力岗位上的人很容易形成独特的关系，特点是信任、开放的沟通和信息共享。高质量的上下级关系在变革型领导对组织公平的正向影响中起到调节作用（李锐等，2015）；在结果变量方面，高质量的上下级关系激励员工高的工作绩效，以及使员工更愿意从事自愿的学习行为。

上下级"关系"会提供积极的、有利的信息，满足员工所需且获得自我价值实现的信息。在某种程度上，员工的自尊需要别人的评价满意，通过组织的福利来促进员工作出积极回应。因此，无论是在组织内部工作还是外部工作的员工都会主动地寻求达到目标的机会和鼓励。此外，那些低自尊的下属可能会在一个低水平的方面表现他们的行为方式是与他们的低自尊一致的。有研究表明，在工作关系方面，高素质的员工和主管之间的工作相互作用有益于帮助提高员工的自尊感（Joo，2012）。当高质量的上下级关系建立时，这种情况会让员工实现高绩效目标，有助于在组织中提升员工自尊水平。上级拥有员工个人成功必要的工具和资源，员工想要通过很好的工作表现获得所需要的成就，高质量的上下级关系会是一个开展工作最有效的便利途径。

目前辱虐管理与工作安全感关系边界调节研究较少，主要有下属权力距离导向、情商、工作复杂性、自我意识、集体主义等，"关系"在中国文化情境下具有特别的意义，上下级关系对于员工的工作安全感产生至关重要的影响（李云，2015；于桂兰，2015）。

上下级关系是管理者与员工双向沟通的重要因素。在组织中人际关系存在着一定的不确定性，上下级关系好有利于企业管理者协调组织间信息交流，以达到信息交流的最大化共享（刘彧彧，2011）。员工与领导关系亲近会对领导的管理风格、偏好、个人想法等都比较熟悉，也了解在不同管理风格下如何进行适应，在辱虐管理方式下，相对于与领导关系不融洽的员工，担心自己工作的不稳定性，更容易担心自己的工作不能持续，可能只要犯了一点点错误，就会丢掉工作，在这种情况下，与上级关系质量好的员工对于工作的愿景也比与上级关系质量差的员工的愿景更好（Liu and Wang，2012）。

每个人都有自己的人际交往圈，组织中的领导者也不例外，员工要想进入领导的交际圈，得到与领导互惠的机会，前提条件是和上级有良好的关系。根据 COR 理论，员工愿意将自己的一部分资源投入在有益于自己的事情上，与上司保持良好的关系有利于自己的工作安全感得到保证，这种关系的投入是有益的。在中国文化背景下，即使在毒性领导风格管理方式下，员工与上级拥有良好的私人关系也会比其他员工更易获得升迁的机会，因此，具有良好的上下级关系，员工工作的稳定性也随之提高（李锐等，2015）。在工作环境中，员工价值的体现受到与他们工作事务相关主管的影响，如果上级刻意打压下属，会使得员工感知不到自己在企业中的重要性，极大地削弱员工在企业中价值的体现；相反，良好的员工与上级之间的关系可以促进员工感知到自己在企业中的重要性，增强员工在企业中自我价值体现的感知，员工自我价值感提升让员工感觉自己在企业中的发展前景，降低员工在企业中感知到的工作不安全感（Martinaityte et al.，2013），据此，本书认为上下级关系的质量将可能影响辱虐管理与员工工作安全感之间的关系。基于此，本书提出如下假设：

H3：上下级关系调节影响了辱虐管理与工作安全感之间的作用。

当上司与下属关系质量高时，辱虐管理和员工工作安全感之间存在较弱的负相关关系；反之，当上司与下属关系质量低下时，辱虐管理和员工工作安全感之间存在较强的负相关关系。

综上，根据辱虐管理、沉默行为各个维度、工作安全感以及上下级关系

的相关理论研究综述和研究假设，本书构建相应的理论模型，辱虐管理与沉
默行为及其各维度呈显著正相关，且工作安全感在两者之间起中介作用，上
下级关系在辱虐管理与工作安全感之间起到调节作用。辱虐管理的理论模型
如图 12 - 1 所示。

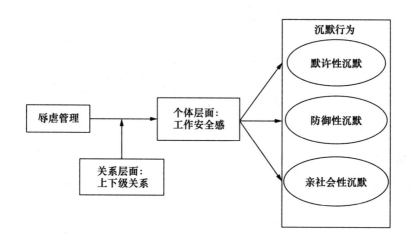

图 12 - 1　辱虐管理的理论模型

第三节　实证研究

一、研究对象与程序

本节的样本来源于江苏、浙江、上海、安徽以及广西等地的多家企业，
涉及化工、银行、IT、房地产、保险、包装材料、汽车、电子、水泥等行
业。本调查在自愿参与的前提下进行，在调查前，问卷完全以匿名调查方式
进行，告知调查者不会涉及个人的具体姓名和单位，问卷的答案不关乎正确
与否，只需根据自身的情况填写，本问卷保证所获得的数据结果绝不泄露并
且仅供科学研究之用，调查包括了发放电子问卷以及纸质问卷，电子问卷是
通过问卷星等平台在线形式，共回收 340 份，纸质问卷对企业员工进行现场

调查，回收 103 份，共收回 443 份，通过删除填写不完整的，最终获得有效问卷共 405 份。采用 SPSS21.0 软件对相关数据的基本信息统计研究分析，基本信息如表 12 - 1 所示。

表 12 - 1   描述性统计

		样本数（人）	百分比（％）
性别	男	219	54.1
	女	186	45.9
年龄	30 岁以下	347	85.7
	30～39 岁（含 30 岁）	41	10.1
	40～49 岁	10	2.5
	50 岁及以上	7	1.7
工作年限	1 年以下	35	8.6
	1～5 年（含 1 年）	231	57
	5～10 年（含 5 年）	110	27.2
	10 年以上（含 10 年）	29	7.2
月收入	4000 元以下	53	13.1
	4000～7000 元（含 4000 元）	212	52.3
	7000～10000 元（含 7000 元）	94	23.2
	10000 元以上（含 10000 元）	46	11.4
受教育程度	大专及以下	143	35.3
	本科	221	54.6
	硕士及以上	41	10.1

表 12 - 1 的描述性统计结果显示：

从所调研样本的性别来看，女性占比 45.9％，男生占比 54.1％；调研样本的年龄，30 岁以下的员工占比 85.7％，30～39 岁占比 10.1％，40～49 岁的员工占比 2.5％，50 岁及以上的员工占比 1.7％，年龄在 30 岁以下的员工的比重比较大，占总样本的 85.7％；本次调研样本的受教育程度中，大专及以下的员工占比 35.3%，本科学历的员工占比 54.6%，硕士及以上的员工占比 10.1%，因此本科生和专科生在样本中人数最多，总计占到了89.9%；从加入本公司的年限来看，其中 1 年以下占比 8.6%，1~5 年（含1 年）占比 57%，5~10 年（含 5 年）占比 27.2%，10 年以上（含 10 年）占比 7.2%，因此员工的工作年限主要在 5 年以内，占比 65.6%；月收入≤4000 元占比 13.1%，4000 元≤月收入＜7000 元占比 52.3%，7000≤月收入＜10000 元占比 23.2%，月收入≥10000 元占比 11.4%。本书的样本结构比较合理，能够较好地体现被试的基本特征。

二、测量工具

本书所要测量的变量为：辱虐管理、沉默行为、工作安全感以及上下级关系。为了保证变量的可靠性和有效性，本书采用国内外现有的成熟量表，其中辱虐管理、工作安全感、上下级关系都是单维度量表，沉默行为选择三维度量表。问卷中所有量表均采用 Likert5 点计分，被测试者在填写网络问卷时单选五个刻度的选项，填写纸质问卷直接在选定的选项前打钩。在四个量表中选项 1 表示"非常不认同"，选项 5 表示"非常认同"。

（一）辱虐管理

对于测量辱虐管理的量表，前人认可最多的是由 Tepper（2008）提出的15 个条目，并且目前的研究多数也选择 Tepper 的量表，Tepper 所编写的成熟量表包括"我的领导在众人面前给予下属负面的评价"等 15 个条目（Tepper et al.，2008）。

（二）沉默行为

Van Dyne（2003）开发了不同维度员工沉默行为的量表，其中测量默许性沉默有 4 个条目如"领导不会更改一些决定，说了也没有意义"等，测量防御性沉默有 4 个条目如"没有必要去得罪领导和同事，对企业存在的问题还是不说为好"等，测量亲社会性沉默也有 4 个条目如"我不愿意提出伤害同事的意见""我愿意为了保护部门的利益，不去说企业存在的问题"。

（三）工作安全感

工作安全感量表是 Cheng 和 Chan（2008）在 Delery 等（1996）的量表基础上进行了改编，由 7 个条目构成，如"在未来的时间里，我不会有失去现在工作的危险""组织在将来可能会给予我具有挑战性的项目任务"等（Cheng and Chan，2008）。

（四）上下级关系

对上下级关系（SSG）的测量运用 Law 等（2000）编制的量表，该量表普遍运用于华人组织中上下级之间关系的研究，举例条目如"我很了解和关心上级的情况"等。

（五）控制变量

以往的研究认为个体的性别、年龄、受教育程度、月收入等都会影响其沉默，因此本书将其作为控制变量加以控制。在数据分析过程中，将各变量虚拟化处理，男性设置为"0"，女性设置为"1"；年龄分为四个等级：30岁以下、30~39岁（含30岁）、40~49岁、50岁及以上；受教育程度也分为三个层次：大专及以下学历、本科学历、硕士及以上学历；工作年限分为四个等级：1年以下、1~5年（含1年）、5~10年（含5年）、10年以上（含10年）；月收入分为四个等级：月收入≤4000元、4000元≤月收入＜7000元、7000元≤月收入＜10000元、月收入≥10000元。

三、量表的信度与效度检验

（一）同源方差检验

由于发放的问卷中所有的项目是由一个人填写，容易导致共同方法偏差（Common Method Variance，CMV），为了检验自变量与因变量之间的共变是否在很大程度上受到共同方法偏差的影响，本书根据以往学者的建议，在这项研究中，使用过程控制和统计控制方法减少同源偏差（卢纹岱，2002），首先，向被试者说明问卷为"匿名填答"并且严格保密这次调查数据，进而将自变量辱虐管理和因变量员工沉默的条目分开以避免答题者猜测进行过程控制。其次，根据前人的建议，未经旋转的首因子变异量不能超过总变异量的一半，经过检验，本书未经旋转的首因子的变异量为22.54%，小于总变异量65.04%的一半，说明本书的同源方差不严重，不会影响到最终的研究结论。

（二）量表的信效度检验

信度是衡量量表一致性的重要指标，其中量表的信度系数大于0.5表示该量表满足基本条件，可以使用。为表示研究的调查量表具体的信度值，将信度分析的具体结果汇总如表12-2所示。

表12-2 信度分析结果

变量	题项数量	Cronbach'α 信度系数
1. 辱虐管理	15	0.895
2. 沉默行为	12	0.856
默许性沉默	4	0.844
防御性沉默	4	0.819
亲社会性沉默	4	0.806
3. 工作安全感	7	0.857
4. 上下级关系	6	0.868

本书首先采用 SPSS21.0 对辱虐管理、沉默行为、工作安全感、上下级关系四个变量进行信度分析，结果表明，各变量的 Cronbach'α 都大于 0.7，其中，辱虐管理的 Cronbach'α 信度系数为 0.895；沉默行为的 Cronbach'α 信度系数为 0.856，默许性沉默的 Cronbach'α 信度系数为 0.844，防御性沉默的 Cronbach'α 信度系数为 0.819，亲社会性沉默的 Cronbach'α 信度系数为 0.806；工作安全感的 Cronbach'α 信度系数为 0.857；上下级关系的 Cronbach'α 信度系数为 0.868，说明调查问卷具有较好的信度。

在效度方面，因为本书主要选用的是已经被学者广泛使用的成熟量表（辱虐管理、沉默行为、工作安全感、上下级关系量表），且我国学者也不断通过实证研究，不断使用具有良好内容的信效度检量表。本书通过 A-mos21.0 对本书的变量（辱虐管理、沉默行为各个维度、工作安全感、上下级关系）进行验证性因子分析，建立结构模型，比较其因子载负程度即变量间的区分效度。本书包括了六个变量，因此需要研究六个因子模型，本文比较单因子模型以及六因子模型用来检查问卷中各个变量间（辱虐管理、沉默行为各个维度、工作安全感、上下级关系）的区分效度，运用 Amos21.0 检查问卷的区分效度，其中，验证性因子分析结果如表12-3所示。

表12-3　验证性因子分析结果

模型	χ^2/df	RMSEA	NFI	TLI	CFI	IFI
六因子模型	2.733	0.053	0.922	0.929	0.934	0.937
五因子模型	2.901	0.062	0.909	0.912	0.913	0.915
四因子模型	2.967	0.069	0.901	0.903	0.905	0.908
三因子模型	4.529	0.117	0.601	0.622	0.643	0.645
二因子模型	5.976	0.132	0.452	0.467	0.535	0.539
单因子模型	8.012	0.151	0.344	0.384	0.392	0.397

注：六因子模型：辱虐管理、默许性沉默、防御性沉默、亲社会性沉默、工作安全感、上下级关系；五因子模型：辱虐管理、默许性沉默、防御性沉默 + 亲社会性沉默、工作安全感、上下级关系；四因子模型：辱虐管理、沉默行为、工作安全感、上下级关系；三因子模型：辱虐管理、沉默行为、工作安全感 + 上下级关系；二因子模型：辱虐管理、沉默行为 + 工作安全感 + 上下级关系；单因子模型：辱虐管理 + 沉默行为 + 工作安全感 + 上下级关系。

从表12-3中可以看出，将辱虐管理、沉默行为、工作安全感、上下级关系作为一个变量的模型，即单因子模型，测量得出其各项指标都达不到标准要求，包括 χ^2/df 为 8.012，RMSEA 为 0.151，NFI 为 0.344，TLI 为 0.384，CFI 为 0.392，IFI 为 0.397；二因子模型，将辱虐管理作为一个变量，沉默行为、工作安全感和上下级关系作为一个变量，测量得出其各项指标也达不到标准要求，具体包括 χ^2/df 为 5.976，RMSEA 为 0.132，NFI 为 0.452，TLI 为 0.467，CFI 为 0.535，IFI 为 0.539；三因子模型，是将辱虐管理作为一个变量，沉默行为作为一个变量，工作安全感与上下级关系作为一个变量，测量得出其各项指标和单因子模型以及二因子模型相比有所改善，但各项指标仍然达不到标准要求，具体包括 χ^2/df 为 4.529，RMSEA 为 0.117，NFI 为 0.601，TLI 为 0.622，CFI 为 0.643，IFI 为 0.645；四因子模型是辱虐管理、沉默行为、工作安全感、上下级关系四个变量的因子模型，测量得出其各项指标进一步得到改善，具体包括 χ^2/df 为 2.967，RMSEA 为 0.069，NFI 为 0.901，TLI 为 0.903，CFI 为 0.905，IFI 为 0.908，测量得出其各项指标都比单因子、二因子以及三因子模型好；五因子模型是将辱虐管理作为一个变量，默许性沉默作为一个变量，防御性沉默与亲社会性沉默作为一个变量，工作安全感作为一个变量，上下级关系作为一个变量，测量得出各项指标拟合比较好，具体包括 $\chi2/df$ 为 2.901，RMSEA 为 0.062，NFI 为 0.909，TLI 为 0.912，CFI 为 0.913，IFI 为 0.915，测量得出其各项指标比之前检验的四个模型都好；六因子模型将辱虐管理作为一个变量、默许性沉默作为一个变量、防御性沉默作为一个变量、亲社会性沉默作为一个变量、工作安全感作为一个变量、上下级关系作为一个变量，六因子模型测量的各项拟合指标都达到标准要求，包括 $\chi2/df$ 为 2.733，RMSEA 为 0.053，NFI 为 0.922，TLI 为 0.929，CFI 为 0.934，IFI 为 0.937，测量得出其各项指标都比之前五种因子模型好，由此得出本书的六个变量之间的区分效度比较好。

四、描述性统计及相关性分析

（一）变量描述性统计分析

本书对辱虐管理、沉默行为以及三个不同的维度、工作安全感和上下级关系各个变量的均值和标准差等数值做描述性统计，分析结果如表 12 - 4 所示。

表 12 - 4　各变量描述统计分析结果

变量	均值	标准差
1. 辱虐管理	2.09	0.67
2. 沉默行为	2.95	0.79
默许性沉默	2.84	0.82
防御性沉默	3.20	0.93
亲社会性沉默	2.81	0.86
3. 工作安全感	3.22	0.71
4. 上下级关系	3.03	0.79

表 12 - 4 显示辱虐管理、沉默行为各个维度、工作安全感、上下级关系等变量的均值和标准差，辱虐管理的平均值为 2.09，标准差为 0.67，表明本书的被试样本具有一定水平的辱虐管理，测试者的上级管理风格比较倾向

友善，样本也有较好的离散性。沉默行为的均值为 2.95，标准差为 0.79，默许性沉默的均值为 2.84，标准差为 0.82，防御性沉默的均值为 3.20，标准差为 0.93，亲社会性沉默的均值为 2.81，标准差为 0.86，表明测试样本具有一定程度的沉默行为，并且更愿意主动保留建议和意见，样本也有较好的离散性。工作安全感的平均值为 3.22，标准差为 0.71，表明被测样本具有一定水平的工作安全感，样本有较好的离散性。上下级关系（SSG）的平均值为 3.03，标准差为 0.79，说明测试样本与上级之间的关系处于中等质量关系，样本也有较好的离散性。通过比较，辱虐管理、沉默行为以及三个不同的维度、工作安全感和上下级关系的标准差范围处于 0.67 ~ 0.93，收集的样本数据符合要求，并且随着标准差数值的增大，数据所体现出的离散性越高。

（二）相关性分析

本书利用 SPSS21.0 的线性相关分析方法分析辱虐管理、沉默行为及其三个不同维度变量（默许性沉默、亲社会性沉默、防御性沉默）、工作安全感、上下级关系这些变量之间的相关性。在本书中，采用 Pearson 相关系数法分析假设中提出的变量之间的关系，根据分析出的系数结果判断变量之间的显著性程度，Pearson 相关系数可以衡量变量之间的正负相关程度，当系数值小于 0 时，呈现负相关关系；当系数值大于 0 时，呈现正相关关系（卢纹岱，2002）。Pearson 系数的绝对值在 0 ~ 1 的区间内，随着系数的递增，显现越强的相关性，具体辱虐管理、沉默行为及其三个不同维度变量（默许性沉默、亲社会性沉默、防御性沉默）、工作安全感、上下级关系这些变量之间的相关性如表 12 - 5 所示。

表 12 - 5 显示，辱虐管理与沉默行为呈正相关（$r = 0.581$，$P < 0.01$）、辱虐管理与默许性沉默、亲社会性沉默和防御性沉默之间都呈显著正相关（$r = 0.522$，$P < 0.01$，$r = 0.535$，$P < 0.01$，$r = 0.306$，$P < 0.01$）；辱虐管理与上下级关系和工作安全感之间都呈显著负相关（$r = -0.474$，$P < 0.01$，$r = -0.339$，$P < 0.001$），工作安全感与亲社会性沉默之间呈显著负相关（$r = -0.308$，$P < 0.05$），工作安全感与防御性沉默之间呈显著负相关（$r = -0.562$，$P < 0.01$），工作安全感与默许性沉默之间呈显著负相关（$r = -0.549$，$P < 0.01$）。

表 12 – 5　变量间的相关性分析

变量	1	2	3	4	5	6	7
1. 辱虐管理	1						
2. 沉默行为	0.581 **	1					
3. 默许性沉默	0.522 **	0.987 ***	1				
4. 防御性沉默	0.535 **	0.909 ***	0.552 ***	1			
5. 亲社会性沉默	0.306 **	0.894 ***	0.564 ***	0.537 ***	1		
6. 工作安全感	− 0.339 ***	− 0.580 **	− 0.549 **	− 0.562 **	− 0.308 *	1	
7. 上下级关系	− 0.474 **	− 0.341 **	− 0.255 **	− 0.231 **	− 0.137 *	0.329 **	1

注：* 表示 P < 0.05，** 表示 P < 0.01，*** 表示 P < 0.001。

五、研究假设检验

（一）辱虐管理与员工沉默行为的回归分析

本节探究辱虐管理对沉默行为的影响，首先，将性别、受教育程度、月收入等作为控制变量；其次，将辱虐管理作为自变量，以沉默行为及其三个维度分别作为因变量进行层级回归，对主效应进行 SPSS 分析，汇总回归分析结果如表 12 – 6 所示。

表 12 – 6　辱虐管理对员工沉默行为的层次回归分析结果

变量	员工沉默行为	
	Model1	Model2
控制变量		
性别	0.087	0.065
工作年限	− 0.161	− 0.012
教育背景	− 0.151 *	− 0.093
月收入	− 0.122 *	− 0.085 *
自变量		
辱虐管理		0.521 ***
ΔR²	0.052	0.195
R²	0.052	0.247
F	6.151 *	25.583 ***

注：* 表示 P < 0.05，*** 表示 P < 0.001。

由表 12 - 6 可知，第一步，在 Model1 中，当加入月收入等控制变量时，月收入和对沉默行为有显著负向影响（β = - 0.122，β = - 0.151，p < 0.05）；第二步，在 Model2 中，当加入辱虐管理时，辱虐管理与员工沉默行为的回归系数呈现显著水平（β = 0.521，p < 0.001），ΔR^2 为 0.195，Model 解释力达到 24.7%，表明辱虐管理对员工沉默行为有着显著的正向影响，即辱虐管理越明显，员工越倾向于呈现沉默行为，假设 H1 得到验证。

下一步本书汇总了辱虐管理对三个维度的沉默行为的层次回归分析，结果如表 12 - 7、表 12 - 8、表 12 - 9 所示。

由表 12 - 7 可知，在 Model1 中，当加入月收入等控制变量时，月收入和对默许性沉默有显著影响（β = - 0.098，β = - 0.149，p < 0.05）；在 Model2 中，当加入辱虐管理时，辱虐管理与员工默许性沉默行为的回归系数呈现显著水平（β = 0.473，p < 0.001），ΔR^2 为 0.141，Model 解释力达到 18.9%，表明辱虐管理对默许性沉默行为有着显著的正向影响，即辱虐管理风格越明显，员工越倾向于呈现默许性沉默，假设 H1a 得到验证。

表 12 - 7　辱虐管理对默许性沉默的层次回归分析结果

变量	默许性沉默	
	Model1	Model2
控制变量		
性别	0.041	0.022
工作年限	- 0.145	- 0.008
受教育程度	- 0.149 *	- 0.036
月收入	- 0.098 *	- 0.076 *
自变量		
辱虐管理		0.473 ***
ΔR^2	0.048	0.141
R^2	0.048	0.189
F	5.004	23.287 ***

注：* 表示 P < 0.05，*** 表示 P < 0.001。

由表 12 - 8 可知，在 Model1 中，当加入月收入等控制变量时，控制变量中有月收入和受教育程度对防御性沉默有显著影响（β = - 0.106，β = - 0.132，p < 0.05）；在 Model2 中，当加入辱虐管理时，辱虐管理与防御性沉默的回归系数呈现显著水平（β = 0.396，p < 0.001），ΔR^2 为 0.149，Model 解释力达到 19.4%，表明辱虐管理对防御性沉默有着显著的正向影响，即辱虐管理风格越明显，员工越倾向于呈现防御性沉默，假设 H1b 得到验证。

表 12 - 8　辱虐管理对防御性沉默的层次回归分析结果

变量	防御性沉默	
	Model1	Model2
控制变量		
性别	0.031	0.024
工作年限	- 0.128	- 0.078
受教育程度	- 0.132 *	- 0.024
月收入	- 0.106 *	- 0.023 *
自变量		
辱虐管理		0.396 ***
ΔR^2	0.045	0.149
R^2	0.045	0.194
F	4.910	24.572 ***

注：* 表示 P < 0.05，*** 表示 P < 0.001。

通过表 12 - 9 所示，在 Model1 中，当加入月收入等控制变量时，控制变量中有月收入和受教育程度对亲社会性沉默有显著影响（β = - 0.095，β = - 0.129，p < 0.05）；在 Model2 中，当加入辱虐管理时，辱虐管理与亲社会性沉默之间的回归系数呈现显著水平（β = 0.342，p < 0.01），ΔR^2 为 0.107，Model 解释力达到 14.8%，表明辱虐管理对亲社会性沉默有着显著的正向影响，即辱虐管理风格越明显，员工越倾向于呈现亲社会性沉默，假设 H1c 得到验证。

表 12 - 9　辱虐管理对亲社会性沉默的层次回归分析结果

变量	亲社会性沉默	
	Model1	Model2
控制变量		
性别	0.035	0.032
工作年限	-0.132	-0.078
受教育程度	-0.129*	-0.036
月收入	-0.095*	-0.046*
自变量		
辱虐管理		0.342**
ΔR^2	0.041	0.107
R^2	0.041	0.148
F	4.328	19.113**

注：*表示 P < 0.05，**表示 P < 0.01。

（二）辱虐管理对工作安全感的回归分析

本节探究辱虐管理对工作安全感的影响，首先，引入员工人口统计学变量作为控制变量；其次，以辱虐管理作为自变量，以工作安全感作为因变量分别进行层级回归，回归分析结果如表 12 - 10 所示。

表 12 - 10　辱虐管理对工作安全感的层次回归分析结果

变量	工作安全感	
	Model1	Model2
控制变量		
性别	0.051	0.018
工作年限	0.142*	0.033
教育背景	0.149*	0.029
月收入	0.098*	0.054*
自变量		
辱虐管理		-0.365**
ΔR^2	0.069	0.107
R^2	0.069	0.176
F	3.746	15.745**

注：*表示 P < 0.05，**表示 P < 0.01。

通过表 12 - 10 所示，在 Model1 中，当加入月收入等控制变量时，工作年限、受教育程度和月收入对工作安全感有显著影响（β = 0.142，β = 0.149，β = 0.098，p < 0.05）；在 Model2 中，当加入辱虐管理时，辱虐管理与工作安全感之间的回归系数呈现显著水平（β = -0.365，p < 0.01），ΔR^2 为 0.107，Model 解释力达到 17.6%，表明辱虐管理对工作安全感有着显著的负向影响，即辱虐管理越明显，员工工作安全感越低。

（三）工作安全感对沉默行为的回归分析

本节探究工作安全感对沉默行为的影响，首先，引入员工人口统计学变量作为控制变量；其次，以工作安全感作为自变量，以沉默行为及其三个维度作为因变量进行层级回归，回归分析结果如表 12 - 11、表 12 - 12、表 12 - 13、表 12 - 14 所示。

通过表 12 - 11 所示，在 Model1 中，当加入月收入等控制变量时，控制变量中有工作年限和受教育程度对默许性沉默有显著影响（β = -0.189，β = -0.041，p < 0.05）；在 Model2，当加入工作安全感时，工作安全感与员工沉默行为的回归系数呈现显著水平（β = -0.523，p < 0.001），ΔR^2 为 0.177，Model 解释力达到 25.4%，表明工作安全感对员工沉默行为有着显著的负向影响，即工作安全感越低，员工沉默行为越明显。

表 12 - 11　工作安全感对员工沉默行为的层次回归分析结果

变量	员工沉默行为	
	Model1	Model2
控制变量		
性别	0.167	0.010
工作年限	- 0.189 *	- 0.025 *
受教育程度	- 0.041 *	- 0.037
月收入	- 0.137	- 0.021
自变量		
工作安全感		- 0.523 ***
ΔR^2	0.077	0.177
R^2	0.077	0.254
F	5.393	29.545 ***

注：* 表示 P < 0.05，*** 表示 P < 0.001。

通过表 12 – 12 数据所示，在 Model1 中，当加入月收入等控制变量时，其中，有工作年限和受教育程度对默许性沉默有显著影响（β = – 0.178，β = – 0.033，p < 0.05）；在 Model2 中，当加入工作安全感时，工作安全感与默许性沉默之间的回归系数呈现显著水平（β = – 0.452，p < 0.001），ΔR^2 为 0.163，Model 解释力达到 23.8%，表明工作安全感对默许性沉默有着显著的负向影响，即工作安全感越低，员工默许性沉默越明显。

表 12 – 12　工作安全感对默许性沉默的层次回归分析结果

变量	默许性沉默	
	Model1	Model2
控制变量		
性别	0.167	0.008
工作年限	– 0.178 *	– 0.017 *
受教育程度	– 0.033 *	– 0.028
月收入	– 0.137	– 0.007
自变量		
工作安全感		– 0.452 ***
ΔR^2	0.075	0.163
R^2	0.075	0.238
F	5.085	26.545 ***

注：* 表示 P < 0.05，*** 表示 P < 0.001。

通过表 12 – 13 数据所示，在 Model1 中，当加入月收入等控制变量时，其中，有工作年限和受教育程度对防御性沉默有显著影响（β = – 0.151，β = – 0.029，p < 0.05）；在 Model2，当加入工作安全感时，工作安全感与防御性沉默之间的回归系数呈现显著水平（β = – 0.518，p < 0.001），ΔR^2 为 0.139，Model 解释力达到 20.4%，表明工作安全感对防御性沉默有着显著的负向影响，即工作安全感越低，员工防御性沉默越明显。

表 12 - 13　工作安全感对防御性沉默的层次回归分析结果

变量	防御性沉默	
	Model1	Model2
控制变量		
性别	0.167	0.009
工作年限	- 0.151 *	- 0.067 *
受教育程度	- 0.029 *	- 0.016 *
月收入	- 0.037	- 0.005
自变量		
工作安全感		- 0.518 ***
ΔR²	0.065	0.139
R²	0.065	0.204
F	4.367	25.438 ***

注：＊表示 P < 0.05，＊＊＊表示 P < 0.001。

如表 12 - 14 所示，在 Model1 中，当加入月收入等控制变量时，其中，有工作年限和受教育程度对亲社会性沉默有显著影响（β = - 0.139，β = - 0.038，p < 0.05）；在 Model2 中，当加入工作安全感时，工作安全感与亲社会性沉默之间的回归系数呈现显著水平（β = - 0.216，p < 0.01），ΔR² 为 0.141，Model 解释力达到 18.0%，表明工作安全感对亲社会性沉默有着显著的负向影响，即工作安全感越低，员工的亲社会性沉默越明显。

表 12 - 14　工作安全感对亲社会性沉默的层次回归分析结果

变量	亲社会性沉默	
	Model1	Model2
控制变量		
性别	0.167	0.004
工作年限	- 0.139 *	- 0.019
受教育程度	- 0.038 *	- 0.036
月收入	- 0.037	- 0.002

续表

变量	亲社会性沉默	
	Model1	Model2
自变量		
工作安全感		-0.216^{**}
ΔR^2	0.039	0.141
R^2	0.039	0.180
F	3.479	22.328^{**}

注：* 表示 $P < 0.05$，** 表示 $P < 0.01$。

（四）中介效应检验

在检验辱虐管理对沉默行为及其不同维度的基础上，进一步探究工作安全感在辱虐管理与沉默行为及其不同维度之间的中介效应。对于工作安全感的中介效应的检验，根据中介效应的存在需满足以下几个条件：自变量辱虐管理对因变量沉默行为存在显著影响，自变量辱虐管理对中介变量工作安全感存在显著影响，中介变量工作安全感对因变量沉默行为存在显著影响，将自变量辱虐管理与中介变量工作安全感同时放入回归方程解释因变量时，工作安全感的效应显著且自变量辱虐管理对结果变量沉默行为的显著效应消失就是完全中介效应，如果主效应的作用减弱就是部分中介效应（周浩、龙立荣，2013）。检验工作安全感在辱虐管理与沉默行为及其不同维度之间的中介效应，第一步，在 Model 1 中加入控制变量和自变量辱虐管理，以工作安全感作为因变量，检验工作安全感对辱虐管理的回归；第二步，在 Model 2 中，同时加入控制变量和前因变量辱虐管理，以沉默行为作为因变量，检验沉默行为对辱虐管理的回归；第三步，在 Model 3 中同时加入控制变量和中介变量工作安全感，以沉默行为作为因变量，检验沉默行为对工作安全感的回归；第四步，在 Model 4 中同时加入控制变量、自变量辱虐管理和中介变量工作安全感，以沉默行为作为因变量，检验沉默行为对辱虐管理和工作安全感的回归。同理，按照上述程序检验工作安全感在辱虐管理与默许性沉默行为之间的中介效应、工作安全感在辱虐管理与防御性沉默行为之间的中介效应以及检验工作安全感在辱虐管理与亲社会性沉默行为之间的中介效应。层级回归分析的结果如表 12 - 15、表 12 - 16、表 12 - 17、表 12 - 18 所示。

如表 12 – 15 数据所示，自变量辱虐管理对中介变量工作安全感存在显著影响，呈负向作用（β = – 0.365，p < 0.01），自变量辱虐管理对因变量沉默行为存在显著影响，呈正向作用（β = 0.521，p < 0.001）；中介变量工作安全感对因变量沉默行为存在显著影响，呈负向作用（β = – 0.523，p < 0.001），将自变量辱虐管理与中介变量工作安全感同时放入回归方程解释因变量员工沉默行为时，工作安全感对沉默行为的效应显著，呈负向影响（β = – 0.435，p < 0.01）且自变量辱虐管理对结果变量沉默行为的效应从 0.521 减弱为 0.197，模型解释度为 36.4%，因此，中介变量工作安全感在辱虐管理与沉默行为之间具有部分中介效应，由此可见，本书假设 H2 获得了验证。

表 12 – 15　工作安全感在辱虐管理与沉默行为之间的中介效应检验

变量	工作安全感	员工沉默行为		
	Model1	Model2	Model3	Model4
控制变量				
性别	0.018	0.065	0.010	0.005
工作年限	0.033	– 0.012	– 0.025 *	– 0.011
受教育程度	0.029	– 0.093	– 0.037	– 0.026
月收入	0.054 *	– 0.085 *	– 0.021	– 0.017
自变量				
辱虐管理	– 0.365 **	0.521 ***		0.197 **
中介变量				
工作安全感			– 0.523 ***	– 0.435 **
F	15.745 **	25.583 ***	29.545 ***	37.864 **
ΔR²	0.107	0.195	0.177	0.117
R²	0.176	0.247	0.254	0.364

注：*表示 P < 0.05，**表示 P < 0.01，***表示 P < 0.001。

如表 12 – 16 数据所示，自变量辱虐管理对中介变量工作安全感存在显著影响，呈负向作用（β = – 0.365，p < 0.01），自变量辱虐管理对因变量默许性沉默存在显著影响，呈正向作用（β = 0.473，p < 0.001）；中介变量工

作安全感对因变量默许性沉默存在显著影响，呈负向作用（β = - 0.452，p < 0.001），将自变量辱虐管理与中介变量工作安全感同时放入回归方程解释因变量默许性沉默时，工作安全感对默许性沉默的效应显著，呈负向影响（β = - 0.416，p < 0.01）且自变量辱虐管理对结果变量默许性沉默的效应从0.473 减弱为 0.144，模型解释度为 34.1%，因此，中介变量工作安全感在辱虐管理与默许性沉默之间具有部分中介效应，由此可见，本书假设 H2a 获得了验证。

表 12 - 16　工作安全感在辱虐管理与默许性沉默之间的中介效应检验

变量	工作安全感	默许性沉默		
	Model1	Model2	Model3	Model4
控制变量				
性别	0.018	0.022	0.008	0.013
工作年限	0.033	- 0.008	- 0.017 *	- 0.084
受教育程度	0.029	- 0.036	- 0.028	- 0.001
月收入	0.054 *	- 0.076 *	- 0.007	- 0.005
自变量				
辱虐管理	- 0.365 **	0.473 ***		0.144 **
中介变量				
工作安全感			- 0.452 ***	- 0.416 **
F	15.745 **	23.287 ***	26.545 ***	32.573 **
ΔR²	0.107	0.141	0.163	0.152
R²	0.176	0.189	0.238	0.341

注：* 表示 P < 0.05，** 表示 P < 0.01，*** 表示 P < 0.001。

　　如表 12 - 17 所示，自变量辱虐管理对中介变量工作安全感存在显著影响，呈负向作用（β = - 0.365，p < 0.01），自变量辱虐管理对因变量防御性沉默存在显著影响，呈正向作用（β = 0.396，p < 0.001）；中介变量工作安全感对因变量防御性沉默存在显著影响，呈负向作用（β = - 0.518，p < 0.001），将自变量辱虐管理与中介变量工作安全感同时放入回归方程解释因变量防御性沉默时，工作安全感对防御性沉默的效应显著，呈负向影响

（β = － 0. 475，p ＜ 0. 01）且自变量辱虐管理对结果变量防御性沉默的效应从
0. 396 减弱为 0. 159，模型解释度为 33. 4%，因此，中介变量工作安全感在
辱虐管理与防御性沉默之间具有部分中介效应，由此可见，本书假设 H2b 获
得了验证。

表 12 － 17　工作安全感在辱虐管理与防御性沉默之间的中介效应检验

变量	工作安全感	防御性沉默		
	Model1	Model2	Model3	Model4
控制变量				
性别	0. 018	0. 024	0. 009	0. 017
工作年限	0. 033	－ 0. 078	－ 0. 067 *	－ 0. 012
受教育程度	0. 029	－ 0. 024	－ 0. 016 *	－ 0. 019
月收入	0. 054 *	－ 0. 023 *	－ 0. 005	－ 0. 015
自变量				
辱虐管理	－ 0. 365 **	0. 396 ***		0. 159 **
中介变量				
工作安全感			－ 0. 518 ***	－ 0. 475 **
F	15. 745 **	24. 572 ***	25. 438 ***	31. 392 **
ΔR²	0. 107	0. 149	0. 139	0. 140
R²	0. 176	0. 194	0. 204	0. 334

注：＊表示 P ＜ 0. 05，＊＊表示 P ＜ 0. 01，＊＊＊表示 P ＜ 0. 001。

如表 12 － 18 所示，自变量辱虐管理对中介变量工作安全感存在显著影
响，呈负向作用（β = － 0. 365，p ＜ 0. 01），自变量辱虐管理对因变量亲社会
性沉默存在显著影响，呈正向作用（β = 0. 342，p ＜ 0. 01）；中介变量工作安
全感对因变量亲社会性沉默存在显著影响，呈负向作用（β = － 0. 216，p ＜
0. 01），将自变量辱虐管理与中介变量工作安全感同时放入回归方程解释因
变量亲社会性沉默时，工作安全感对亲社会性沉默的效应显著，呈负向影响
（β = － 0. 169，p ＜ 0. 01）且自变量辱虐管理对结果变量亲社会性沉默的效应

从 0.342 减弱为 0.288，模型解释度为 18.6%，因此，中介变量工作安全感在辱虐管理与亲社会性沉默之间具有完全中介效应，由此可见，本书假设 H2c 获得了验证。

表 12 - 18　工作安全感在辱虐管理与亲社会性沉默之间的中介效应检验

变量	工作安全感	亲社会性沉默		
	Model1	Model2	Model3	Model4
控制变量				
性别	0.018	0.032	0.004	0.026
工作年限	0.033	− 0.078	− 0.019 *	− 0.007
受教育程度	0.029	− 0.036	− 0.036	− 0.031
月收入	0.054 *	− 0.046 *	− 0.002	− 0.014
自变量				
辱虐管理	− 0.365 **	0.342 **		0.288
中介变量				
工作安全感			− 0.216 **	− 0.169 **
F	15.745 **	19.113 **	22.328 **	24.034 **
ΔR^2	0.107	0.107	0.141	0.038
R^2	0.176	0.148	0.180	0.186

注： * 表示 P < 0.05， ** 表示 P < 0.01。

（五）上下级关系的调节效应检验

在本书中采用层次回归的方法来检验上下级关系在辱虐管理与工作安全感之间的调节效应。使用 SPSS21.0 进行分层回归分析。首先，当进行统计分析时，将各个变量分为三层放入到回归方程中：第一层是员工人口学变量即控制变量，包括员工的性别、年龄、工作年限、受教育程度、月收入；第二层是将自变量辱虐管理和调节变量上下级关系放入到回归方程中；第三层是将自变量辱虐管理和调节变量上下级关系的交互项放入到回归方程，以此分析上下级关系的调节作用。其次，对调节作用进行分析时需要避免共线性问题，因此，对各个变量要统一标准化。最后，通过观察交互项的 β 值是否显著，可以看出调节变量上下级关系是否具有调节作用（温忠麟等，2005）。

由表 12 - 19 数据可以看出，辱虐管理和上下级关系对工作安全感有显著影响（β = - 0.305，p < 0.01，β = 0.258，p < 0.05），且辱虐管理对工作安全感呈负向作用，上下级关系对工作安全感呈正向作用。在辱虐管理与上下级关系的交互作用进入方程后，交互作用显著，前后两步辱虐管理对工作安全感的影响系数发生了显著的变化（由 - 0.305 变为 - 0.209，且交互项β = - 0.261，p < 0.01），说明上下级关系的引入削弱了辱虐管理对员工工作安全感的负向影响作用，具体绘制调节作用如说明调节影响的方向如图 12 - 2 所示。

表 12 - 19　上下级关系在辱虐管理与工作安全感之间的调节效应检验

变量	工作安全感		
	Model1	Model2	Model3
控制变量			
性别	0.031	0.018	0.007
工作年限	- 0.098	0.033	- 0.093
受教育程度	0.162	0.029	0.071
月收入	0.219 *	0.054 *	0.198 *
自变量			
辱虐管理		- 0.305 **	- 0.209 **
调节变量			
上下级关系		0.258 *	0.372 *
调节效应			
辱虐管理 × 上下级关系			- 0.261 **
ΔR^2	0.069	0.128	0.125
R^2	0.069	0.197	0.322
F	3.746	20.934 **	28.609 **

注：* 表示 P < 0.05，** 表示 P < 0.01。

如图 12 - 2 显示强上下级关系下，辱虐管理与工作安全感之间呈现的负向作用较弱，结果验证了假设 H3 上下级关系调节辱虐管理与工作安全感之间的关系，高质量的上下级关系（高于上下级关系平均水平一个标准偏差）

下，辱虐管理和员工工作安全感之间的关系呈现较弱的负向影响；反之，在低质量的上下级关系（低于上下级关系平均水平一个标准偏差）下，辱虐管理与员工工作安全感之间的关系呈现较强的负向影响。因此，H3 的上下级关系在辱虐管理与员工工作安全感之间起负向调节作用得到验证。

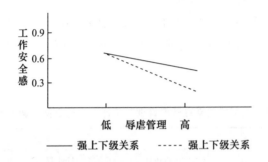

图 12 - 2　上下级关系对辱虐管理和工作安全感之间的调节作用

第四节　讨论、管理启示及未来研究展望

一、讨论

综合本章的检验，总结辱虐管理与员工沉默行为及其不同维度的影响、工作安全感在主效应之间的中介作用以及上下级关系的调节效应，本书提出的九个假设以及验证结果如表 12 - 20 所示。

（一）辱虐管理对员工沉默行为的影响

本书证实了辱虐管理是正向影响员工沉默行为的重要情境因素，辱虐管理会显著激发员工的沉默行为及其不同维度，符合相关实证研究的结论（叶佳佳，2016；李锐等，2012）。因为下属会消极应对上司的辱虐管理，当员工发现公司出现问题时，也不愿意主动提出建议，消极应对公司出现的问题会使得员工产生默许性沉默；还有可能是有些员工不愿意去挑战上级的权威选择保持沉默，员工倾向于产生保住工作饭碗的意愿，保存资源，以保护自身的利益，员工积极地保留自己的意见，产生防御性沉默。这类员工主要可能担心自己提出建议会被认为是反角色行为，不仅上级领导对建议不感兴趣，还更有可能遭到更多的辱虐行为。具有利他倾向的员工在辱虐管理的方式下，当公司的问题涉及其他人的利益时，利他主义的员工可能会不愿意提出建议而导致损害同事或部门其他人的利益，员工保留意见产生亲社会性沉默。

表 12 - 20　本书研究提出的假设及其检验结果

假设	假设内容	结果
H1	辱虐管理与员工沉默行为呈显著正相关	支持
H1a	辱虐管理与默许性沉默呈显著正相关	支持
H1b	辱虐管理与防御性沉默行为呈显著正相关	支持
H1c	辱虐管理与亲社会性沉默呈显著正相关	支持
H2	工作安全感在辱虐管理与员工沉默行为关系中起着中介作用	部分中介
H2a	工作安全感在辱虐管理与员工默许性沉默关系中起着中介作用	部分中介
H2b	工作安全感在辱虐管理与员工防御性沉默关系中起着中介作用	部分中介
H2c	工作安全感在辱虐管理与员工亲社会性沉默关系中起着中介作用	完全中介
H3	上下级关系在辱虐管理和员工工作安全感的关系中起调节作用	支持

（二）工作安全感的中介作用

对员工的工作安全感在辱虐管理与员工沉默行为关系的中介作用证实了本书第三章所提出的假设。在辱虐领导的风格管理下，从 COR 理论的视角下，辱虐带来的压力可能对个人资源产生威胁，可能因此引发的员工能源缺乏，员工工作安全感资源在管理的压力下持续消耗，工作安全感降低，也说明了辱虐管理对于员工的工作安全感有着负向影响与相关学者研究结论类似（朱朴义、胡蓓，2014）。在工作中持续的不安全感最终会磨损员工所需的资源来应付压力，员工倾向于把更多的资源储备起来，如增加沉默，不愿打破沉默。从本质上来看，辱虐领导这种威严性是造成员工压力的来源，影响员工资源的损耗，导致员工的工作安全感降低，在这种情况下，员工鉴于领导的权威消极地认为即使自己提出观点，领导也不会采纳，产生默许性沉默。员工的防御性沉默是因为当员工工作安全感降低时，员工会主动保留自己的意见，下属会感觉到在这样的领导管理下，自身所做的行为即使是正确的也有风险，担心遭遇领导者或管理者的报复，主动保存自己的提建议的资源。在辱虐风格管理下，员工亲社会性沉默的产生则完全是因为员工自身工作安全感的降低，员工提出建议的时候会担心是否有利于组织或者部门，是否会给其他同事带来不好的影响，也会选择保持沉默。领导者影响了下属的工作安全感进而影响下属的工作行为，由此可知，减少辱虐管理行为能够使得员工保存到更多的资源，增强在企业中长期工作的感知，在稳定长期持续工作感知的情况下可以进一步激发下属打破沉默行为的动机。

（三）上下级关系的调节作用

在上下级关系调节了辱虐管理和工作安全感之间的影响作用中，员工愿意将自己的一部分资源投入到有益于自己的事情上，与上司保持良好的关系有利于自己的工作安全感得到保证，这种关系的投入是有益的。在中国文化背景下，在不同领导风格管理方式下，与上级拥有良好关系的员工会获得更多的资源，有利于促进员工工作的稳定性（李锐等，2015）。在工作环境中，员工与上级的关系质量比较差尤其是在辱虐管理风格下，员工更易担心自己的工作不能持续，可能只要犯了一点点错误，就会丢掉工作，员工感知不到自己在企业中的重要性，削弱了员工自己在企业中能够持续工作的安全感知，相反良好的员工与上级之间的关系，在辱虐管理风格下也可以促进员工感知到自己在企业中的重要性，员工在企业中可以获得更多实现自我价值体现的资源以及实现在企业中发展的愿景，增加了员工在企业中感知到的工作安全感（Martinaityte，2013）。上下级关系一个独特的特点是融入了中国文化，员工和领导都需要适应新的形势如生活变化与组织变革。领导积极地与员工交往的上下级关系，不仅增强了员工的安全感，同时也为员工打破沉默提供了一个良好的氛围和环境。概括来说，本书有以下三个创新点：

（1）将结果变量沉默行为分为不同维度，细化研究自变量辱虐管理对结果变量员工沉默及其不同维度的影响，以往研究未对员工类型进行针对比较，本书选取不同类型的员工沉默，细化的研究使文章更具有针对性。

（2）在 COR 理论的基础上，引入前人较少关注的中介变量工作安全感作为自变量辱虐管理与结果变量沉默行为的介导，差异化探索辱虐管理对员工沉默行为及其不同维度的作用机理的中介效用。

（3）上下级关系在中国文化情境下具有特别的意义，研究辱虐管理与工作安全感的调节作用，可以更清晰地为企业增加员工工作安全感提供建议。本书的研究填补了中国文化背景下上下级关系作为揭示辱虐管理与工作安全感关系的边界条件。

二、管理启示

打破员工的沉默，激励员工表达他们的想法、说出组织存在的问题或潜在问题的看法，是企业管理者们最关心的问题之一。打破沉默意味着思想的自由交流，为了员工沉默这一现象给予企业一些建设性建议，本书基于个体层面因素与关系层面因素，提出三个相对应的管理启示：

第一，组织领导者应努力减少自身的辱虐管理风格，因为辱虐管理可以降低员工的跟随意识，降低员工的工作安全感，因此，减少领导的辱虐行为对企业具有一定的价值。并且通过减少辱虐管理行为的实施，能够有效提高员工的工作安全感水平，减少员工的沉默行为，针对消极持有观点的员工，企业可以通过物质奖励或者福利奖励激发员工发声；针对积极持有自身观点的员工，企业可以以员工工作安全感作为切入点，提供具有挑战性项目分配给员工，给予员工工作上的信任，增强员工在企业未来发展前景的期望，让员工感知到企业对他的重视；针对利他主义的员工，除提供个人奖励外也提供整个团队部门奖励，重视提出为企业贡献实质价值建议的员工，打破员工的沉默，并促进其创新性想法的产生并运用于实践，以提高组织创造力的培育，更好地适应越来越激烈的市场竞争。

第二，员工在企业中应该以更开放的心态，适应变化，打破沉默是员工适应组织的良好途径。组织也可以将积极打破沉默作为工作奖励的评价标准，帮助员工减少沉默行为，在组织管理者的视角下，无论是提出建议行为被看作是积极的（建设）或负（破坏性）的行为都是价值资源的创造。因此，组织需要为员工创造一个公平的平台，特别是当工作本身、群体中的人际关系或组织环境高度紧张的情况下，重点提高员工的工作安全感以激励员工打破沉默。

第三，通过集体活动，创建一个和谐融洽的氛围，提升员工与领导的上下级关系以减少员工对工作的不安全感感知，领导平易近人的工作作风，良好的上下级关系更容易增加下属的工作安全感倾向，进而也不会导致员工的沉默，有效改善员工沉默现象。通过营造良好的企业氛围多开展集体活动，提高领导与同事之间相处的融洽程度，使得企业重视自身的组织文化建设，尤其是建立一个关心员工、注重员工发展的组织文化，让员工在良好的上下级关系情景下，减弱员工的工作不安全感以此能够最大限度地畅所欲言。

三、研究不足及未来研究展望

（1）本书将月收入等四个变量作为控制变量，然而组织内无论是管理层还是员工都会受到组织发展阶段的影响。因此，在未来的研究中，除了考虑控制个人特点之外，还要加入组织发展阶段作为控制因素。

（2）本书虽然证实了同源方差较小地影响本书，但是，仍无法避免自评带来的同源方差影响，未来可采取他评和更科学的研究方法减小同源方差。

（3）目前对沉默行为的研究，不仅只有前因变量和结果变量关系，需要在未来的研究中继续研究其他相关变量，包括其他中介变量和调节变量机制，拓展研究路径。例如，员工是组织整体的一部分，在一定程度上，员工的集体主义倾向会调节影响员工面对压力所采取的沉默行为，不同群体员工面对工作压力和紧张，会产生不同的归属感知，影响员工自身的沉默行为，目前的研究和得到一些结果可能暗示将归属感作为中介变量来研究也是可行的结果（李锐等，2012）。

（4）本书主要研究领导与个体的沉默行为，没有研究辱虐管理对团队层面的沉默行为影响，在未来可以关注研究辱虐管理对团队层面沉默行为的影响因素，拓宽员工沉默团队层面的研究。

第五节 结论

本书通过广泛阅读国内外辱虐管理、沉默行为各个维度、工作安全感、上下级关系等相关研究文献，根据文献阅读的理论分析结果，将辱虐管理、沉默行为各个维度、工作安全感、上下级关系等相关研究进行概念的溯源以及分析和归纳汇总，并结合国内外专家学者的观点对相关研究内容进行归纳，总结目前研究方面的理论进展。通过相关文献梳理发现：国内没有太多对辱虐管理与不同维度员工沉默行为这方面的研究，只有少部分对辱虐管理与员工沉默行为不同维度的影响研究。具体来说：

第一，有必要差异化来研究辱虐管理对不同维度员工沉默行为的影响，以此作为创新的切入点，可以使研究更具有系统性与针对性。

第二，国内对辱虐管理与员工沉默行为的研究，较少文献研究通过资源保存理论提出如何重视工作安全感这一变量的介导作用，也较少关注了工作安全感如何介导了不同维度的沉默行为，因此，将工作安全感作为中介变量的介导作用有一定的研究价值。

第三，迄今对辱虐管理与工作安全感研究，有较少的文献结合我国特定的关系来分析社会的背景，因此，有必要研究关系因素在辱虐管理与工作安全感之间的影响效应。

本书针对上述问题通过网络问卷平台以及实地发放问卷的方式获取研究辱虐管理、沉默行为各个维度、工作安全感、上下级关系所需要的数据，并运用SPSS21.0等分析软件，对调查问卷的数据进行一系列处理，获取自变量辱虐管理与因变量沉默行为之间关系的结果，以及获取中介效用与调节效用的结果。

总的来说，本书对辱虐管理、工作安全感、上下级关系和员工沉默行为四者之间的关系进行深入研究和探讨，在一定程度上能够拓宽该领域的研究范畴，厘清相关关系，证明了工作安全感的中介作用和上下级关系的调节作用。通过实证研究，本书得出如下结论：

首先，本书关于辱虐管理对员工沉默行为影响模式的研究，证实了领导者辱虐下属的作风显著正向影响员工的沉默行为及其不同维度，与叶佳佳等（2016）研究的结论相一致，下属会消极应对上司的辱虐管理，产生默许性沉默，不愿意去挑战上级的权威是为了保住工作饭碗保留自己的意见，产生防御性沉默，为他人着想考虑他人的利益而保留意见产生亲社会性沉默。因此，上级的辱虐行为越多，员工不同维度沉默行为的倾向越明显。

其次，本书验证了员工的工作安全感在辱虐管理与员工沉默行为关系的中介作用。辱虐领导带来的压力威胁个人资源（Xu et al.，2012），消耗员工工作安全感资源，工作安全感降低，说明了辱虐管理负向影响员工的工作安全感。员工为了应付这种压力，倾向于储备更多的资源，会增加沉默。员工消极认为即使自己提出观点，领导也不会采纳，产生默许性沉默。当员工工作安全感降低时，下属会感觉到自身所做的行为具有风险，主动保存自己的提建议的资源产生防御性沉默。员工在利他主义的基础上，会考虑担心建议不利于组织或者部门，会给其他同事带来不好的影响，选择亲社会性沉默。领导者影响了下属的工作安全感进而影响下属的工作行为，减少辱虐管理行为能够使得员工保存到更多的资源，增强员工在企业中长期工作的感知，在长期稳定持续工作感知的同时激发下属打破沉默行为的动机。因此，在企业未来的管理启示中应考虑工作安全感的中介路径效应。

最后，本书还探讨证实了上下级关系调节了辱虐管理和工作安全感之间的影响作用。不同质量程度的上下级关系，会加深辱虐管理和工作安全感之间的不同程度的影响作用。高质量的上下级关系，有利于缓冲辱虐管理对工作安全感的负向影响，而低质量的上下级关系，会加深辱虐管理对工作安全感的负面影响（Liu and Wang, 2012）。因此，领导积极促进与员工的上下级关系，不仅增强了员工工作安全感，也为员工打破沉默提供了良好的氛围和环境。深化了上下级关系的本土化研究。员工减少对组织的沉默行为是企业所希望看到的，本书也希望通过本结论为减少领导者的辱虐行为、增进上下级关系、促进员工的工作安全感，减少员工沉默提供参考。

参考文献

[1] Amabile T M, Conti R, Coon H, et al. Assessing the Work Environment for Creativity [J]. Academy of Management Journal, 1996, 39 (5): 1154 – 1184.

[2] Andrews M C, Kacmar K M, Harris K J. Got Political Skill? The Impact of Justice on the Importance of Political Skill for Job Performance [J]. Journal of Applied Psychology, 2009, 94 (6): 1427 – 1437.

[3] Aryee S, Chen Z X, Sun L Y, Debrah Y A. Antecedents and Outcomes of Abusive Supervision: Test of a Trickle – down Model [J]. The Journal of Applied Psychology, 2007, 92 (1): 191 – 201.

[4] Avolio B J, Bass B M, Dong I J. Re – Examining the Components of Transformational and Transactional Leadership Using the Multifactor Leadership [J]. Journal of Occupational and Organizational Psychology, 2011, 72 (4): 441 – 462.

[5] Avolio B J, Gardner W L, Walumbwa F O, et al. Unlocking the Mask: A Look at the Process By Which Authentic Leaders Impact Follower Attitudes and Behaviors [J]. Leadership Quarterly, 2004, 15 (6): 801 – 823.

[6] Balkundi P, Harrison D A. Ties, Leaders, And Time in Teams: Strong Inference About Network Structure's Effects on Team Viability and Performance [J]. Academy of Management Journal, 2006, 49 (1): 49 – 68.

[7] Balkundi P, Kilduff M. The Ties that Lead: A Social Network Approach to Leadership [J]. Leadership Quarterly, 2005, 16 (6): 941 – 961.

[8] Banks G C, Batchelor J H, Seers A, et al. What does Team – member Exchange Bring to the Party? A Meta – analytic Review of Team and Leader Social

Exchange [J]. Journal of Organizational Behavior, 2014, 35 (2): 273 – 295.

[9] Barsade S G. The Ripple Effect: Emotional Contagion and its Influence on Group Behavior [J]. Administrative Science Quarterly, 2002, 47 (4): 644 – 675.

[10] Bass B M, Avolio B J, Jung D I, et al. Predicting Unit Performance by Assessing Transformational and Transactional Leadership. [J]. Journal of Applied Psychology, 2003, 88 (2): 207 – 218.

[11] Battilana J, Casciaro T. Change Agents, Networks, and Institutions: A Contingency Theory of Organizational Change [J]. Academy of Management Journal, 2012, 55 (2): 381 – 398.

[12] Bettenhausen K L, Murnighan J K. The Development of an Intragroup Norm and the Effects of Interpersonal and Structural Challenges [J]. Administrative Science Quarterly, 1991, 36 (1): 20 – 35.

[13] Bedi A, Alpaslan C M, Green S. A Meta – analytic Review of Ethical Leadership Outcomes and Moderators [J]. Journal of Business Ethics, 2016, 139 (3): 517 – 536.

[14] Berman E M, West J P, Richter M N. Workplace Relation: Friendship Patterns and Consequences [J]. Public Administration Review, 2002, 62 (2): 217 – 230.

[15] Blickle G, Fröhlich J K, Ehlert S, et al. Socioanalytic Theory and Work Behavior: Roles of Work Values and Political Skill in Job Performance and Promotability Assessment [J]. Journal of Vocational Behavior, 2011, 78 (1): 136 – 148.

[16] Blickle G, John J, Ferris G R, et al. Fit of Political Skill to the Work Context: A Two – study Investigation [J]. Applied Psychology, 2012, 61 (2): 295 – 322.

[17] Bolino M C, Kacmar K M, Turnley W H, et al. A MultiLevel Review of Impression Management Motives and Behaviors [J]. Journal of Management, 2008, 34 (6): 1080 – 1109.

[18] Bono J E, Anderson M H. The Advice and Influence Networks of

Transformational Leaders. [J]. Journal of Applied Psychology, 2005, 90 (6):
1306 – 1314.

[19] Boudreau J W, Boswell W R, Judge T A. Effects of Personality on Executive Career Success in the United States and Europe [J]. Journal of Vocational Behavior, 2001, 58 (1): 53 –81.

[20] Bowler W M, Brass D J. Relational Correlates of Interpersonal Citizenship Behavior: A Social Network Perspective [J]. Journal of Applied Psychology, 2006, 91 (1): 70 –82.

[21] Brass D J, Galaskiewicz J, Greve H R, et al. Taking Stock of Networks and Organizations: A Multilevel Perspective [J]. Academy of Management Journal, 2004, 47 (6): 795 – 817.

[22] Bravo M J, Peira J M, Rodriguez I, Whitely W T. Social Antecedents of the Role Stress and Career – enhancing Strategies of Newcomers to Organizations: A Longitudinal Study [J]. Work and Stress, 2003, 17 (3): 195 – 217.

[23] Brewer M B, Gardner W. Who is this "We"? Levels of Collective Identity and Self Representations. [J]. Journal of Personality and Social Psychology, 1996, 71 (1): 83 – 93.

[24] Brower H H, Schoorman F D, Tan H H. A Model of Relational Leadership: The Integration of Trust and Leader – member Exchange [J]. Leadership Quarterly, 2000, 11 (2): 227 – 250.

[25] Bunderson J S. Recognizing and Utilizing Expertise in Work Groups: A Status Characteristics Perspective [J]. Administrative Science Quarterly, 2003, 48 (4): 557 – 591.

[26] Burt R S. The Contingent Value of Social Capital [J]. Administrative Science Quarterly, 1997, 42 (2): 339 – 365.

[27] Burt R S. Secondhand Brokerage: Evidence on the Importance of Local Structure for Managers, Bankers, and Analysts [J]. Academy of Management Journal, 2007, 50 (1): 119 – 148.

[28] Burton J P, Hoobler J M. Aggressive Reactions to Abusive Supervision: the Role of Interactional Justice and Narcissism [J]. Scandinavian Journal of Psy-

chology, 2011 (52): 389 – 398.

[29] Burton J P, Hoobler J M, Kernan M C. When Research Setting is Important: The Influence of Subordinate Self – esteem on Reactions to a busive Supervision [J]. Organization Management Journal, 2011 (8): 139 – 150.

[30] Burton J P, Hoobler J M, Scheuer M L. Supervisor Workplace Stress and Abusive Supervision: The Buffering Effect of Exercise [J]. Journal of Business and Psychology, 2012 (27): 271 – 279.

[31] Campbell D. J. The Procative Employee: Managing Work – place Initiative [J]. Academy of Management Executive, 2000, 14 (3): 52 – 67.

[32] Carlson D S, Ferguson M, Perrewé P L, Whitten D. The Fallout from Abusive Supervision: An Examination of Subordinates and Their Partners [J]. Personnel Psychology, 2011 (64): 937 – 961.

[33] Carlson D, Ferguson M, Hunter E, Whitten D. Abusive Supervision and Work – family Conflict: The Path through Emotional Labor and Burnout [J]. The Leadership Quarterly, 2012, 23 (5): 849 – 859.

[34] Carson S J, Madhok A, Wu T. Uncertainty, Opportunism, and Governance: The Effects of Volatility and Ambiguity on Formal and Relational Contracting [J]. Academy of Management Journal, 2006, 49 (5): 1058 – 1077.

[35] Chan K W, Huang X, Peng M N. Managers' Conflict Management Styles and Employee Attitudinal Outcomes: The Mediating Role of Trust [J]. Asia Pacific Journal of Management, 2008, 25 (2): 277 – 295.

[36] Chao G T, Walz P, Gardner P D. Formal and Informal Mentorships: A Comparison on Mentoring Functions and Contrast with Nonmentored Counterparts [J]. Personnel Psychology, 1992, 45 (3): 619 – 636.

[37] Cheng H L, Chan K S. Who Suffers More From Job Insecurity? A Meta – analytic Review [J]. Applied Psychology, 2008, 57 (2): 272 – 303.

[38] Chesney T, Chuah S H, Hui W, et al. Determinants of Friendship in Social Networking Virtual Worlds [J]. Communications of the Association For Information Systems, 2014, 34 (1): 1397 – 1416.

[39] Chiaburu D S, Harrison D A. Do Peers Make the Place? Conceptual

Synthesis and Meta – analysis of Coworker Effects on Perceptions, Attitudes, OCBs, and Performance [J]. Journal of Applied Psychology, 2008, 93 (5): 1082 – 1103.

[40] Cremer D D, Barker M. Accountability and Cooperation in Social Dilemmas: The Influence of Others' Reputational Concerns [J]. Current Psychology, 2003, 22 (2): 155 – 163.

[41] Cremer D, David, Sedikides, et al. The Whys and Whens of Personal Uncertainty [J]. Psychological Inquiry, 2009, 20 (4): 218 – 220.

[42] Detert J R, Burris E R. Leadership Behavior and Employee Voice: Is the Door Really Open? [J]. Academy of Management Journal, 2007, 50 (4): 869 – 884.

[43] Doby V J, Caplan R D. Organizational Stress as Threat to Reputation: Effects on Anxiety at Work and at Home [J]. Academy of Management Journal, 1995, 38 (4): 1105 – 1123.

[44] Dyne L V, Ang S, Botero I C. Conceptualizing Employee Silence and Employee Voice as Multidimensional Constructs [J]. Journal of Management Studies, 2003, 40 (6): 1359 – 1392.

[45] Eby L T, Butts M, Lockwood A. Predictors of Success in the Era of the Boundaryless Career [J]. Journal of Organizational Behavior, 2003, 24 (6): 689 – 708.

[46] Elsbach K D, Bhattacharya C B. Defining Who you are by What You're Not: Organizational Disidentification and the National Rifle Association [J]. Organization Science, 2001 (12): 393 – 413.

[47] Fanelli A, Misangyi V F, Tosi H L. In Charisma We Trust: The Effects of CEO Charismatic Visions on Securities Analysts [J]. Organization Science, 2009, 20 (6): 1011 – 1033.

[48] Farh C I C, Lanaj K, Ilies R. Resource – based Contingencies of when Team – member Exchange Helps Member Performance in Teams [J]. Academy of Management Journal, 2016, 60 (3): 1117 – 1137.

[49] Farmer S M, Van D L, Kamdar D. The Contextualized Self: How

Team – Member Exchange Leads to Coworker Identification and Helping OCB [J].
Journal of Applied Psychology, 2015, 100 (2): 583 – 595.

[50] Ferris G R, Treadway D C, Kolodinsky R W, et al. Development and
Validation of the Political Skill Inventory [J]. Journal of Management Official Jour-
nal of the Southern Management Association, 2005, 31 (1): 126 – 152.

[51] Ferris G R. Political Skill in Organizations [J]. Journal of Manage-
ment, 2007, 33 (3): 290 – 320.

[52] Flynn F J. Identity Orientations and Forms of Social Exchange in Organ-
izations [J]. Academy of Management Review, 2005, 30 (4): 737 – 750.

[53] Frazier M L, Fainshmidt S. Voice Climate, Work Outcomes, and the
Mediating Role of Psychological Empowerment a Multilevel Examination [J].
Group and Organization Management an International Journal, 2015, 37 (6):
691 – 715.

[54] Gerstner C R, Day D V. Meta – analytic Review of Leader – member
Exchange Theory: Correlates and Construct Issues [J] . Journal of Applied Psy-
chology, 1997 (82): 827 – 844.

[55] Gibbons D E. Friendship and Advice Networks in the Context of Chan-
ging Professional Values [J]. Administrative Science Quarterly, 2004, 49 (2):
238 – 262.

[56] Golden T D. The Role of Relationships in Understanding Telecommuter
Satisfaction [J]. Journal of Organizational Behavior, 2006, 27 (3): 319 – 340.

[57] Greenhaus J H, Parasuraman S, Wormley W M. Effects of Race on
Organizational Experiences, Job Performance Evaluations, and Career Outcomes
[J]. Academy of Management Journal, 1990, 33 (1): 64 – 86.

[58] Guenter H, Emmerik I H V, Schreurs B. The Negative Effects of De-
lays in Information Exchange: Looking at Workplace Relationships From an Affec-
tive Events Perspective [J]. Human Resource Management Review, 2014, 24
(4): 283 – 298.

[59] Harris K J, Kacmar K M, Zivnuska S, et al. The Impact of Political
Skill on Impression Management Effectiveness [J]. Journal of Applied Psychology,

2007, 92 (1): 278.

[60] Herbig P, Milewicz J, Golden J. A Model of Reputation Building and Destruction [J]. Journal of Business Research, 1994, 31 (1): 23 -31.

[61] Hershcovis S M A. Call to Reconcile Constructs Within Workplace Aggression Research [J]. Journal of Organizational Behavior, 2011 (32): 499 - 519.

[62] Hillier D, Linn S C, Mccolgan P. Equity Issuance, CEO Turnover and Corporate Governance [J]. European Financial Management, 2010, 11 (4): 515 -538.

[63] Hochwarter W A, Ferris G R, Zinko R, et al. Reputation as A Moderator of Political Behavior - work Outcomes Relationships: A Two - study Investigation with Convergent Results [J]. Journal of Applied Psychology, 2007, 92 (2): 567 -576.

[64] Hogg M A, Terry D J. Social Identity and Selfcategorization Processes in Organizational Contexts [J]. Academy of Management Review, 2000 (25): 121 -140.

[65] Hogg M A, Van Knippenberg D. Social Identity and Leadership Processes in Groups [J]. Advances in Experimental Social Psychology, 2003 (35): 1 -52.

[66] Hornsey M J, Hogg M A. Assimilation and Diversity: An Integrative Model of Subgroup Relations [J]. Personality and Social Psychology Review, 2000, 4 (1): 143 -156.

[67] Howell J M, Shamir B. The Role of Followers in the Charismatic Leadership Process: Relationships and Their Consequences [J]. Academy of Management Review, 2005, 30 (1): 96 -112.

[68] Hu J, Liden R C. Relative Leader - Member Exchange Within Team Contexts: How and when Social Comparison Impacts Individual Effectiveness [J]. Personnel Psychology, 2013, 66 (1): 127 -172.

[69] Ibarra H. Network Centrality, Power, and Innovation Involvement: Determinants of Technical and Administrative Roles [J]. Academy of Management

Journal, 1993, 36 (3): 471 – 501.

[70] Ilgen D R, Hollenbeck J R, Johnson M, Jundt D. Teams in organizations: From I – P – O Models to IMOI Models [J]. Annual Review of Psychology, 2005 (56): 517 – 544.

[71] Jessica B, Rodell, J W. Perceptions of Employee Volunteering: Is it "Credited" or "Stigmatized" by Colleagues? [J]. Academy of Management Journal, 2016, 59 (2): 611 – 635.

[72] Johnson R E, Selenta C and Lord R G. When Organizational Justice and the Self – concept Meet [J]. Organizational Behavior and Human Decision Processes, 2006 (99): 175 – 201.

[73] Joo B, Ready K. Career Satisfaction: The Effects of Performance Goal Orientation, Proactive Personality, Organizational Learning Culture, and Leader – member Exchange Quality [J]. Career Development International, 2012 (17): 276 – 295.

[74] Judge T A, Bono J E, Ilies R, et al. Personality and Leadership: A Qualitative and Quantitative Review [J]. Journal of Applied Psychology, 2002, 87 (4): 765 – 780.

[75] Judge T A, Cable D M, Boudreau J W, et al. An Empirical Investigation of the Predictors of Executive Career Success [J]. Personnel Psychology, 1995, 48 (3): 485 – 519.

[76] Judge T A, Jr R D B. Political Influence Behavior and Career Success [J]. Journal of Management, 1994, 20 (1): 43 – 65.

[77] Kamdar D, Van D L. The Joint Effects of Personality and Workplace Social Exchange Relationships in Predicting Task Performance and Citizenship Performance [J]. Journal of Applied Psychology, 2007, 92 (5): 1286 – 1298.

[78] Kiewitz C, Restubog S L D, Zagenczyk T J, et al. Sins of the Parents: Self – control As a Buffer between Supervisors' Previous Experience of Family Undermining and Subordinates' Perceptions of Abusive Supervision [J]. Leadership Quarterly, 2012, 23 (5): 869 – 882.

[79] Kilduff M, Krackhardt D. Bringing the Individual Back in: A Structur-

al Analysis of the Internal Market for Reputation in Organizations [J]. Academy of Management Journal, 1994, 37 (1): 87 – 108.

[80] Kiviniemi M T, Snyder M, Omoto A M. Too Many of a Good Thing? The Effects of Multiple Motivationson Stress, Cost, Fulfillment, and Satisfaction [J] . Personality and Social Psychology Bulletin, 2002 (28): 732 – 743.

[81] Koschmann M A, Kuhn T R, Pfarrer M D. A Communicative Framework of Value in Cross – sector Partnerships [J] . Academy of Management Review, 2012 (37): 332 – 354.

[82] Kothari S P, Leone A J, Wasley C E. Performance Matched Discretionary Accrual Measures [J]. Journal of Accounting and Economics, 2005, 39 (1): 163 – 197.

[83] Law K S, Wong C S, Wang D, et al. Effect of Supervisor – subordinate Guanxi on Supervisory Decisions in China: An Empirical Investigation [J]. International Journal of Human Resource Management, 2000 (11): 751 – 765.

[84] Lepine J A, Erez A, Johnson D E. The Nature and Dimensionality of Organizational Citizenship Behavior: A Critical Review and Meta – analysis [J]. Journal of Applied Psychology, 2002, 87 (1): 52 – 65.

[85] Leuz C, Oberholzer – Gee F. Political Relationships, Global Financing, and Corporate Transparency: Evidence from Indonesia [J]. Journal of Financial Economics, 2006, 81 (2): 411 – 439.

[86] Lian H, Ferris D L, Brown D J. Does Power Distance Exacerbate or Mitigate the Effects of Abusive Supervision? It Depends on the Outcome [J]. Journal of Applied Psychology, 2012, 97 (1): 107.

[87] Lian H, Ferris D L, Brown D J. Does Taking the Good with the Bad Make Things Worse? How Abusive Supervision and Leader – member Exchange Interact to Impact Need Satisfaction and Organizational Deviance [J]. Organizational Behavior and Human Decision Processes, 2012 (117): 41 – 52.

[88] Liao H, Liu D, Loi R. Looking at Both Sides of the Social Exchange Coin: A Social Cognitive Perspective on the Joint Effects of Relationship Quality and Differentiation on Creativity [J]. Academy of Management Journal, 2010, 53

(5): 1090 - 1109.

[89] Lin W, Wang L, Chen S. Abusive Supervision and Employee Well - being: The Moderating Effect of Power Distance Orientation [J]. Applied Psychology: An International Review, 2013 (62): 308 - 329.

[90] Liu D, Liao H, Loi R. The Dark Side of Leadership: A Three - level Investigation of the Cascading Effect of Abusive Supervision on Employee Creativity [J]. Academy of Management Journal, 2012 (55): 1187 - 1212.

[91] Liu X, Wang J. Abusive Supervision and Organizational Citizenship Behaviour: Is Supervisor - subordinateguanxia Mediator? [J]. International Journal of Human Resource Management, 2012 (23): 3983 - 4008.

[92] Love M S, Forret M. Exchange Relationships at Work an Examination of the Relationship between Team - Member Exchange and Supervisor Reports of Organizational Citizenship Behavior [J]. Journal of Leadership and Organizational Studies, 2008, 14 (4): 342 - 352.

[93] Mackenzie S B, Podsakoff P M, Jarvis C B. The Problem of Measurement Model Misspecification in Behavioral and Organizational Research and Some Recommended Solutions [J]. Journal of Applied Psychology, 2005, 90 (4): 710.

[94] Major D A, Kozlowski S W J, Chao G T, et al. A Longitudinal Investigation of Newcomer Expectations, Early Socialization Outcomes and the Moderating Effects of Role Development Factors [J]. Journal of Applied Psychology, 1995, 80 (3): 418 - 431.

[95] Martinaityte I, Sacramento C A. When Creativity Enhances Sales Effectiveness: The Moderating Role of Leader - member Exchange [J]. Journal of Organizational Behavior, 2013, 34 (7): 974 - 994.

[96] Martinko M J, Sikora D, Harvey P. The Relationships between Attribution Styles, LMX, and Perceptions of Abusive Supervision [J]. Journal of Leadership and Organizational Studies, 2012, 19 (4): 397 - 406.

[97] Mathieu J, Maynard T M, Rapp T, et al. Team Effectiveness 1997 - 2007: A Review of Recent Advancements and a Glimpse Into the Future [J].

Journal of Management, 2008, 34 (3): 410 – 476.

[98] Matsumoto D A. Management's Incentives to Avoid Negative Earnings Surprises [J]. Accounting Review, 2002, 77 (3): 483 – 514.

[99] Mawritz M B, Mayer D M, Hoobler J M, Wayne S J, Marinova S. A Trickle – down Model of Abusive Supervision [J]. Personnel Psychology, 2012 (65): 325 – 357.

[100] Mayer D M, Thau S, Workman K M, Van Dijke M, DeCremer D. Leader Mistreatment, Employee Hostility, and Deviant Behaviors: Integrating Self – uncertainty and Thwarted Needs Perspectives on Deviance [J]. Organizational Behavior and Human Decision Processes, 2012 (117): 24 – 40.

[101] McClean E, Burris E R, Detert J R. When does Voice Lead to Exit? It Depends on Leadership [J]. Academy of Management Journal, 2013, 56 (2): 525 – 548.

[102] Mitchell M S, Ambrose M L. Employees' Behavioral Reactions to Supervisor Aggression: An Examination of Individual and Situational Factors [J]. Journal of Applied Psychology, 2012, 97 (6): 1148 – 1270.

[103] Mollenhorst G, Volker B, Flap H. Changes in Personal Relationships: How Social Contexts Affect the Emergence and Discontinuation of Relationships [J]. Social Networks, 2014, 37 (1): 65 – 80.

[104] Morrison E W, Milliken F J. Organizational Silence: A Barrier to Change and Development in a Pluralistic World [J]. Academy of Management Review, 2000, 25 (4): 706 – 725.

[105] Morrison E W. Employee Voice and Silence [J]. Annual Review of Organizational Psychology and Organizational Behavior, 2014 (1): 173 – 197.

[106] Morrison R L. Informal Relationships in the Workplace: Associations with Job Satisfaction, Organisational Commitment and Turnover Intentions [J]. New Zealand Journal of Psychology, 2005, 33 (3): 114 – 128.

[107] Murphy S M, Wayne S J, Liden R C, et al. Understanding Social Loafing: The Role of Justice Perceptions and Exchange Relationships [J]. Human Relations, 2003, 56 (1): 61 – 84.

［108］Ng T W H, Eby L T, Sorensen K L, et al. Predictors of Objective and Subjective Career Success: A Meta – analysis ［J］. Personnel Psychology, 2005, 58 (2): 367 –408.

［109］Nielsen I K, Jex S M, Adams G A. Development and Validation of Scores on a Two – dimensional Workplace Friendship Scale ［J］. Educational and Psychological Measurement, 2000, 60 (4): 628 –643.

［110］Perrewé P L, Zellars K L, Ferris G R, et al. Neutralizing Job Stressors: Political Skill as an Antidote to the Dysfunctional Consequences of Role Conflict ［J］. Academy of Management Journal, 2004, 47 (1): 141 –152.

［111］Pinder C C, Harlos K P. Employee Silence: Quiescence and Acquiescence as Responses to Perceived Injustice ［J］. Research in Personnel and Human Resources Management, 2001 (20): 331 –369.

［112］Podolny J M, Baron J N. Resources and Relationships: Social Networks and Mobility in the Workplace ［J］. American Sociological Review, 1997, 62 (5): 673 –693.

［113］Pourciau S. Earnings Management and Nonroutine Executive Changes ［J］. Journal of Accounting and Economics, 1993, 16 (1 –3): 317 –336.

［114］Prescot B. Unlocking the Influence of Leadership Network Structures on Team Conflict and Viability ［J］. Small Group Research, 2009, 40 (3): 301 –322.

［115］Raub W, Weesie J. Reputation and Efficiency in Social Interactions: An Example of Network Effects ［J］. American Journal of Sociology, 1990, 96 (3): 626 –654.

［116］Restubog S L D, Scott K L, Zagenczyk T J. When Distress Hits Home: The Role of Contextual Factors and Psychological Distress in Predicting Employees' Responses to Abusive Supervision ［J］. Journal of Applied Psychology, 2011 (96): 713 –729.

［117］Rosen S, Cochran W, et al.. Reactions to a Match Versus Mismatch between an Applicant's Self – Presentational Style and Work Reputation ［J］. Basic and Applied Social Psychology, 1990, 11 (2): 117 –129.

[118] Schreurs B H J, Emmerik I H V, Günter H, et al. A Weekly Diary Study on the Buffering Role of Social Support in the Relationship between Job Insecurity and Employee Performance [J]. Human Resource Management, 2012, 51 (2): 259 – 279.

[119] Schumacher D, Schreurs B, Van Emmerik H, et al. Explaining the Relation Between Job Insecurity and Employee Outcomes During Organizational Change: A Multiple Group Comparison [J]. Human Resource Management, 2016, 55 (5): 809 – 827.

[120] Seibert S E, Crant J M, Kraimer M L. Proactive Personality and Career Success [J]. Journal of Applied Psychology, 1999, 84 (3): 416 – 427.

[121] Seibert S E, Kraimer M L, Liden R C. A Social Capital Theory of Career Success [J]. Academy of Management Journal, 2001, 44 (2): 219 – 237.

[122] Shamir B, Howell J M. Organizational and Contextual Influences on the Emergence and Effectiveness of Charismatic Leadership [J]. Leadership Quarterly, 1999, 10 (2): 257 – 283.

[123] Shore L M, Tetrick L E, Lynch P, et al. Social and Economic Exchange: Construct Development and Validation [J]. Journal of Applied Social Psychology, 2006, 36 (4): 837 – 867.

[124] Sias P M, Gallagher E B, Kopaneva I, et al. Maintaining Workplace Friendships: Perceived Politeness and Predictors of Maintenance Tactic Choice [J]. Communication Research, 2012, 39 (2): 239 – 268.

[125] Sias S, Avdeyeva T. Sex and Sex – composition Difference and Similarities in Peer Workplace Friendship Development [J]. Communication Studies, 2003, 54 (3): 331 – 340.

[126] Sluss D M, Ashforth B E. Relational Identity and Identification: Defining Ourselves Through Work Relationships. Academy of Management Review, 2007 (32): 9 – 32.

[127] Song L J, Tsui A S, Law K S. Unpacking Employee Responses to Organizational Exchange Mechanisms: The Role of Social and Economic Exchange

Perceptions [J]. Journal of Management, 2009, 35 (1): 56 –93.

[128] Song S H, Olshfski D. Friends at Work a Comparative Study of Work Attitudes in Seoul City Government and New Jersey State Government [J]. Administration and Society, 2008, 40 (2): 147 – 169.

[129] Spreitzer G M. Social Structural Characteristics of Psychological Empowerment [J] . Academy of Management Journal, 1996 (39): 483 –504.

[130] Staufenbiel T, König C J. A Model for the Effects of Job Insecurity on Performance, Turnover Intention, and Absenteeism [J]. Journal of Occupational and Organizational Psychology, 2010, 83 (1): 101 –117.

[131] Sue – Chan C, Au AKC, Hackett R D. Trust as a Mediator of the Relationship between Leader/member Behavior and Leader – member – exchange Quality [J]. Journal of World Business, 2012 (47): 459 –468.

[132] Tepper B J, Moss S E, Duffy M K. Predictors of Abusive Supervision: Supervisor Perceptions of Deep – Level Dissimilarity, Relationship Conflict, and Subordinate Performance [J]. Academy of Management Journal, 2011, 54 (2): 279 –294.

[133] Tepper B J, Duffy M K, Henle C A, Lambert L S. Procedural Injustice, Victim Precipitation, and Abusive Supervision [J]. Personnel Psychology, 2006, 59 (1): 101 – 123.

[134] Tepper B J, Henle C A, Lambert L S, Giacalone R A, Duffy M K. Abusive Supervision and Subordinates' Organization Deviance [J]. Journal of Applied Psychology, 2008 (93): 721 –732.

[135] Todd S Y, Harris K J, Harris R B, Wheeler A R. Career Success Implications of Political Skill [J]. The Journal of Social Psychology, 2009, 149 (3): 279 –304.

[136] Van Vugt M, Hogan R, Kaiser R B. Leadership, Followership, and Evolution: Some Lessons from the Past [J] . American Psychologist, 2008 (63): 182 – 196.

[137] Wang W, Mao J, Wu W, et al. Abusive Supervision and Workplace Deviance: The Mediating Role of Interactional Justice and the Moderating Role of

Power Distance [J]. Asia Pacific Journal of Human Resources, 2012, 50 (1): 43 – 60.

[138] Wayne S J, Liden R C, Kraimer M L, Graf I K. The Role of Human Capital, Motivation and Supervisor Sponsorship in Predicting Career Success [J]. Journal of Organizational Behavior, 1999, 20 (5): 577 – 595.

[139] Wei L Q, Chiang F F, Wu L Z. Developing and Utilizing Network Resources: Roles of Political Skill [J]. Journal of Management Studies, 2012, 49 (2): 381 – 402.

[140] Wheeler L, Reis H T. Self – recording of Everyday Life Events: Origins, Types, and Uses [J] . Journal of Personality, 1991 (59): 339 – 354.

[141] Whitman M V, Halbesleben J R B, Shanine K K. Psychological Entitlement and Abusive Supervision: Political Skill as a Self – regulatory Mechanism [J]. Health Care Management Review, 2012 (3): 248 – 257.

[142] Wiersema M F, Bantel K A. Top Management Team Demography and Corporate Strategic Change [J]. Academy of Management Journal, 1992, 35 (1): 91 – 121.

[143] Xu E, Huang X, Lam C K, et al. Abusive Supervision and Work Behaviors: The Mediating Role of LMX [J]. Journal of Organizational Behavior, 2012, 33 (4): 531 – 543.

[144] Yermack D. Higher Market Valuation of Companies with a Small Board of Directors [J]. Journal of Financial Economics, 1996, 40 (2): 185 – 211.

[145] Zhang L, Deng Y, Wang Q. An Exploratory Study of Chinese Motives for Building Supervisor – Subordinate Guanxi [J]. Journal of Business Ethics, 2013, 124 (4): 659 – 675.

[146] 陈丽蓉, 韩彬, 杨兴龙. 企业社会责任与高管变更交互影响研究——基于 A 股上市公司的经验证据 [J]. 会计研究, 2015 (8): 57 – 64.

[147] 醋卫华. 公司丑闻、声誉机制与高管变更 [J]. 经济管理, 2011 (1): 38 – 43.

[148] 丁烈云, 刘荣英. 制度环境、股权性质与高管变更研究 [J]. 管理科学, 2008 (1): 47 – 56.

［149］段锦云．家长式领导对员工建言行为的影响：心理安全感的中介机制［J］．管理评论，2012，24（10）：109－142．

［150］段锦云，曾恺，阎寒．服务型领导影响员工建言的双重机制研究［J］．应用心理学，2017，23（3）：210－219．

［151］方军雄．高管超额薪酬与公司治理决策［J］．管理世界，2012（11）：144－155．

［152］冯明，李聪．国有企业员工印象管理与职业生涯成功的关系研究——政治技能的调节作用［J］．中国软科学，2010（12）：115－124．

［153］高记，马红宇．组织中的政治技能及相关研究［J］．心理科学进展，2008，16（4）：598－605．

［154］贾明，张喆．高管的政治关联影响公司慈善行为吗？［J］．管理世界，2010（4）：99－113．

［155］黄河，吴培冠．团队成员交换、社会因素策略与新员工社会化［J］．管理科学，2012，25（1）：45－54．

［156］李林，石伟．西方志愿者行为研究述评［J］．心理科学进展，2010，18（10）：1653－1659．

［157］李敏，周明洁．志愿者心理资本与利他行为：角色认同的中介［J］．应用心理学，2017，23（3）：248－257．

［158］李培功，沈艺峰．经理薪酬、轰动报道与媒体的公司治理作用［J］．管理科学学报，2013（10）：63－80．

［159］李锐，凌文辁，柳士顺．传统价值观、上下属关系与员工沉默行为——一项本土文化情境下的实证探索［J］．管理学报，2012（3）：127－150．

［160］李锐，田晓明，凌文辁．管理开放性和上下属关系对员工亲社会性规则违背的影响机制［J］．系统工程理论与实践，2015，35（2）：342－357．

［161］李锐．辱虐式领导对员工沉默行为的作用机制［J］．经济管理，2011，33（10）：70－77．

［162］李燕萍，涂乙冬．与领导关系好就能获得职业成功吗？一项调节的中介效应研究［J］．心理学报，2011，43（8）：941－952．

[163] 李云. 上下级关系影响中层管理者职业成长的作用机理——组织结构与组织人际氛围的调节作用 [J]. 管理评论, 2015, 27 (6): 120 - 139.

[164] 刘军, 宋继文, 吴隆增. 政治与关系视角的员工职业发展影响因素探讨 [J]. 心理学报, 2008, 40 (2): 201 - 209.

[165] 刘军, 吴隆增, 林雨. 应对辱虐管理: 下属逢迎与政治技能的作用机制研究 [J]. 南开管理评论, 2009, 12 (2): 52 - 58.

[166] 刘军, 吴隆增, 许浚. 政治技能的前因与后果: 一项追踪实证研究 [J]. 管理世界, 2010 (11): 94 - 104.

[167] 刘星, 徐光伟. 政府管制、管理层权力与国企高管薪酬刚性 [J]. 经济科学, 2012 (1): 86 - 102.

[168] 刘彧彧. 基于上下级关系的沟通开放性对组织承诺的影响研究 [J]. 管理学报, 2011, 8 (3): 417 - 436.

[169] 柳恒超, 金盛华, 赵开强. 中国文化下组织政治技能对个体自身的影响作用 [J]. 心理学探新, 2012, 32 (1): 55 - 60.

[170] 柳恒超, 金盛华等. 中国文化下组织政治技能的结构及问卷的编制 [J]. 应用心理学, 2008, 14 (3): 220 - 225.

[171] 卢纹岱. SPSS 统计分析 [M]. 北京: 电子工业出版社, 2002.

[172] 施丽芳, 廖飞, 丁德明. 个人声誉关注作为心理不确定的缓解器: 程序公平——一种合作关系下的实证研究 [J]. 管理世界, 2012 (12): 97 - 114.

[173] 石伟, 李林. 志愿行为对个人幸福的影响 [J]. 心理科学进展, 2010, 18 (7): 1122 - 1127.

[174] 孙健敏, 焦海涛. 中国组织情景下的职场友谊 [J]. 经济管理, 2012, 34 (12): 62 - 70.

[175] 孙健敏. 辱虐管理对下属工作绩效和离职意愿的影响: 领导认同和权力距离的作用 [J]. 商业经济与管理, 2013 (3): 46 - 52.

[176] 王建斌. 差序格局下本土组织行为探析 [J]. 软科学, 2012 (10): 66 - 70.

[177] 王利平, 金淑霞. 组织政治研究回顾与展望 [J]. 经济管理,

2009，31（5）：175 – 181.

[178] 王雨潇，王奕璇，叶勇. 外部监督对高管变更的影响 [J]. 软科学，2015（2）：82 – 85.

[179] 王震，孙健敏. 核心自我评价、组织支持对主客观职业成功的影响：人—情境互动的视角 [J]. 管理学报，2012（9）：1307 – 1313.

[180] 王忠军，龙立荣，刘丽丹. 组织中主管—下属关系的运作机制与效果 [J]. 心理学报，2011，43（7）：798 – 809.

[181] 王忠军，龙立荣. 员工的职业成功：社会资本的影响机制与解释效力 [J]. 管理评论，2009，21（8）：30 – 39.

[182] 温忠麟，侯杰态，马什赫伯特. 结构方程模型检验：拟合指数与卡方准则 [J]. 心理学报，2004，36（2）：186 – 194.

[183] 温忠麟，侯杰泰，张雷. 调节效应与中介效应的比较和应用[J]. 心理学报，2005，37（2）：268 – 274.

[184] 吴超鹏，叶小杰，吴世农. 媒体监督、政治关联与高管变更——中国的经验证据 [J]. 经济管理，2012（1）：57 – 65.

[185] 席猛，许勤，仲为国，赵曙明. 辱虐管理对下属沉默行为的影响——一个跨层次多特征的调节模型 [J]. 南开管理评论，2015（6）：132 – 140.

[186] 谢俊，汪林，褚小平. 关系视角的经理人反馈寻求行为：心理预期和政治技能的影响 [J]. 南开管理评论，2013（4）：4 – 12.

[187] 辛立国，马磊. 上市公司高管继任模式选择的实证研究 [J]. 产业经济评论，2009（4）：90 – 101.

[188] 辛立国，易茂安. 大股东控制、投资者保护与公司治理 [J]. 中央财经大学学报，2010（1）：60 – 64.

[189] 杨德明，赵璨. 国有企业高管为什么会滋生隐性腐败？[J]. 经济管理，2014（10）：64 – 74.

[190] 杨玉龙，潘飞，张川. 上下级关系、组织分权与企业业绩评价系统 [J]. 管理世界，2014（10）：114 – 135.

[191] 尹奎，孙健敏，刘永仁等. 职场友谊对知识共享意愿的影响——一个调节中介模型 [J]. 科学学与科学技术管理，2015（8）：160 – 169.

［192］游家兴，徐盼盼，陈淑敏．政治关联、职位壕沟与高管变更［J］．金融研究，2010（4）：128－143．

［193］于桂兰．上下级关系对组织政治知觉与员工离职倾向影响的被中介的调节效应分析［J］．管理学报，2015（6）：830－838．

［194］于维娜．宽恕视角下辱虐管理对工作绩效的影响——下属传统性和上下级关系的作用［J］．南开管理评论，2015（6）：16－25．

［195］张俊生，曾亚敏．董事会特征与总经理变更［J］．南开管理评论，2005（1）：16－20．

［196］张晓舟．职场管理的新领域：职场友谊研究述评［J］．外国经济与管理，2014，36（3）：48－55．

［197］支晓强，童盼．盈余管理、控制权转移与独立董事变更——兼论独立董事治理作用的发挥［J］．管理世界，2013（6）：137－144．

［198］周浩，龙立荣．变革型领导对下属进谏行为的影响：组织心理所有权与传统性的作用［J］．心理学报，2012，44（3）：388－399．

［199］周浩，龙立荣．基于自我效能感调节作用的工作不安全感对建言行为的影响研究［J］．管理学报，2013，10（11）：1604－1610．

［200］周小虎，刘冰洁，吴雪娜等．员工导师网络对员工职业生涯成功的影响研究［J］．管理学报，2009（11）：1486－1491．

［201］朱红军．我国上市公司高管人员更换的现状分析［J］．管理世界，2004（5）：126－141．

［202］朱玥，王晓辰．服务型领导对员工建言行为的影响：领导—成员交换和学习目标取向的作用［J］．心理科学，2015，38（2）：426－432．

后 记

随着经济全球化的深入发展，企业将面临着越来越多的困难和挑战，如世界多元化趋势、跨文化带来的问题、各种影响因素的不确定性、环境的复杂性以及员工价值观和人生观的变迁、个性问题日益突出等。在这些因素的影响下，企业和领导者及各级组织正在采取各种措施积极应对，以求得最大限度地解决问题，提高企业的效率，担负起企业的社会责任，为员工谋福利。在所有的措施当中，领导者不得不说是其中最重要的因素，大量的研究表明，领导风格不仅影响员工的行为，而且还影响员工的工作积极性和绩效。民主领导风格、高工作取向和高关心人的领导方式更容易产生高绩效的结果，这些领导风格对工作绩效的积极影响被认为是比较普遍的看法，其有关这些领域的领导效应，也被看作是一种比较普适的理论。当然这些领导风格对员工的影响是否存在一些内在机制？答案是显而易见的。国外学者西蒙斯通过实证研究，深入分析和探讨了领导风格的影响效应，发现领导风格是否能够发挥作用与组织文化有密切关系。魅力型领导擅长通过企业发展的愿景对员工进行激励，鼓励员工积极参与企业的战略规划和管理，最大限度地发挥他们的主人翁意识，从而提升他们工作的内驱力，促使他们更加努力地工作，以此实现组织的目标和提高工作绩效。但是，是否能够达成和实现这样的目标，关键在于员工自己能否意识和认同魅力型领导的"魅力"，能否认同企业的文化？员工只有认同了企业文化，并对魅力型领导从心底产生认可和佩服，佩服他的个人魅力和领导风格，员工才能真正愿意去死心塌地为领导者无怨无悔地效劳。又如，研究发现，以工作为中心的领导风格比以员工为中心的领导风格其生产率更高，员工更容易专注于工作而不是人，这其中，企业文化发挥了作用。

综观管理实践，一个企业的绩效，领导与员工的关系质量起到至关重要的影响作用，高质量的领导—下属关系可以让领导者们省心和放心，领导可以集中精力解决企业发展问题和员工的切身利益；而员工则拥有高质量的安全感，就可以放心大胆地把自己的注意力投入到生产之中，发挥自己的聪明才智，激发自己的创造力，为企业创造更多的价值。因此说，如何构建一个良好和谐的领导与员工的关系，关系到企业长治久安甚至是生死存亡。

而作为领导者，在领导和员工关系之间始终是处于主动地位。领导通过改善自己的形象、行为和领导方式来改善与下属的关系，构建良好的领导—员工关系，促进双方情感交流，因为研究发现，不同的领导风格对员工的影响以及对不同阶段企业发展的影响是不同的。在现代企业制度下，领导决策的能力、组织严密性、管理制度、领导作风都对员工产生了影响。因此聚焦于领导的研究就要关注领导如何遵循理性和感情互相平衡的原则，要实现领导的意图、企业的战略和目标最终还是要靠广大的员工。因此，对员工既要加强管理（因为没有规矩不能成方圆），又要严格要求员工，要有铁一样的纪律和规章制度；也要善于关心和爱护员工，帮助员工解决生活中的困难，解决他们的后顾之忧，充分了解和理解员工的心理需要和情感要求，为他们提供力所能及的帮助，形成领导和员工之间彼此信任、相互关爱的和谐氛围，满足员工物质、心理、发展等多方面的需要，增强员工对企业的归属感，真正让他们有主人翁的感觉，以此调动和激发他们工作的积极性和责任感，为企业发展积极献计献策、努力为企业创造更多的财富，共同实现组织的目标。

而早期关于领导的研究主要关注于领导的个体特征，如领导理论的特征观、行动观等，聚焦的是领导个体的特征以及行动表现，强调的是影响领导行为有效性的个人因素。从研究的态势来看，早期有关领导理论的研究多是一种静态观的方式方法。该方法忽视了一个重要的问题：领导的行为是如何形成的，并且领导会如何随着时间和环境的变化而改变。但是从文献梳理的情况来看，现有领导理论对于个体是如何影响彼此的关系并没有一个明确的解释，领导和员工如何建构他们各自的领导身份和员工身份没有得到研究。因此，以动态视角开展对领导风格研究就成为管理领域新的趋势。

20 世纪 70 年代末出现的服务型领导就是一种很好的尝试。研究认为一种重视员工意愿、需求和利益，能为员工真实所需服务的领导方式对提高组织绩效、提高组织整体竞争力来说至关重要。有人发现此领导行为是用来调节员工和领导者需求的，从而促进组织目标实现的重要环节。这种把领导者作为仆人的比喻不仅降低了领导者的压制感、威严感，使传统自上而下的领导方式开始向自下而上的方向转变，而且随着下属成为领导者的关注点，下属成为了组织目标实现最主要的媒介，组织中的领导者要想大幅度提升工作绩效、工作创造力，必须站在员工背后支持他们的创造和发明，有着强烈的服务他人的意愿，并且愿意满足员工需求、尊重员工价值观。因此，在人力资源领域进行关于服务型领导的研究对组织来说具有重要的理论意义和实践意义。

在倡导创新精神的今天，创新成为企业生存和发展的重要法宝。而对创新影响最大的莫过于企业的领导者。企业领导者应把握企业的发展方向，主宰企业发展的命脉，对于推动创新有着决定性的作用。研究表明，领导者的风格直接决定企业创新能力的高低。这是因为，企业领导风格直接影响、塑造和推动企业组织文化和氛围，富有远见的领导者会为企业指出发展的方向和创新的道路，营造有利于创新的文化和氛围，鼓励员工敢于冒险和创新，对员工创新过程的失败积极关怀和宽容待之，推进了企业创新的发展。

本书的编写和出版得到很多人的支持和帮助。我的研究生于芳、孙自豪、刘静、游绍仁、王敏、赵青、程绍懿、江梦菲参加了本书部分内容的编写。在此对他们付出的劳动表示衷心的感谢！另外，本书获得广西科技大学博士基金启动项目"我国欠发达地区人才引力提升策略研究"（编号：03081577）资助，在此表示感谢！

潘清泉

2017 年 10 月 30 日